Petrus Schenk. Exc

...ltheser Oorlog Scheepen,
...Kapers.

a Sea Battel between two Maltees men of war
and three Algereen privatteers.

MEUTEREI AUF DER »BOUNTY«

DIE PIRATENJAGD DER FREGATTE »PANDORA«

MEUTEREI AUF DER »BOUNTY«

berichtet von
Captain William Bligh

DIE PIRATENJAGD DER FREGATTE »PANDORA«

Aufzeichnungen des
Dr. George Hamilton

1787 - 1792

Neu herausgegeben und bearbeitet von
Hermann Homann

Mit 26 zeitgenössischen Darstellungen und 6 Karten

Edition Erdmann in K. Thienemanns Verlag

CIP-Kurztitelaufnahme der Deutschen Bibliothek

Bligh, William:
Meuterei auf der Bounty / berichtet von William Bligh.
Die Piratenjagd der Fregatte Pandora : Aufzeichnungen
d. George Hamilton; 1787–1792. Neu hrsg. u. bearb.
von Hermann Homann. – Stuttgart : Edition Erdmann
in K. Thienemanns Verl., 1983.
(Alte abenteuerliche Reiseberichte)
Einheitssacht.: A voyage to the South Sea, undertaken
by command of His Majesty, for the purpose of conveying
the breadfruit tree to the West Indies, in His Majesty's
ship the Bounty <dt.>
Einheitssacht. d. beigef. Werkes: A voyage round the
world in His Majesty's frigate Pandora <dt.>
ISBN 3-522-61000-8
NE: Homann, Hermann [Bearb.]; Hamilton, George:
Die Piratenjagd der Fregatte Pandora

Umschlag und Einband: Hilda & Manfred Salemke
Satz: Tagblatt-Druckerei KG, Haßfurt
Herstellung: Welsermühl, Wels/Oberösterreich

INHALT

EINLEITUNG

WILLIAM BLIGH: REISE IN DAS SÜDMEER

VORBEMERKUNG

Die diesem Buch zugrunde liegenden Berichte sind entnommen dem »Magazin von merkwürdigen neuen Reisebeschreibungen«, 5. und 11. Band, Berlin 1791 und 1793: übersetzt und herausgegeben von Johann Reinhold Forster und dessen Sohn Georg, die als Wissenschaftler an der zweiten Reise des Captain James Cook (1772—1775) teilgenommen haben. Die Abbildungen und Karten sind entnommen der »Geschichte der Seereisen und Entdeckungen im Südmeer« von Dr. Johann Hawkesworth, Berlin 1774, und der »Malerischen Reise um die Welt« von J. Dumont d'Urville, Leipzig 1835.

LEUTNANT WILLIAM BLIGH, KAPITÄN DER »BOUNTY«

Vor fast zweihundert Jahren haben die Ereignisse um das Meutererschiff »Bounty« weit über England hinaus Aufsehen und rege Parteinahme für und wider hervorgerufen, und bis heute sind die dramatischen Ereignisse von damals lebendig geblieben und immer wieder nachgestaltet worden. Kein Wunder, denn ungewöhnlich war schon die Aufgabe, die dem Kapitän mit seinem Schiff gestellt worden war, nämlich Brotfruchtpflanzen von Tahiti um die halbe Erde nach den Westindischen Inseln zu schaffen, um dort eine bessere Ernährung der Plantagenarbeiter zu ermöglichen. Diese Aktion diente zwar dem Gewinnstreben britischer Pflanzer, aber sie entsprang auch oder gar überhaupt dem aufkommenden humanitären Geist in der Zeit der beginnenden Aufklärung, die das Ziel hatte, »Vernunft und Menschenwürde zur Herrschaft zu bringen«, einer Bewegung, die mit den Lehren der englischen Philosophen Locke und Hume ihren Anfang nahm.

Die Aufklärung befruchtete oder trug auch die Reisen der großen Entdecker, die damals gewiß in erster Linie auf die Ausweitung und Festigung der britischen Weltmacht gerichtet waren, aber dieses Ziel wurde oft verhüllt oder gar verdrängt von anderen Plänen und Absichten, die die Admiralität mit diesen weltweiten Erkundungen verfolgte. Das beste Beispiel dafür sind die drei Reisen (1768–71, 1772–75, 1776–80) ihres größten Entdeckers, des Captain James Cook. Seine Order war, das Stille Meer zwischen beiden Polen zu erforschen, daneben aber Aufgaben naturwissenschaftlicher Art zu lösen, die von der Royal Society gestellt worden waren. Kapitän Cook hatte demzufolge auf allen Reisen Wissenschaftler an Bord

– Ethnologen, Astronomen, Botaniker –, vor allem aber fuhren als Vorläufer unserer Bildberichter von heute Maler und Zeichner mit, deren Skizzen später als Vorlagen für die ausgezeichneten Kupferstiche dienten, mit denen die Reiseberichte illustriert wurden.

Die Reisen des Kapitäns Cook waren also wissenschaftliche Exkursionen großen Stils, und so erlebte auch William Bligh die dritte Reise des großen Entdeckers, denn er war der »Pilote oder Lootse, ein See-Mann, der seiner zuverlässigen Kenntnis der Rheeden, oder Häfen, oder Küste wegen, gebraucht wird, Schiffe ein- und auszuführen«, wie es in der »Geschichte der englischen Seereisen« von 1774 heißt. Kapitän Cook nennt ihn öfter in seinem Bericht, besonders wenn vom Boot aus ein schwieriges Fahrwasser oder ein Ankergrund in den Lagunen der Koralleninseln ausgelotet werden mußte. Zwischen dem damals fünfzigjährigen Kapitän und dem fünfundzwanzigjährigen Lotsen muß auch wohl ein engeres Verhältnis bestanden haben, da die Tahitier sie für Vater und Sohn hielten.

Der Leutnant Bligh war denn auch in vielem seinem verehrten Vorbild ähnlich, in der Härte und Strenge im Dienst, vor allem aber auch in der außerordentlichen Fähigkeit, sich nicht nur auf das Seemännische zu beschränken, sondern wie sein Lehrmeister auch ein merkwürdiges Interesse für Völkerkunde, Botanik, Astronomie und andere Wissenschaften zu zeigen, wie er auch immer darauf bedacht war, den Insulanern nützliche Dinge – Pflanzen, Zuchttiere, Geräte und Werkzeuge – für ein wenn auch manchmal nur vermeintlich besseres Leben zu überlassen.

Dieser vielseitig tüchtige Kapitän, der oft geradezu liebevoll für die braunen Kinder der Südsee sorgte, soll nun den an sich ungemein fesselnden Darstellungen in Romanen und Filmen zufolge ein unerbittlicher Tyrann und Schinder gewesen sein, der seine Leute buchstäblich bis aufs Blut reizte, so daß sie sich nur durch eine Meuterei vor seinen Unmenschlichkeiten retten konnten. Er zeigte sich aber nicht besser und nicht schlechter, als die Schiffskommandanten damals überhaupt waren oder sein mußten. Oft war es ein zusammengelaufenes, nicht selten auch zum Dienst gepreßtes Volk, das auf den Schiffen der britischen Kriegsmarine leben und sterben mußte. Es wurde durch die unerbittlichen Kriegsartikel bei der geringsten Insubordination mit einigen Dutzend Schlägen bedroht, bei Fahnenflucht und Meuterei sogar mit dem Strang.

Captain William Bligh

Leutnant Bligh war auf seinem Schiff wie alle Kapitäne ein einsamer Mann, der ständig als Befehlshaber auftreten und sich auch als Vierunddreißigjähriger gegen seine zum Teil älteren Offiziere durchsetzen mußte, so daß er sich mitunter rauh und schroff im Umgang benahm und an

Flüchen und Verwünschungen nicht sparte, aber ein Unmensch, als der er oft dargestellt wird, war er nicht. Dafür ein Beispiel: Als das Schiff vor Tahiti lag, desertierten der Waffenmeister Churchill und zwei Matrosen in einem Kutter, wofür sie nach den Kriegsartikeln gehängt werden konnten, aber Bligh bestrafte die Matrosen mit vier Dutzend und begnadigte den Waffenmeister wegen seiner bis dahin ausgezeichneten Führung zu zwei Dutzend Schlägen.

Vor allem aber war Kapitän Bligh ein äußerst tüchtiger Seemann. Er brachte die »Bounty« sicher nach Tahiti, obschon das Schiff in einem dreißigtägigen Kampf gegen die Stürme am Kap Hoorn fast aus den Fugen gegangen war. Diese Tüchtigkeit wurde noch dadurch überboten, daß er nach der Meuterei mit achtzehn Gefährten im überladenen Boot in achtundvierzig Tagen die Insel Timor erreichte. Ohne seinen unerschütterlichen Willen, seine Umsicht und auch seine Härte gegen seine Schicksalsgenossen und sich selbst wäre diese Wettfahrt mit dem Tode nie gelungen. Dabei vergaß er bei allen Strapazen, bei Hunger und Nässe nie, täglich die Lage und den Kurs zu bestimmen, ja er entdeckte sogar neue Inseln und trug sie in die Karte ein.

Das englische Volk feierte ihn nach seiner glücklichen Heimkehr als einen wahren Helden, um so mehr wurmte es ihn, daß gerade er, der pflichtbewußte Kapitän, nichtsahnend in seinem Bett von den Meuterern überrumpelt worden war, noch mehr aber, daß ihm, dem harten Pflichtmenschen, die Erfüllung der von der Admiralität gestellten Aufgabe nicht gelungen war. Mit großer Befriedigung und als Bestätigung seiner Tüchtigkeit nahm er deshalb die Order auf, im nächsten Jahre mit zwei Schiffen die Fahrt nach Tahiti zu wiederholen, aber er erkrankte unterwegs so schwer, daß er am Kap die Reise aufgeben und heimkehren mußte.

In den folgenden Jahren erhielt er Kommandos auf Kriegsschiffen, und nach der Seeschlacht auf der Reede von Kopenhagen im Jahre 1801 wurde er von Lord Nelson wegen seiner Tapferkeit geehrt.

Im August 1806 wurde Kapitän Bligh zum Gouverneur von Neu-Südwales ernannt. Da ihm »der Ruf eines strengen und unerschütterlichen Seemannes« vorausging, war er dazu ausersehen worden, in der durch Korruption erschütterten Strafkolonie Ordnung zu schaffen. Er führte denn auch den »Rumkrieg« gegen die Offiziere, die den umfangreichen Rumhandel und andere Privilegien an sich gerissen hatten, womit er fast das gesamte Offizierskorps und auch das Heer der Trinker gegen sich aufbrachte, und als er dazu noch dem Großgrundbesitzer und ehemaligen Offizier McArthur einige Privilegien nehmen wollte, wurde er in einer Offiziersmeuterei für abgesetzt erklärt. Kapitän Bligh erhielt als Zwangsaufenthalt das Schiff »Porpoise«, aber statt nach England zu segeln, erkundete er die Küste von Tasmanien. Bei der Verfolgung des »meuterischen Unfugs«, wie man in England die Rebellion nannte, spielten Beziehungen wohl eine größere Rolle als der Tatbestand. Der Vizegouverneur, Hauptwidersacher Blighs, wurde für abgesetzt erklärt. Ein neuernannter Gouverneur traf mit neuen Truppen von England ein, übertrug Kapitän Bligh sein Amt wieder, löste ihn aber einen Tag später ab. Der bei all seiner Tüchtigkeit und Rechtschaffenheit wohl zu glücklose Bligh wurde zum Admiral befördert, soll aber nicht mehr in dieser hohen Stellung tätig geworden sein. Er starb vierundsechzigjährig in London.

H. H.

WILLIAM BLIGH'S

Captain der Großbritannischen Flotte

Reise in das Südmeer

WELCHE MIT DEM

SCHIFFE »BOUNTY« UNTERNOMMEN WORDEN IST,

UM BROTBÄUME NACH DEN

WESTINDISCHEN INSELN ZU VERPFLANZEN

ERSTES KAPITEL

Plan des Unternehmens. – Ausrüstung und Ereignisse bis zur Abreise von England.

Der König geruhte gnädigst, das Gesuch der Kaufleute und Pflanzer in den Westindischen Besitzungen, daß der Brotfruchtbaum nach jenen Inseln verpflanzt werden möchte, zu bewilligen. Demzufolge wurde ein geeignetes Fahrzeug angekauft und in das Hafenbecken von Deptford (an der Themse) gebracht, wo es für seine Zwecke ausgerüstet werden sollte. Alles wurde nach einem Plane meines Freundes Sir Joseph Banks (Präsident der Royal Society und Begleiter des Kapitäns James Cook auf der ersten Reise um die Welt, 1768–71) eingerichtet und ausgeführt.

Das Schiff wurde »Bounty« (Wohltat) genannt, und ich erhielt das Kommando am 16. August 1787. Die Schiffslast betrug ungefähr zweihundertfünfzehn Tonnen, die größte Länge des Decks 90 Fuß und 10 Zoll (etwa 27 m), die größte Breite 24 Fuß und 3 Zoll (etwa 7,30 m) und die Höhe im Schiffsraum unter den Querbalken 10 Fuß 3 Zoll (etwa 3,10 m). Im unteren Teil des Cockpits hatten der Wundarzt, der Konstabler (Büchsenmeister), der Botaniker und der Schiffsschreiber ihre Kajüten, hier befanden sich auch die Vorratskammern. Zwischen den Decks hatte man folgende Abteilungen geschaffen: Die große Kajüte war für die Aufnahme der Pflanzen vorgesehen und reichte bis an die hinterste Öffnung im Verdeck. Das Licht fiel durch zwei große Fenster von oben herein, und je drei Seitenluken sorgten für die Durchlüftung. Die Kajüte war mit Gestellen angefüllt, deren Löcher die Töpfe mit den Pflanzen aufnehmen sollten. Das Deck war mit Blei belegt, und in den Ecken der Kajüte waren Röhren angebracht, die das von den Pflanzen abfließende Wasser in darunterstehende Tonnen ableiteten, damit es weiter zum Gießen der Pflanzen gebraucht werden konnte und nicht verlorenging. Dicht an der großen Kajüte hatte ich eine kleine Schlafstelle und in der Mitte des Schiffes ein Speisezimmer. Es lag neben dem Hauptniedergang, an dessen beiden Seiten die Quartiere der Steuermannsgehilfen und der Midshipmen (Kadetten) lagen, zwischen denen der Gewehrkasten stand. Den Schlüssel hierzu hatte der Obersteuermann in Verwahrung, dessen Kajüte der meinigen gegenüber an der anderen Seite der Schiffsleiter lag.

Man hatte das Schiff nach den in der Königlichen Flotte üblichen Proportionen mit Masten versehen, aber auf meinen Vorschlag wurden sie kürzer gemacht, da ich bei einer solchen Reise befürchten mußte, daß sie das Schiff zu sehr drücken würden. Am 3. September kam es aus dem Dock, doch die Zimmerleute blieben noch lange an Bord, da sie noch viel an der Ausrüstung zu arbeiten hatten. Ich ließ den Ballast stark vermindern, indem ich statt der vorgesehenen fünfundvierzig Tonnen Eisen nur neunzehn Tonnen an Bord nahm. Die Vorräte, die an Bord geschafft wurden, ersetzten meines Erachtens das Fehlende voll und ganz, und ich behaupte sogar, daß viele Schiffe in schweren Stürmen nur wegen des schweren unbeweglichen Ballastes im Schiffsrumpf zum Untergang verurteilt sind.

Die Zahl der Offiziere und Mannschaften war folgende: 1 Leutnant als Befehlshaber, 1 Schiffer oder Obersteuermann, 1 Bootsmann, 1 Konstabler (Waffenmeister), 1 Zimmermann, 1 Wundarzt, 2 Steuermanns- oder Schiffsmaate, 2 Midshipmen, 2 Quartiermeister, 1 Quartiermeistersmaat, 1 Bootsmannsmaat, 1 Zimmermannsmaat, 1 Zimmermannsgehilfe, 1 Segelmacher, 1 Büchsenspanner, 1 Korporal, 1 Schiffsschreiber und Proviantmeister, 23 tüchtige Matrosen, zusammen 44 Mann Besatzung. Außerdem wurden auf Sir Joseph Banks Empfehlung zwei geschickte Männer angestellt, um die Pflanzen, die wir mitbringen sollten, zu sammeln und zu pflegen. Der eine, David Nelson, hatte bereits die letzte Reise des Kapitäns Cook als Botaniker mitgemacht, der andere, William Brown, war sein Gehilfe. Mit diesen beiden belief sich die Besatzung auf sechsundvierzig Mann.

Am 4. Oktober kam der Lotse an Bord und geleitete uns stromabwärts bis Long Beach, wo wir vier vierpfündige Kanonen und zehn Drehbrassen (kleine, auf einem Pfahl befestigte Geschütze) an Bord nahmen. Unser Proviant war für achtzehn Monate berechnet. Außer den gewöhnlichen Nahrungsmitteln hatten wir Sauerkraut, Suppengallerte, Malzessenz, getrocknetes Malz und ein gehöriges Quantum Gerste und Weizen geladen. Man hatte mich auch mit einem ansehnlichen Vorat von Eisenwaren und allerlei Spielsachen versehen, die zum Handel mit den Bewohnern der Südseeinseln dienen sollten.

Am 15. Oktober erhielt ich den Befehl, nach Spithead (bei dem Kriegshafen Portsmouth) zu segeln, wo ich aber wegen der ungünstigen Winde erst am 4. November anlangte. Am 24. erteilte mir Lord Hood, der hier das Kommando führte, die letzten Befehle. So günstig aber der Wind seit einigen Tagen gewesen war, so blies er uns jetzt gerade entgegen. Am 28. wurde der Mannschaft ihre Heuer für zwei Monate vorausbezahlt, und am folgenden Tage lavierten wir bis St. Helens, wo wir uns genötigt sahen, den Anker zu werfen. Dann bemühten wir uns mehrmals vergebens, den Kanal westwärts zu verlassen, aber wir wurden immer wieder nach St. Helens und sogar nach Spithead zurückgetrieben, bis wir endlich am 23. Dezember mit günstigem Wind unter Segel gehen konnten.

Unsere Reise war eigentlich die erste, der die Absicht zugrunde lag, aus den Entdeckungen in fernen Gegenden Vorteile zu ziehen. Hierzu hatte mir die Admiralität folgende Instruktionen erteilt:

»Da der König auf die Vorstellung der Kaufleute und Pflanzer, die in Seiner Majestät Westindischen Besitzungen interessiert sind, daß die Einführung des Brotfruchtbaums in den dortigen Inseln den Einwohnern eine Art Nahrung und dadurch den wesentlichsten Vorteil gewähren würde, für gut befunden hat, um das Wohl eines so achtungswürdigen Teils seiner Untertanen, welches in diesem Falle sogar allgemeinen Vorteil verspricht, zu befördern, daß zur Herbeischaffung einiger Bäume dieser Art und ihrer Überbringung nach den Westindischen Inseln die gehörigen Maßregeln genommen werden sollen; und da das unter Eurem Befehl stehende Schiff demzufolge für diesen Dienst mit Vorräten und Proviant versehen, auch gehörig eingerichtet worden ist, um so viel Bäume, als es nach Maßgabe seiner Größe fassen kann, in gutem Stande zu erhalten; Ihr auch die Weisung empfangen habt, die beiden am Rande benannten Gärtner (David Nelson und William Brown) an Bord zu nehmen; die wegen ihrer Bekanntschaft mit Bäumen und Pflanzen verpflichtet worden sind, um davon solche auszusuchen, die von der rechten Art sind und die richtige Größe haben.

So werdet Ihr hiermit, zufolge des höchsten Willens Seiner Majestät, den er uns durch Lord Sydney, einen seiner ersten Staatssekretäre, hat kundtun lassen, verpflichtet und angewiesen, bei dem ersten günstigen Wind und Wetter in See zu gehen und Euch so schnell wie möglich um das Kap Hoorn nach den im Südmeer liegenden Gesellschafts-Inseln zu begeben, woselbst zufolge der Nachrichten des sel. Kapitäns Cook und der Personen, die ihn auf seiner Reise begleitet haben, der Brotfruchtbaum in üppigstem Wachstum angetroffen wird.

Nachdem Ihr so viele Bäume und Schößlinge wie möglich an Bord genommen habt (zu welchem Zwecke Ihr bereits mit solchen Waren und Spielsachen, die vermutlich von den Eingeborenen gefordert werden, versorgt worden seid), sollt Ihr von dort durch die Endeavour-Straße, die Neuholland von Neuguinea trennt, nach Prinzeneiland in der Sunda-Straße oder um die Ostspitze von Java nach einem Hafen an der Nordküste dieser Insel gehen, wo Ihr statt der etwa beschädigten oder eingegangenen Brotfruchtbäume andere Fruchtsorten jener Gegend und besonders Reis, der auf trockenem Lande wächst, einnehmen sollt.

Von Prinzeneiland oder von Java aus sollt Ihr um das Kap der Guten Hoffnung nach Westindien fahren und unterwegs anlegen, wo es Euch notwendig erscheint. Die Hälfte der Pflanzen sollt Ihr im Botanischen Garten zu St. Vincent (Antillen) für die Inseln unter dem Winde abliefern, sodann aber nach Jamaica gehen, und sobald Ihr die übrigen Pflanzen an den Bevollmächtigten des Gouverneurs jener Insel abgeliefert, Eure Mannschaft erfrischt und die nötigen Vorräte an Bord genommen habt, ohne Aufschub die Rückreise nach England antreten, in Spithead einlaufen und unserem Sekretär Bericht erstatten.«

Aus diesem Befehl geht hervor, daß ich geradewegs um das Kap Hoorn reisen sollte. Da uns jedoch die widrigen Winde so lange aufgehalten hatten und die günstige Zeit für die Umrundung des Kaps fast verstrichen war, bat ich die Admiralität, diese Bestimmung meiner Entscheidung zu überlassen. Darauf erhielt ich die folgende Nachricht: »Da die Jahreszeit so weit vorgerückt ist, daß Ihr wahrscheinlich zu spät an der Südküste Amerikas ankommen werdet, um das Kap Hoorn ohne Gefahr umschiffen zu können, so habt Ihr in diesem Falle die freie Entscheidung, mit dem Schiff um das Kap der Guten Hoffnung nach Tahiti zu gehen.«

Die Brotfrucht ist bereits allgemein bekannt, doch sei hier zur Unterrichtung des Lesers ein Auszug aus dem Bericht von Kapitän Cooks erster Reise angefügt: »Die Brotfrucht wächst auf einem Baume, der ungefähr den Wuchs einer mittelmäßigen Eiche hat. Die Blätter sind bis zu anderthalb Fuß lang, von länglicher Gestalt und mit tiefen Ausschnitten wie Feigenblätter, denen sie auch darin gleichen, daß sie einen milchigen Saft ausscheiden, wenn sie verletzt werden. Die Brotfrucht hat ungefähr die Größe und Gestalt eines Kinderkopfes und ist an der Oberfläche netzförmig gezeichnet. Sie hat eine dünne Haut und innen eine Verlängerung des Stiels. Das Eßbare liegt zwischen diesem Fruchtboden und der Haut. Es ist schneeweiß und fast so fest wie gebackenes Brot. Die Frucht wird geröstet und in drei oder vier Teile zerschnitten. Sie hat keinen ausgeprägten Geschmack, außer einem geringen Grad von Süßigkeit, etwa wie die Krume des Weizenbrots, wenn man sie mit Erdbirnen (Topinambur), Helianthus tuberosus, vermischt. Es kostet keine weitere Mühe, die Brotfrucht zu erlangen, als daß man auf einen Baum steigt, um sie zu pflücken. Wenn jemand während seines Lebens zehn solche Bäume pflanzt, wozu er allenfalls eine Stunde braucht, so hat er gegenüber seinen Zeitgenossen und der kommenden Generation seine Pflicht so vollständig erfüllt wie der Bewohner unserer gemäßigten Zone, der im kalten Winter pflügt und in der Sommerhitze erntet, sooft diese Jahreszeiten wiederkehren. Die Brotfrucht ist freilich nicht immer zu haben, aber dann ersetzen Kokosnüsse, Bananen und eine Menge anderer Fruchtarten ihre Stelle.

Ich habe mich sorgfältig erkundigt, wie man auf Tahiti den Brotfruchtbaum anpflanzt, aber ich habe festgestellt, daß sie niemals gepflanzt werden, daß sie vielmehr aus den Wurzeln der alten Bäume ausschlagen, die flach unter der Erdoberfläche ringsum liegen. Hieraus dürfen wir schließen, daß der Bewohner von Tahiti, statt seine Brotfruchtbäume anzubauen, sich eher genötigt sieht, die allzu große Vermehrung der Bäume zu verhindern, um Bäumen von anderen Sorten Platz zu schaffen, damit mehr Abwechslung an Nahrung geschaffen wird.«

Zweig des Brotfruchtbaums mit Früchten

ZWEITES KAPITEL

Abreise von England. – Ankunft zu Teneriffa. – Fortsetzung der Reise. – Ankunft in der Gegend von Kap Hoorn. – Strenge Witterung. – Notwendigkeit, vor dem Winde nach dem Kap der Guten Hoffnung hinüberzusegeln.

Sonntag früh, den 23. Dezember 1787, gingen wir von Spithead unter Segel, schifften zwischen Hampshire und der Insel Wight hindurch und setzten unsere Fahrt den Kanal hinunter vor einem frischen Ostwinde fort. Am gleichen Nachmittag fiel ein Matrose, der das Bramsegel einziehen sollte, von der Rahe, er konnte aber glücklicherweise im Fallen das Bramstag ergreifen und sich dadurch retten. Der Wind wurde in der Nacht heftiger, und es ging eine hohle See (mit kurzen, tiefen Wellentälern), doch mäßigte sich das Wetter am 25. Dezember wieder, so daß wir das Weihnachtsfest recht froh begehen konnten. Am folgenden Tag erhob sich jedoch ein gewaltiger Sturm aus Osten, wobei wir viel ausstehen mußten. Eine Welle brach über dem Schiff und schwemmte unseren Vorrat an Stengen und Rahen auf der einen Schiffsseite gänzlich fort. Eine noch furchtbarere Welle zertrümmerte unsere Boote. Einige Fässer mit Bier, die wir auf dem Deck festgemacht hatten, wurden losgerissen und weggeschwemmt, und es kostete viel Mühe und Gefahr, die Boote so zu sichern, daß sie nicht ganz über Bord gingen. Die See hatte auch das Spiegelheck zerschlagen, so daß sich die Kajüte mit Wasser füllte und eine große Menge unseres Schiffszwiebacks verdorben wurde.

Am 29. legte sich der Sturm und blieb gemäßigt, bis wir vor Teneriffa ankamen. Am 4. Januar 1788, vormittags, sprachen wir mit einem nach Isle de France bestimmten französischen Schiff, und am folgenden Tage erblickten wir um neun Uhr morgens die Insel Teneriffa. Ein dichter Nebel verhüllte sie fast ganz außer am nordwestlichen Ende, das ein auffallendes Vorgebirge in der Form eines Pferdekopfes mit besonders deutlichen Ohren darstellt. Am Sonntag, morgens um halb zehn Uhr, gingen wir auf der Reede von Santa Cruz in 24 Faden (1 Faden = 1,82 m) Tiefe vor Anker. Ein spanisches, nach Corunna bestimmtes Paketboot, eine amerikanische Brigantine und mehrere andere Fahrzeuge lagen hier bereits.

Sobald das Schiff vor Anker lag, schickte ich einen Offizier, Herrn Christian, zum Gouverneur, um ihm zu melden, ich hätte hier geankert, um meine Leute mit Erfrischungen zu versehen und die Sturmschäden an meinem Schiff auszubessern. Der Gouverneur ließ mir ausrichten, daß man mich mit allem, was die Insel biete, versorgen wolle, allerdings mußte die Feierlichkeit des Salutschießens unterbleiben, da Se. Exzellenz nur Personen von gleichem Rang mit der gleichen Zahl von Kanonenschüssen zu antworten beliebe.

Unterdessen kamen der Hafenmeister und einige Offiziere an Bord, um mich zu begrüßen, und sobald das Schiff vertäut war, ging ich an Land und stattete dem Gouverneur meinen Besuch ab. Ich erwirkte für den Botaniker Nelson die Erlaubnis, an Land zu gehen und Pflanzen und andere Produkte des Landes zu studieren. Wir kauften sehr guten Wein für den Preis von zehn Pfund Sterling die Pipe (etwa 400 l). Das frische Wasser bezahlte ich mit fünf Shilling die Tonne. Für andere Waren, wie Mais, Erdäpfel, Kürbisse, Zwiebeln usw., war die Zeit nicht günstig. Vom März bis in den November dagegen ist alles in Überfluß zu haben, besonders allerlei Obstsorten, wovon wir jetzt außer trockenen Feigen und schlechten Orangen nichts auftreiben konnten.

Die Reede von Santa Cruz liegt an der Ostseite der Insel, wo man bis dicht am Ufer ein unergründliches Meer findet. Die Bank, auf der man vor Anker gehen kann, ist sehr steil und so klein, daß zum Loten wenig Zeit bleibt, weshalb man sich eines schweren Wurfbleis bedienen muß, um Ankergrund zu finden. Der Grund ist weicher, schwarzer Schlamm, weshalb die Schiffe, die sich länger aufhalten wollen, ihre Ankertaue mit Bojen schwimmend erhalten. Es ist allemal ratsam, die Schiffe mit mehreren Ankern zu vertäuen, damit sie ruhiger liegen, wenn eine hohle See in die Reede wogt. Damit unsere Boote ohne Gefahr landen können, ist eine Steinmole erbaut worden. Das Wasser fließt in Röhren bis an diesen Damm, und alle Kauffahrteischiffe müssen dafür bezahlen.

Unter dem gemeinen Volk herrscht ein Grad von Elend und Bedürftigkeit, der nirgends so auffällig ist wie in spanischen und portugiesischen Niederlassungen. Um diesem Übel zu steuern, hat der jetzige Gouverneur von Teneriffa eine wohltätige Gesellschaft gegründet, die er selber leitet. Von den ansehnlichen Beiträgen ist ein großes Gebäude errichtet worden, das einhundertzwanzig arme Mädchen und ebenso viele Männer aufnimmt. Seine Exzellenz erwies mir die Ehre, mir dieses hospicio, wie man es nennt, selber zu zeigen, und auf allen Gesichtern las ich Zufriedenheit und Heiterkeit. Die jungen Mädchen waren sittsam und anmutig gekleidet und saßen in bewunderungswürdiger Ordnung in einem großen, gut durchlüfteten Zimmer an ihren Spinnrocken und Webstühlen. Eine Aufseherin leitete ihre Arbeit, die in der Anfertigung von grober Leinwand und seidenen Bändern besteht, die sie selber färben. Nach fünf Jahren dürfen die Mädchen sich verheiraten, wozu sie ihr Spinnrad oder ihren Webstuhl als Gabe erhalten, dazu eine Summe des Geldes aus dem Fond der Gesellschaft, dem ihre Arbeit jetzt jährlich zweitausend spanische Taler einbringt. Für die Männer und Knaben, die größere Wolltücher und Flanelle weben, wird ebensogut gesorgt. Die Alten und Kranken bringen hier den Rest ihrer Tage unter sorgfältiger Pflege zu. Der Gouverneur besucht sie täglich, und jeden Abend findet sich auch ein

Bäuerin auf Teneriffa

Priester bei ihnen ein. Auf solche Art werden viele Menschen in den Stand gesetzt, nützlich und fleißig zu werden, und zwar in einem Lande, wo die Armen, vom Himmelsstrich begünstigt, nur zu leicht ein untätiges Leben, wenn auch mit dem Elend verbunden, der besseren Existenz vorziehen, die sie durch Arbeit und Fleiß finden können.

Santa Cruz ist ungefähr eine halbe Englische Meile lang und ebenso breit, mit geräumigen, luftigen Häusern, aber sehr schlecht gepflasterten Straßen. Die Einwohner sollen, wie man sagt, nur wenigen Krankheiten unterworfen sein. Wenn aber eine ansteckende Krankheit ausbricht, so pflegt sie die schlimmsten Folgen zu haben, wie dies besonders der Fall ist bei den Kinderpocken, die man jetzt durch Impfen zu bekämpfen sucht. Die Gefahr von Epidemien ist auch der Grund, weshalb man den ankommenden Schiffsbesatzungen die Landung nur gestattet, wenn sie Gesundheitsscheine mitgebracht haben.

Nachdem unsere Geschäfte zu Teneriffa erledigt waren, gingen wir am 10. Januar bei Südostwind unter Segel. Die gesamte Mannschaft war gesund und guten Mutes. Ich hielt es für ratsam, die Leute in drei Wachen einzuteilen, und gab die Aufsicht über die dritte Wache einem der Steuermannsmaate, Herrn Fletcher Christian. Diese Einrichtung halte ich für die beste, denn ich bin überzeugt, daß ungestörte Ruhe während der Freiwachen die Gesundheit der Mannschaft fördert und sie auch befähigt, notfalls schnell und wirksam einzugreifen.

Da ich wünschte, die Reise nach Tahiti ohne Aufenthalt durchzuführen, verminderte ich die tägliche Ration Schiffszwieback für jedermann um ein Drittel. Unser Trinkwasser ließ ich durch die in Teneriffa gekauften Filter laufen. Gegen Abend umschifften wir die Südspitze der Insel, und am folgenden Morgen hatten wir kein Land mehr in Sicht. Jetzt eröffnete ich der Schiffsmannschaft den Zweck unserer Reise, und da man mir die Erlaubnis erteilt hatte, ihnen einen Ansporn zu geben, so versicherte ich sie, daß es an verdienten Beförderungen nicht fehlen werde.

Ich verteilte Angelschnüre und Netze, und wir fingen einige Doraden. Der Himmel bewölkte sich und ließ uns Regen erwarten. Ich ließ deshalb Vorkehrungen treffen, mittels ausgespannten Segeltuchs und ableitender Schläuche Wasser aufzufangen. Der Erfolg lohnte diese Mühe, insbesondere kam am 29. ein solcher Regenguß, daß wir siebenhundert Doppelmaß Wasser auffangen konnten.

Am 31. bemerkten wir abends eine halbe Meile hinter uns ein starkes Kräuseln der Meeresoberfläche, das Klippen anzuzeigen schien. Wir hätten aber dort eine Untiefe wahrnehmen müssen, da wir sehr genau Umschau zu halten pflegten. Ich vermute deshalb, daß das Kräuseln von einem großen Fischschwarm herrührte. Ähnlichen Täuschungen glaube ich den Berichten von vielen Untiefen zwischen den Wendekreisen zuschreiben zu müssen, die zwar in den Karten verzeichnet wurden, aber in der See nie gefunden werden.

Am 4. Februar füllten wir bei einem starken Regenguß unsere leeren Wasserfässer, aber das anhaltend nasse und schwüle Wetter hatte zur Folge, daß im Schiff alles mit Schimmel bedeckt war. Wir lüfteten es oft mit Hilfe von Kohlefeuern und sprengten fleißig Weinessig, und bei trockenem Wetter ließ ich alle Luken öffnen und die nassen Kleidungsstücke waschen und trocknen, bis endlich der Südostpassat uns am 6. Februar erlöste und wir am folgenden Nachmittag den Äquator passieren konnten. Der Südost blies stetig und frisch.

Am 16. sichteten wir südwärts ein Schiff, das wir am folgenden Tag ereichten. Es war die »British Queen«, Schiffer Simon Paul aus London, unterwegs nach dem Kap der Guten Hoffnung zum Walfang. Es hatte am 5. Dezember Falmouth verlassen, also achtzehn Tage eher, als ich von Spithead abgesegelt war. Ich benutzte die Gelegenheit, Briefe nach England mitzugeben. Bei Sonnenuntergang kam das Schiff außer Sicht.

Das Wetter war, seit wir die Linie passiert hatten, beständig schön und heiter geblieben, aber die Luft war so schwül, daß wir uns sehr matt fühlten. Das Quecksilber im Thermometer stand am Tage zwischen 81 und 83, ja einmal sogar auf 85 Grad (Fahrenheit). Bei der Fahrt durch die nördliche Hälfte der heißen Zone war die Luft nicht so stark erhitzt, weil die Sonne in dieser Jahreszeit weit im Süden stand, dagegen lag ein solcher Nebel auf dem Horizont, daß man nur in geringer Entfernung etwas erkennen konnte. Bei Sonnenuntergang zerstreute sich der Nebel, und bei Sonnenaufgang kam er wieder zum Vorschein. Auf der Grenze zwischen den Nordost- und den Südostpassatwinden pflegen die Windstillen und Regengüsse, wenn sie lange anhalten, Krankheiten zu verursachen, wenn man nicht alle Sorgfalt anwendet, das Schiff rein und gesund zu erhalten, indem man es zwischen Decks durch Kohlenfeuer trocknet und die Kleider und Betten sorgfältig lüftet. Außerdem sprengten wir noch mit Weinessig und benutzten abends die Pumpen als Ventilatoren. So kamen wir durch die heiße Zone, ohne einen Kranken gehabt zu haben.

Am 21. Februar bekamen wir Nord- und dann Nordwestwind, wir hatten also die südliche Grenze des Passatwindes überschritten. Am folgenden Tag fingen wir einen Haifisch und fünf Doraden. Am 26. zogen wir neue Segel auf und machten anderweitige Vorbereitungen gegen die rauhe Witterung, die nun zu erwarten war. Wir mochten jetzt über hundert Seemeilen von der brasilianischen Küste entfernt sein.

Sonntags, den 2. März, ließ ich vormittags Gottesdienst halten, wie alle Sonntage zu geschehen pflegte, nachdem ich vorher gesehen hatte, daß jedermann gewaschen und rein angezogen war. Jetzt erteilte ich auch Herrn Fletcher Christian den schriftlichen Befehl, das Amt eines Leutnants zu übernehmen.

Da das Thermometer fiel und die Veränderung der

Lufttemperatur deutlich zu spüren war, befahl ich, die leichte Kleidung beiseite zu legen und sich auf eine den kalten Regionen angemessene Weise zu kleiden, wofür ich vor der Abreise in England gehörig eingekauft hatte. Montags, den 10. März, fanden wir vormittags Grund in einer Tiefe von 83 Faden (etwa 150 m). Als wir vierzehn Meilen weiter gesegelt waren, fanden wir bei 160 Faden keinen Grund mehr. Am folgenden Tage sahen wir eine große Menge Wale von ungeheurer Größe, mit zwei Spritzlöchern am Hinterteil des Kopfes.

An diesem Tage sah ich mich genötigt, auf die Klage des Obersteuermanns den Matrosen Matthew Quintal wegen ungebührlichen widersetzlichen Betragens mit zwei Dutzend Hieben zu bestrafen. Bisher hatte ich mich noch nicht in der unangenehmen Notwendigkeit befunden, jemanden an Bord züchtigen zu lassen.

Am 12. fingen wir einen Butzkopf oder Tümmler mit der Harpune, speisten alle mit großem Appetit davon und fanden das Fleisch so gut, daß wir nichts davon verkommen ließen. Wir setzten unseren Lauf nach Süden fort und waren am 19. nach meiner Berechnung keine zwanzig Seemeilen mehr vom Port Desire (Patagonien), doch unser günstiger Nordwestwind und das trübe Nebelwetter hielten mich ab, das Land aufzusuchen. Wir sahen eine Menge Walfische, Albatrosse und andere Seevögel.

Der Wind veränderte sich plötzlich und blies mit großer Stärke aus Westsüdwest. Am 23. morgens erblickten wir die Küste des Feuerlandes. Bei dem ungünstigen Winde schien es mir ratsam, östlich um die Staaten-Insel zu segeln, darauf lag die Le-Maire-Straße so offen vor uns, daß man sie nicht verfehlen konnte. Ich hielt mich etwa sechs Meilen vom Lande entfernt, um steten Wind zu behalten und nicht den vom Gebirge herabstürzenden Fallwinden ausgesetzt zu sein. Der Anblick des Neujahrshafens hätte mich fast verführt, dort anzulegen, aber es war zu spät in der Jahreszeit, und meine Leute befanden sich so wohl, daß ich an keine Landung denken mochte, ehe wir in Tahiti waren.

Am 24. verloren wir das Land außer Sicht, und bis zum Ende des Monats kämpften wir mit schlechtem Wetter und widrigen Winden. Am 31. drehte der Wind nach Nordnordost, und wir hatten große Hoffnung, mit dessen Hilfe unsere Reise um Kap Hoorn ohne große Schwierigkeiten zu vollenden, aber bereits in der Nacht fing der Wind an, unstet zu werden, und tags darauf setzte er sich im Westen fest und wuchs zu einem Sturme an, der heftiger war, als ich je einen Orkan erlebt hatte. Die Wogen brausten fürchterlich daher, aber unser Schiff hielt sie recht gut unter dem Großsegel und dem Vorderstagsegel aus. Der Sturm dauerte diesen und den folgenden Tag mit heftigen Stößen, die Hagel und Schloßen brachten. Ich war gezwungen, Tag und Nacht ein Feuer zu unterhalten, an dem einer der Wachhabenden die Kleider trocknete, wodurch ohne Zweifel die Gesundheit meiner Leute erhalten wurde.

Unsere Begleiter waren Albatrosse und Sturmvögel, die sich im Kielwasser des Schiffes niederließen, was unsere Leute auf den Gedanken brachte, sie mit Angelschnüren zu fangen, was ihnen auch gelang. Der Sturm legte sich für kurze Zeit, tobte aber bald von neuem, und die See ging gewaltig hoch. Die Folgen der ständigen Erschütterung begannen sich nun am Schiffe zu zeigen. Wir mußten uns alle Stunden an die Pumpen stellen. Die Decks waren so leck, daß ich die große Kajüte den Leuten, deren Schlafstellen zu naß waren, einräumen mußte, damit sie ihre Hängematten dort befestigen konnten. Dies hatte noch den Vorteil, daß das Matrosenlogis nicht so gedrängt voll war.

Zu allem Unheil mußten wir noch am Ende jeden Tages feststellen, daß wir zurückgefallen waren, statt vorwärts zu kommen, und so sehr wir uns auch mühten, trieben wir doch nur vor dem Winde her. Unser Koch fiel auf dem schwankenden Deck hin und brach sich eine Rippe. Ein Matrose renkte sich die Schulter aus. Der Konstabler bekam rheumatische Schmerzen und mußte sich hinlegen, so daß wir zum erstenmal während der Reise eine Krankenliste hatten.

Wir fingen noch immer Vögel genug, aber sie waren so mager und schmeckten so tranig, daß wir einen Versuch mit ihnen anstellten, der uns glänzend gelang. Wir sperrten sie ein und fütterten sie mit Weizenschrot, wovon sie in kurzer Zeit zunahmen. Die Sturmvögel schmeckten nun wie die schönsten Enten, und die Albatrosse wurden so fett und schmeckten so gut wie die besten Gänse. Die unverhoffte Hilfe, die wir auf diese Weise gewannen, kam uns sehr gelegen, denn von unserem mitgenommenen lebendigen Vieh war außer den Schweinen nichts mehr am Leben, weder die Schafe noch das Federvieh hatten der strengen Witterung widerstehen können.

Am 20. legte sich der Wind, und es folgte eine Windstille von einigen Stunden, so daß wir auf eine günstige Änderung hofften. Ich ließ ein Schwein schlachten, damit die Mannschaft ein kräftiges Mittagsmahl von frischem Fleisch genießen konnte. Um Mittag erhob sich zu unserem Verdruß der Wind wieder von Westen und brachte heftige Schnee- und Hagelschauer. Wir waren bereits drei Grade vom westlichen Ende der Magellanischen Meerenge gewesen, aber wir verloren stündlich mehr.

Es schmerzte mich tief, nunmehr einsehen zu müssen, wie hoffnungslos, ja wie unverantwortlich jeder weitere Versuch sein würde, auf diesem Wege nach Tahiti zu gelangen. Dreißig Tage hatten wir jetzt in diesem stürmischen Ozean zugebracht. Einmal waren wir schon so weit nach Westen vorgedrungen, daß die Möglichkeit, die Umschiffung zu vollenden, bis zur Wahrscheinlichkeit gekommen zu sein schien, aber seitdem hatten die heftigsten Stürme von Westen her fast ununterbrochen gewütet, wenige Stunden abgerechnet, in denen es so war, mit einem aus Lord Ansons Reise entlehnten Ausdruck, »als wenn die Elemente Atem schöpften, um mit verdoppelter Wut auf uns loszustürmen«.

Jetzt war es zu spät in der Jahreszeit, um noch auf besseres Wetter und günstigen Wind zu hoffen. Andererseits ließen mir die in südlichen Breiten vorherrschenden Westwinde keinen Zweifel, daß wir eine schnelle Reise um das Kap der Guten Hoffnung und von dort weiter ostwärts haben würden. Am 22. April, fünf Uhr abends, bei starkem Westwind, gab ich deshalb den Befehl, das Steuerruder windwärts zu richten, wodurch ich eine allgemeine Freude an Bord auslöste. Unsere Krankenliste war unterdessen bereits auf acht Personen angewachsen, von denen die meisten an Rheumatismus litten. Sonst war die Mannschaft trotz ununterbrochener Anstrengungen zwar sehr abgemattet, aber vollkommen gesund.

DRITTES KAPITEL

Überfahrt nach dem Kap der Guten Hoffnung. – Bemühungen, die Insel Tristan da Cunha zu finden. – Ankunft in der False Bai. – Gerüchte, die Mannschaft des Schiffes »Grosvenor« betreffend. – Abreise vom Kap.

Die Fortdauer des stürmischen Westwindes gab mir keinen Grund, meinen Entschluß zu bereuen. Wir hatten einen ausreichenden Wasservorrat an Bord, um bis zum Kap der Guten Hoffnung damit auszukommen, weshalb ich es nicht für nötig hielt, eine der Falkland-Inseln anzulaufen. Am 9. Mai befanden wir uns in der Nähe der Insel Tristan da Cunha. Ich wünschte, die Insel in Sicht zu bekommen, und ich lavierte deshalb die Nacht hindurch und am folgenden Tag, aber es zeigte sich keine Spur von der Nähe des Landes, und da das Wetter trübe und regnerisch wurde und wir uns bereits östlich der Insel befinden mußten, ließ ich es dabei bewenden und richtete unseren Kurs wieder nach dem Kap der Guten Hoffnung.

Am 22. Mai, zwei Uhr nachmittags, erblickten wir den Tafelberg am Vorgebirge der Guten Hoffnung. Da man den Aufenthalt in der Tafelbai in dieser Jahreszeit für unsicher hält, richtete ich meinen Lauf nach der False Bai und ging am 24. in der inneren Bucht vor Anker. Hier trafen wir ein von Europa kommendes Schiff der Holländischen Ostindischen Compagnie, fünf andere holländische Schiffe und ein französisches Schiff an. Nachdem ich das Fort begrüßt und eine gleiche Anzahl Kanonenschüsse als Gegengruß empfangen hatte, ging ich an Land. In der Tafelbai lag noch ein anderes, nach Europa bestimmtes holländisches Schiff, dem ich Briefe an die Admiralität mitgab.

Ich traf sogleich Anstalten, unsere Weiterreise zu ermöglichen. Das Schiff mußte überall kalfatert werden, denn es war so leck, daß wir auf der Fahrt vom Kap Hoorn bis hierher stündlich hatten pumpen müssen. Dazu mußten die Segel und das Tauwerk ausgebessert werden. Unsere nächste Sorge aber bestand darin, alle Vorräte zu untersuchen, die zum Teil verdorben waren, besonders der Schiffszwieback. Einstweilen ließ ich der Mannschaft täglich frisches Fleisch, dazu reichlich Brot und Gemüse verabreichen.

Einige Tage nach unserer Ankunft begab ich mich nach Kapstadt und machte Sr. Exzellenz, dem Herrn Gouverneur van der Graaf, meine Aufwartung. Er begünstigte unsere Angelegenheiten so sehr, daß wir kaum die Entfernung von der Kapstadt spürten, woher wir unsere Vorräte beziehen mußten. Während unseres Aufenthaltes suchte ich auch allerlei Sämereien von Pflanzen zu bekommen, die in Tahiti von Wert sein konnten. Der Oberst Gordon, Befehlshaber der am Kap stationierten Truppen, erwies mir dabei manche Hilfeleistung. Als jemand den Schiffbruch des englischen Ostindienschiffes »Grosvenor« erwähnte, bedauerte der Oberst, daß man eine Äußerung von ihm so habe auslegen können, als bestehe für die Angehörigen der unglücklichen Schiffsgesellschaft noch einige Hoffnung. Er erzählte, auf einer Reise in das Land der Kaffern habe er einen Eingeborenen angetroffen, der ihm berichtete, daß sich unter seinen Landsleuten eine weiße Frau mit ihrem Kinde aufhalte. Oft umarme sie das Kind und weine bitterlich. Da der Oberst sich auf der Rückreise befand und gesundheitlich stark gelitten hatte, konnte er nicht mehr tun, als den Eingeborenen durch Geschenke zu gewinnen, der Frau einen Brief und ihm die Antwort zu überbringen. Der Kaffer versprach dies hocherfreut, allein er hat nichts wieder von sich sehen oder hören lassen.

Ich will nun gleich, damit ich nicht nötig habe, auf diese traurige Geschichte noch einmal zurückzukommen, eine wenn auch gewiß unvollständige Nachricht hierhersetzen, die ich auf meiner Rückreise nach Europa am Kap erfuhr. Ein Landmann, namens Holthausen, der in Swellendam wohnt, acht Tagereisen vom Kap entfernt, erhielt von einigen Kaffern die Nachricht, daß sich in einem Kraal in ihrem Lande weiße Männer und Frauen befänden. Er erbat vom Gouverneur die Erlaubnis, mit einigen anderen Buren einen Zug dorthin zu unternehmen, wobei er für seine Unkosten sechstausend Reichstaler verlangte. Der Gouverneur verwies ihn an den Landdrosten von Grave-Rennet, einer neuen, auf seinem Wege liegenden Kolonie. Allerdings hatte Holthausen dorthin eine Reise von einem Monat, die der Bure nicht aufs Ungewisse unternehmen wollte. Er hatte sich bei einem Haufen befunden, der an der Küste entlang gezogen war, um nach den Schiffbrüchigen zu suchen, nachdem einige von diesen am Kap angelangt waren. Man sagt aber auch, daß die holländischen Buren sehr gern solche Züge in das Innere des Landes unternehmen, um zu plündern und Viehherden wegzutreiben.

Am 13. Juni kam das englische Schiff »Dublin« auf dem Wege nach Ostindien hier an. Es hatte eine Division des 77. Regiments unter dem Obersten Balfour an Bord. Am 29. Juni waren wir segelfertig, nachdem meine Leute achtunddreißig Tage lang jeden Vorteil genossen hatten, den das Land ihnen gewähren konnte. Wir gingen am 1. Juli, vier Uhr nachmittags, unter Segel, feuerten beim Auslaufen einen Salut von dreizehn Schüssen und erhielten den gleichen Gegengruß zurück.

VIERTES KAPITEL

Fortsetzung der Reise nach Van-Diemens-Land. – Ansicht der Insel St. Paul. – Ankunft in Adventure-Bai, Einwohner daselbst. – Abreise von Van-Diemens-Land.

Nachdem wir die False Bai verlassen hatten, steuerten wir Ostsüdost. Beinahe täglich fanden sich Albatrosse, Sturmvögel und andere ozeanische Vögel bei uns ein, doch merkten wir, daß sie uns sogleich verließen, wenn der Wind nur wenige Stunden von Norden kam. Ihre Wiederkehr war das Vorzeichen eines südlichen Windes. Am 20. kam der Wind mit solcher Stärke aus dem Westen, daß wir mit ganz gerefftem Marssegel unter dem großen Focksegel schifften. Bald verstärkte der Wind sich so sehr, daß das Vorderteil fast unter Wasser geriet, ehe wir die Segel einziehen konnten. Sobald dies geschehen war, legten wir das Schiff gegen den Wind, senkten die großen Rahen, nahmen die Bramstengen ganz auf das Deck herunter und erleichterten das Schiff so um vieles. Wir blieben bis zum nächsten Morgen so liegen und machten uns mit einem gerefften Focksegel wieder auf den Weg. Nachmittags aber gingen die Wellen so hoch, daß wir beilegen mußten. Die ganze Nacht blieben wir vor dem Winde liegen, wobei der Mann am Steuer einmal unversehens auf das Steuerrad geworfen und arg zerschlagen wurde. Gegen Mittag legte sich die Gewalt des Sturmes, und wir segelten weiter ostwärts fort.

Am 28. Juli sichteten wir die Insel St. Paul zwölf Meilen von uns entfernt. Wir liefen an ihrer Südseite hin, etwa eine Seemeile vom Lande entfernt, dessen Höhen mit Grün, vermutlich einer Art Moos, bedeckt waren, wie man es gewöhnlich auf den felsigen Inseln dieser Breiten antrifft. Unweit der Küste sahen wir einige Walfische schwimmen. Am Ostende bemerkten wir einen zuckerhutförmigen Felsen, an dessen Fuß ein guter Ankergrund liegen soll, wie mir der Kapitän eines holländischen Postschiffes mitteilte, mit dem ich nach Europa zurückkam. Er sagte auch, daß auf der Insel gutes Trinkwasser zu finden sei, außerdem eine heiße Quelle, worin Fische sich so gut wie auf dem Feuer kochen ließen.

Bei unserer Annäherung an Van-Diemens-Land (Tasmanien) hatten wir viel schlechtes Wetter mit Hagel und Schnee, und nichts deutete uns die Nähe der Küste an außer einer Robbe, als wir noch zwanzig Seemeilen vom Lande entfernt waren. Der Nordwestwind wehte sehr heftig, als wir aber den Newstone, einen hohen, steilen Felsen am Südwestkap, umschifft hatten, waren wir gegen die hoch von Westen her kommende See geschützt. Abends lag das Südkap vor uns, und wir sichteten einige Feuer auf dem Lande. Am 20. versuchten wir vergeblich, die Adventure-Bai (am Südwestkap) anzulaufen, denn der unstete Wind hinderte uns daran. Erst am folgenden Morgen konnten wir dort vor Anker gehen.

Nachdem wir das Schiff sicher vertäut hatten, ging ich in einem Boot an Land, um eine günstige Stelle zum Wasserfüllen und Holzschlagen zu suchen. Etwa sechzig Schritte vom Ufer fand ich in einer Mulde Wasser. Es war gut, aber da es vom Regen angesammelt war, fand man im Sommer hier kein Wasser, wie im Januar 1777, als ich mit Kapitän Cook hier vergeblich danach gesucht hatte.

Der Fischfang mit dem großen Netz brachte uns nur zwanzig kleine Fische ein. Von Eingeborenen fand ich nirgends eine Spur, auch nicht von europäischen Schiffen, die seit der »Resolution« und »Discovery« unter Cook und Clerke im Jahre 1777 hier gewesen wären. Bei Tagesanbruch am folgenden Morgen schickte ich eine Abteilung unserer Mannschaft unter den Befehlen des Herrn Christian und des Konstablers Peckover an Land, um Holz und Wasser an Bord zu schaffen, wobei einer der Matrosen für seine Kameraden waschen sollte. Die See brandete so hoch an den Strand, daß wir das Holz in Bündeln nach dem Boot flößen mußten. Herr Nelson berichtete mir, daß er auf einem Erkundungsgang einen völlig gesunden Baum mit einem Umfang von dreiunddreißig und einem halben Fuß (fast 10 m) und entsprechender Höhe gefunden habe.

An Bord glückte uns der Fischfang mit der Angel weit besser als mit dem Netz am Strande, denn wir fingen eine Menge Kabeljaus. Da es uns an Brettern fehlte, ließ ich eine Sägegrube anlegen und stellte einige Leute an, um Baumstämme zu Planken zu schneiden. Wir hatten jetzt auch mehr Glück mit dem Fischnetz, dazu sammelten unsere Leute auf den Klippen eine Menge Miesmuscheln, nach deren Genuß ihnen aber übel wurde, doch vermute ich, daß sie zuviel davon gegessen hatten. Wir sahen auch den Stamm eines abgestorbenen Baumes, in den die Jahreszahl 1773 eingeschnitzt war, ohne Zweifel von Leuten des Kapitäns Furneaux (der mit der »Adventure« hier gewesen war).

Das östliche Ufer der Bai ist nicht bewaldet, deshalb wählte ich es auf Herrn Nelsons Empfehlung aus, dort einige vom Kap der Guten Hoffnung mitgebrachte Obstbäume zu pflanzen. Ich habe freilich wenig Hoffnung, daß dies Erfolg haben könnte, da die Feuer der Eingeborenen in der trockenen Jahreszeit das dürre Gras und die Sträucher anzünden und alles weithin vernichten. Wir suchten jedoch ein Plätzchen aus, das uns sicher genug erschien, und pflanzten drei junge Apfelbäume, neun Weinstöcke, sechs Pisangs und legten eine Menge Zitronen- und Orangenkerne, Kürbisse, Mais und Apfel- und Birnenkerne. Nelson ging außerdem rund um die Bucht und legte Sa-

Mann von Van-Diemens-Land (Tasmanien)

men, wo es ihm zweckmäßig erschien. Unweit des Wasserplatzes fanden wir ein günstiges Stück, das uns besonders zum Bepflanzen tauglich erschien, wo wir also auch Zwiebeln, Kohlrüben und Erdäpfel steckten.

Einige Tage nacheinander zeigten sich auch einige Wale in der Bucht, und zwar von derselben Art mit zwei Atemlöchern, die wir öfter gesehen hatten. In der Nacht des 1. September bemerkten wir zum erstenmal, daß sich Eingeborene in der Nähe befinden müßten. Wir sahen auf dem flachen Lande einige Feuer und konnten mit Hilfe unserer Ferngläser auch Menschen erkennen. Da ich hoffte, daß sie zu uns kommen würden, blieb ich den ganzen Vormittag bei den Holzfällern und Wasserholern, wo ich das günstige Wetter zu astronomischen Beobachtungen nutzte. Die Eingeborenen kamen jedoch nicht, und die See brandete zu stark, als daß ich ein Boot dort hätte landen lassen können.

Am folgenden Morgen unternahm ich eine Bootsfahrt dorthin, und da eine Landung unmöglich war, ließ ich den Bootsanker werfen, weil ich vermutete, die Eingeborenen, an deren Feuern wir vorübergerudert waren, würden zu uns an den Strand kommen. Als wir bereits eine Stunde vergebens gewartet hatten, sahen wir zu unserer Verwunderung Nelsons Gehilfen, den Gärtner Brown, aus dem Walde hervorkommen. Er hatte sich auf einer botanischen Erkundung hierher verirrt und sagte mir, er sei auch einigen Einheimischen begegnet. Bald darauf hörten wir ihre Stimmen wie ein Gegacker von Gänsen. Dann kamen etwa zwanzig Menschen aus dem Gebüsch hervor, und zwölf von ihnen gingen an eine Landspitze, wo das Boot dem Ufer näher liegen konnte. Ihre Weiber waren zurückgeblieben. Wir näherten uns den Eingeborenen bis auf zwanzig Schritte, aber es war unmöglich, dort zu landen. Ich begnügte mich deshalb damit, die Geschenke, die ich ihnen zugedacht hatte, in Papier zu wickeln und aufs Ufer zu werfen. Aber sie öffneten die Päckchen erst, als ich Miene machte, sie zu verlassen. Sie wickelten das Papier auf und legten sich die Sachen auf den Kopf. Ich warf noch einige Glaskorallen und Nägel ans Land und machte ihnen Zeichen, daß sie zu unserem Schiffe kommen sollten. Sie

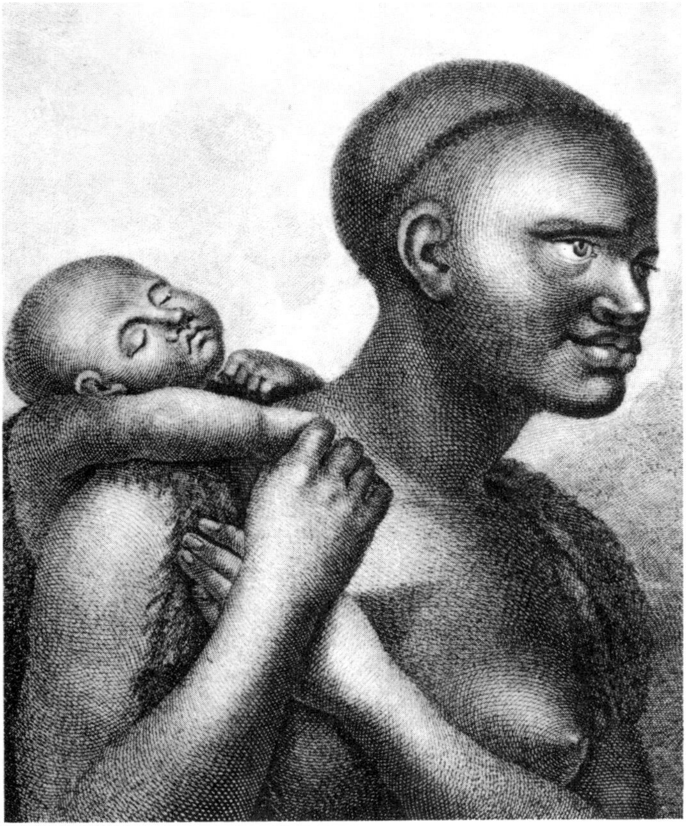

Frau von Van-Diemens-Land (Tasmanien)

dagegen bedeuteten mir durch Zeichen, daß ich aussteigen sollte, aber ich entfernte mich und hoffte, am Wasserplatz näher mit ihnen bekannt zu werden.

Wir erkannten einen Mann wieder, den wir unter dem Haufen unserer Gäste im Jahre 1777 gesehen hatten und den Kapitän Cook als einen launigen und zugleich mißgestalteten Menschen erwähnt. (Kapitän Cook berichtet über ihn: Einer von den Männern war ganz außerordentlich ungestaltet, zeichnete sich aber ebensosehr durch seine wunderlichen Gebärden und die anscheinende Laune in seinen Reden aus wie durch den Höcker auf seinem Rücken. Er schien sich viel Mühe zu geben, uns zu unterhalten, aber wir verstanden kein Wort von dem, was er sagte.) Einige von den Eingeborenen trugen einen zwei bis drei Fuß langen Stock, sonst aber keinerlei Waffen. Ihre Hautfarbe ist mattschwarz, einer zeichnete sich durch eine am ganzen Leibe aufgetragene Ockerfarbe aus, die anderen hatten sich mit einer Art Ruß schwarz angemalt und diese Farbe im Gesicht und auf den Schultern dick aufgetragen. Sie waren ganz nackt, liefen leichtfüßig über die Felsen, hatten einen scharfen Blick und fingen sehr geschickt die Glaskorallen und Nägel, die ich ihnen zuwarf. Als sie mit uns sprachen, setzten sie sich auf ihre Fersen und zogen die Knie dicht unter ihre Achseln.

Der Gärtnergehilfe Brown berichtete nach seiner Rückkehr, daß er einen alten Mann, eine junge Frau und zwei oder drei Kinder angetroffen habe. Der Alte schien anfangs sehr bestürzt, wurde aber zutraulich, nachdem er ein Messer geschenkt bekommen hatte. Gleichwohl schickte er die Weibsperson fort, die sich höchst ungern entfernte. Brown sah einige primitive Hütten, in denen außer einigen auf der Erde ausgebreiteten Känguruhfellen und einem Schilfkorb weiter nichts vorhanden war.

Wir fanden in dem gefällten Holz viele Skorpione und Asseln und eine Menge schwarzer Ameisen, die einen Zoll lang waren, dagegen ließen sich keine Moskitos sehen, die hier in den Sommermonaten so lästig sind. Die sogenannte Neuseeländische Teestaude wächst hier in Überfluß. Wir sammelten und trockneten die Blätter, um sie als Tee zu gebrauchen, und banden auch aus den Zweigen vortreffliche Besen.

Als wir am 3. September unter Segel gehen wollten, hielt uns eine Flaute im Hafen zurück. Unsere freundschaftliche Begegnung mit den Eingeborenen ließ mich hoffen, daß sie uns besuchen würden, aber sie ließen sich nicht sehen, und wir wurden nur nachts ihre Feuer gewahr. Am 4. September lichteten wir endlich die Anker und verließen bei einem guten Nordwest die Adventure-Bai. Die Bai ist im Sommer für jede Anzahl von Schiffen ein guter Landeplatz, um Holz und Wasser aufzunehmen, im Winter aber, wenn die Südwinde mit Ungestüm wehen, macht die gegen das Ufer prellende Brandung die Landung sehr beschwerlich.

FÜNFTES KAPITEL

Endeckung einiger felsiger Inseln. – Ansicht der Insel Maitea und Ankunft in Tahiti. – Gedränge der Eingeborenen an Bord des Schiffes.

Sobald wir das Land im Rücken hatten, steuerten wir Ostsüdost in der Absicht, die Südspitze von Neuseeland zu umsegeln, wo ich anhaltenden Westwind anzutreffen hoffte. Aber ich fand mich getäuscht, der Wind war unstet, kam oft mit Ungestüm von Osten und brachte uns nebliges, trübes Wetter. Am 14. September befanden wir uns auf dem Längengrad, der die Südspitze von Neuseeland durchschneidet. Das Meer wurde jetzt unruhiger, und ein langer Wogenschwall kam uns aus Nordost entgegen. Am 19. entdeckten wir bei Tagesanbruch eine Gruppe von kleinen Felseninseln. Es waren dreizehn an der Zahl. Ich konnte nichts Grünes auf ihnen wahrnehmen, wohl aber weiße Flecken, die wie Schnee aussahen. Während die Inseln in Sicht waren, sahen wir einige Pinguine und eine Art von weißen Möwen mit gabelförmigem Schwanz. Kapitän Cook kam im Jahre 1773 dieser Gegend sehr nahe, doch ohne die Inseln zu entdecken. Er sah hier herum Robben und Pinguine und hielt Neuseeland für das nächste Land. Ich nannte diese Gruppe nach meinem Schiff die Bounty-Inseln.

Am 21. September sahen wir eine Robbe und eine große Menge Albatrosse. Das Senkblei erreichte mit 230 Faden den Grund nicht. Es war windstill, und um das Schiff schwammen eine Menge kleiner Quallen oder Meernesseln, von denen ich einige mit einem Eimer auffischen ließ. Sie unterschieden sich nicht von den gewöhnlichen Quallen in

Westindien. Nachts fanden wir leuchtende Stellen auf dem Meer, die durch ungeheure Mengen dieser Quallen verursacht wurden. Sie strahlten nämlich aus ihren langen Fangfäden ein Licht aus, das dem Kerzenlicht gleicht, wobei aber der Körper des Tieres völlig dunkel bleibt.

Da ich nunmehr eine gute Strecke östlich von den Gesellschaftsinseln gekommen war, steuerte ich nun gegen Norden. Noch immer begleiteten uns die südlichen ozeanischen Vögel, und bisweilen ließen sich auch einige Walfische sehen. Meine Leute fingen Albatrosse und mästeten sie, wie sie es schon bei Kap Hoorn getan hatten. Am Donnerstag, dem 9. Oktober, hatten wir das Unglück, unseren Matrosen James Valentine zu verlieren, der in der Nacht verstarb. Er war einer der stärksten Männer auf dem Schiff gewesen, bis wir nach der Adventure-Bai kamen. Hier ließ man ihn wegen einer leichten Unpäßlichkeit zur Ader, worauf er sich wieder erholte. Aber einige Zeit später fühlte er Schmerzen in dem Arm, wo man ihm die Ader geöffnet hatte, und es zeigte sich eine Entzündung daran, die sich schnell verschlimmerte. Dann kam ein hohler Husten mit Atemnot hinzu, und es ging mit ihm zu Ende.

Der Wind fing jetzt an veränderlich zu werden, und zuweilen folgten Windstillen, bis wir am 19. Oktober Nordostwind erhielten, der allmählich östlicher wurde und der echte Passatwind war. Am 25. Oktober sichteten wir morgens die Insel Maitea, die Kapitän Wallis, ihr erster Entdecker, Osnabrück-Insel nannte. Sowohl Kapitän Cook als auch Kapitän Wallis waren nahe an der Südseite dieser Insel entlanggesegelt, ich wählte die Nordseite, die sehr steil ist. Die Bewohner haben deshalb die Südseite zu ihrem Aufenthalt gewählt. Wir steuerten nahe an der Ostküste entlang, sahen aber nur wenige Häuser. Auf einer kleinen Anhöhe lag ein nettes Haus mitten in einem lieblichen Hain von Kokospalmen, wovon wir kaum die Au-

Der Entdecker Captain Samuel Wallis zwang nach einer Kanuschlacht in der Matawaibucht die Tahitier zum Frieden (1767)

gen wenden konnten. Etwa zwanzig Eingeborene liefen mit dem Schiff am Strande hin und ließen große Stücke Zeug im Winde flattern, aber die Brandung war zu stark, als daß wir an ein Zusammentreffen mit ihnen hätten denken können. Ich sah eine Menge Kokospalmen, aber nirgends einen Pisang.

Wir setzten unsere Fahrt nach Westen fort und sahen um sechs Uhr abends Tahiti vor uns liegen. Da wir aller Wahrscheinlichkeit nach mit einem ziemlich langen Aufenthalt auf dieser Insel rechnen mußten, so war nicht zu erwarten, daß der Verkehr zwischen meiner Besatzung und den Eingeborenen in den Schranken strenger Zurückhaltung bleiben würde, deshalb erteilte ich den Befehl, daß jedermann sich vom Wundarzt untersuchen lassen müsse. Zu meiner Zufriedenheit fiel der Bericht des Arztes dahin aus, daß die Mannschaft von der Lustseuche völlig frei wäre.

Am 26. Oktober, morgens um vier Uhr, nachdem wir von der Insel Maitea fünfundzwanzig Seemeilen gesegelt waren, näherten wir uns der Venusspitze (wo Kapitän Cook 1769 eine Sternwarte errichtet hatte, um den Durchgang der Venus vor der Sonne zu beobachten). Bald kamen eine Menge Eingeborene in ihren Booten zu uns. Ihre erste Frage war, ob wir Taios – Freunde – seien, weiter ob wir von Pretani – Britannien – oder von Lima kämen. Kaum hatten sie hierauf eine befriedigende Antwort bekommen, so drängten sie sich in Scharen an Bord, so sehr wir uns auch bemühten, sie zurückzuhalten, weil wir das Schiff in den Hafen steuern mußten. In weniger als zehn Minuten war das Deck so gedrängt voll, daß ich kaum noch meine eigenen Leute herausfinden konnte. Um 9 Uhr gingen wir in der äußeren Matawai-Bucht vor Anker, weil der schwache Wind nicht ermöglichte, dem Schiff einen besseren Ankerplatz zu geben.

So hatten wir also die Reise von Van-Diemens-Land nach Tahiti in zweiundfünfzig Tagen geschafft, was als eine ziemlich gute Überfahrt gelten kann. Es verdient noch angemerkt zu werden, daß wir von England bis zum Ankerwurf vor Tahiti zusammengerechnet 27 068 Englische Meilen oder umgerechnet alle vierundzwanzig Stunden 108 Englische Meilen (etwa 200 km) zurückgelegt hatten.

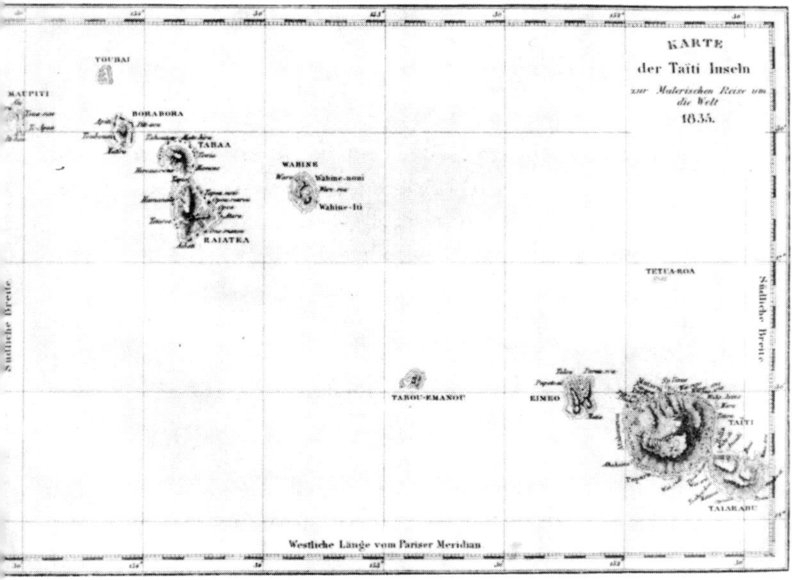

Karte der Gesellschaftsinseln

SECHSTES KAPITEL

Nachricht von einem kürzlich von Tahiti abgegangenen Schiffe. – Omais Tod. – Kapitän Cooks Bildnis wird an Bord geschickt. – Otu besucht das Schiff. – Gegenbesuch. – Gute Stimmung der Eingeborenen gegen uns. – Nachricht über das von Kapitän Cook auf der Insel hinterlassene Hornvieh. – Versprochene Brotfruchtbäume. – Besuch bei dem Eri. – Geschenke an die Errioys.

Als das Schiff vor Anker lag, kamen noch mehr Gäste, aber wir sahen niemand, dessen wir uns als Mann von Ansehen hätten erinnern können. Ein untergeordneter Häuptling beschenkte uns mit Schweinen und empfing unsere Gegengeschenke. Wir erhielten auch Kokosnüsse in Menge, doch schien die Brotfrucht jetzt rar zu sein.

Man erkundigte sich öfter bei uns nach Kapitän Cook, Sir Joseph Banks und anderen Freunden, die vor Zeiten hier gewesen waren. Wir erfuhren auch, daß ein Schiff die Insel besucht und die Mannschaft den Eingeborenen vom Tode des Kapitäns Cook berichtet hatte. Sie schienen jedoch von den näheren Umständen nichts zu wissen, und ich schärfte sowohl meinen Offizieren als auch der Mannschaft ein, nichts von der Ermordung Kapitän Cooks auf Hawaii (1779) zu erwähnen. Das Schiff hatte sich einen Monat lang auf Tahiti aufgehalten und war vor vier Monaten von hier abgereist. Die Eingeborenen nannten den Kapitän Tonah und berichteten mir auch, daß sich auch ein Leutnant Watts auf dem Schiffe befunden habe, den sie gut kannten, weil er schon mit Kapitän Cook hier gewesen war. (Das Schiff war die »Lady Penrhyn« unter Kapitän Sever.)

Otu, der bei Kapitän Cooks letzter Anwesenheit das

Oberhaupt von Tahiti war, hielt sich jetzt in einer anderen Gegend der Insel auf. Man sagte uns, daß bereits Boten unterwegs seien, die ihn von unserer Ankunft unterrichten sollten, und daß man ihn in Kürze erwarte. Unter den Eingeborenen bemerkten wir überhaupt große Freude über unsere Ankunft und freundschaftliches Benehmen uns gegenüber. Den ganzen ersten Tag ging es auch vollkommen ehrlich zu. Wir waren jedoch von unseren vielen Gästen so arg bedrängt, daß ich es nicht wagen konnte, das Schiff auf einen bequemeren Ankerplatz in der Bucht zu bringen, denn dazu hätte ich vorher die Eingeborenen vom Deck schaffen müssen, und dies würde wahrscheinlich einen schlechten Eindruck auf sie gemacht haben. Ich wartete deshalb bis zum anderen Morgen, und ehe die Eingeborenen wieder herbeiströmten, lichteten wir unsere Anker, lavierten tiefer in die Bai und vertäuten das Schiff etwa eine Viertelmeile vom Strande, wo es in sieben Klaftern (Faden) Tiefe lag.

Bald darauf kamen mehrere Häuptlinge an Bord, die über meine Wiederkehr große Freude zeigten. Unter ihnen befand sich Otau, der Vater Otus, und Oripaia, sein Bruder, dazu ein anderer Häuptling von Matawai namens Poino, denen ich Geschenke überreichte. Bald erschienen auch zwei Boten von Otu, der mir mitteilen ließ, daß er auf dem Wege zum Schiffe sei. Jeder von ihnen überbrachte ein kleines Ferkel und einen jungen Pisangstamm als Zeichen der Freundschaft. Unterdessen waren wir auch reichlich mit frischen Lebensmitteln versorgt worden, und jedermann hatte soviel zu verzehren, wie er wollte und konnte.

Sobald das Schiff sicher vor Anker lag, begab ich mich in Begleitung des Häuptlings Poino und einer großen Menge von Eingeborenen an Land. Er führte mich an den Platz, wo wir im Jahre 1777 unsere Zelte aufgeschlagen hatten, und bat mich, ich möchte mich hier wieder niederlassen. Darauf gingen wir über den Strand und auf einem von Brotbäumen beschatteten Pfad nach seinem Hause. Dort beschäftigten sich zwei Frauen — seine Frau und seine Tochter — damit, ein Stück Zeug rot zu färben. Sie luden mich ein, auf einer Matte Platz zu nehmen, und boten mir mit ausgesuchten Manieren allerlei Erfrischungen an. Nach und nach fanden sich einige Fremde ein, die mich begrüßten und in ihrem Betragen sehr bescheiden und zuvorkommend waren. Das Volk drängte sich in solchen Haufen um das Haus, daß die Hitze mir sehr beschwerlich fiel, aber sobald man dies bemerkte, zog sich die Menge zurück. In dem Gedränge entdeckte ich einen Mann, der seinen Arm bis über den Ellbogen verloren hatte. Der Stumpf war so gut verheilt, als hätte ein großer Chirurg ihn behandelt.

Ich erkundigte mich nach dem Hornvieh, das Kapitän Cook hier zurückgelassen hatte, allein die Auskünfte hierüber waren widerspruchsvoll und ungünstig. Nachdem ich mich etwa eine Stunde aufgehalten hatte, stand ich auf, um mich zu verabschieden. Die Frauen kamen auf mich zu und überreichten mir eine Matte und ein Stück feinstes tahitisches Zeug, das sie mir nach Landesart umlegten. Dann nahm ich sie bei der Hand, und sie begleiteten mich bis ans Ufer, wo sie sich mit dem Versprechen, meinen Besuch bald zu erwidern, von mir trennten.

Auf diesem Spaziergang sah ich zu meinem großen Vergnügen, daß die Insulaner von unseren früheren Besuchen einigen Gewinn gehabt hatten. Man brachte mir zwei Pampelmusen, eine Frucht, die sie nicht gekannt hatten, bis wir sie hier einführten, und unter den zum Schiff gebrachten Waren befanden sich Spanische Pfefferschoten, Kürbisse und auch ein paar junge Ziegen.

Während meiner Abwesenheit hatte es einigen Lärm an

Otu, Groß-Eri von Tahiti

Bord des Schiffes gegeben, als ein Eingeborener einen blechernen Topf stehlen wollte. Oripaia erfuhr davon und geriet in so heftigen Zorn, daß der Dieb nur mit knapper Not sein Leben rettete. Der Häuptling trieb alle seine Landsleute vom Schiff, und als ich eintraf, bat er mich, jeden Dieb fangen und mit Prügeln bestrafen zu lassen.

Vormittags kam ein Insulaner mit dem Bildnis an Bord, das der Maler Weber (Teilnehmer der dritten Reise Cooks) im Jahre 1777 von dem Kapitän gezeichnet und das man Otu zum Geschenk gemacht hatte. Es wurde mir in der Absicht gebracht, ich möchte es ausbessern lassen. Der Rahmen war zerbrochen, das Bild aber keineswegs beschädigt. Die Tahitier nannten es Tuti, Eri no Tahiti, Cook, Oberhaupt von Tahiti. Sie berichteten dabei, Tuti habe von Otu verlangt, daß er das Bild vorzeigen solle, sooft ein englisches Schiff herkäme, da man dies sicher als eine Freundschaftserklärung ansehen werde. An diesem Nachmittag erhielt ich noch den Besuch von Otus jüngstem Bruder Waiduha, der aber vom Awatrinken ganz benommen war. Bei Sonnenuntergang verließen uns alle unsere männlichen Gäste.

Früh am folgenden Morgen erhielt ich eine Botschaft von Otu, der mir seine Ankunft ankündigen und mich bitten ließ, ihn mit einem Boot abholen zu lassen. Ich veranlaßte dies sogleich und schickte Leutnant Christian mit, um ihn an Bord zu geleiten. Otu kam mit einem zahlreichen Gefolge und war sehr erfreut über diese Zusammenkunft. Nachdem er mir seine Gemahlin vorgestellt hatte, begrüßten wir uns nach der hier üblichen Weise durch Berührung der Nasen. Dann verlangte er, daß wir unsere Namen als Zeichen ewiger Freundschaft tauschen möchten. Zu meiner Verwunderung erfuhr ich, daß er statt seines ehemaligen Namens Otu einen anderen angenommen hatte und jetzt Teina hieß. Der Name Otu und der Titel eines Eri rahai, des höchsten Oberhauptes, war nach Landessitte seinem ältesten, aber noch minderjährigen Sohn zugefallen.

Teinas Gemahlin hieß Iddia, und in ihrer Gesellschaft befand sich eine Frau, die mit einer großen Menge Zeug wie mit einem Reifrock bekleidet war. Man nahm es ihr ab und machte es mir zum Geschenk, wozu ich noch ein großes Schwein und einige Brotfrüchte bekam. Hierauf führte ich meine Gäste in die Kajüte, wo ich nun meine Geschenke zum Vorschein brachte. Das Geschenk für Teina, wie ich ihn nun immer nennen werde, bestand in Äxten, Beilen, Feilen, Bohrern, Sägen, Spiegeln, roten Federn und zwei Hemden. Iddia erhielt Ohrringe, Halsbänder und Glaskorallen, doch gab sie mir zu verstehen, daß sie ebenfalls Eisenwaren wünschte, worauf sie ein ähnliches Sortiment erhielt wie ihr Gemahl. Wir sprachen über den Wert und den Gebrauch der verschiedenen Sachen, und alle schienen sehr zufrieden zu sein. Ja, sie beschlossen sogar, den Tag über an Bord zu bleiben, und sie baten mich, sie überall im Schiffe umherzuführen und ihnen besonders meine Schlafstelle zu zeigen. Ich willigte ein, so wenig Lust ich im Grunde auch dazu hatte, und was ich befürchtete, blieb nicht aus. Es erschienen ihnen so viele Dinge begehrenswert, daß sie fast noch einmal soviel von mir bekamen, als sie bereits bekommen hatten. Teina bat mich schließlich, einige Kanonen abfeuern zu lassen, und ich erklärte mich auch dazu bereit. Die Kugeln schlugen in großer Entfernung in die See ein, und alle Eingeborenen zeigten ihr Erstaunen mit lautem Geschrei.

Meine Mittagstafel war diesmal mit vielen Gästen besetzt, denn außer Teina und seiner Gemahlin speisten zwei seiner Brüder und mehrere andere Häuptlinge mit. Teina ist ein Mann von großer Statur, wenigstens sechs Fuß und vier Zoll. Er war etwa fünfunddreißig Jahre alt. Seine Gemahlin Iddia mochte etwa vierundzwanzig Jahre alt sein, auch sie war weit größer als die gewöhnlichen tahitischen Frauen. Teinas jüngerer Bruder Waiduha war ein vielgerühmter Krieger, er hatte aber auch den Ruf des größten Trunkenboldes im Lande, und nach seiner welken Haut zu urteilen, mußte er wirklich den schädlichen Awatrank im größten Übermaß genossen haben. Teina ließ sich von einem seiner Begleiter füttern, wie es unter einigen der vornehmsten Oberhäupter Brauch war. Ich mußte feststellen, daß er diesen Menschen in ständiger Übung hielt, wie ich denn auch keine Ursache hatte, über Mangel an Appetit bei meinen Gästen zu klagen. Da es den Frauen nicht erlaubt ist, in Gegenwart der Männer zu essen, speiste Iddia mit ihren Begleiterinnen allein etwa eine

Stunde später, doch beehrte ihr Gemahl Teina sie mit seiner Gegenwart und schien gänzlich vergessen zu haben, daß er bereits ein reichliches Mittagsmahl zu sich genommen hatte.

Die Eingeborenen brachten Lebensmittel in Überfluß an Bord, und damit es bei dem lebhaften Handel nicht zu Streitigkeiten kommen sollte, übertrug ich den gesamten Einkauf Herrn Peckover, dem Waffenmeister. Einige der heute eingekauften Schweine wogen zweihundert Pfund, und wir brauchten sie zum Einsalzen. Man brachte auch Ziegen zum Verkauf, und ich erhielt eine mit ihrem Jungen zu einem Preis, für den ich nicht einmal ein kleines Schwein bekommen hätte.

Unsere Freunde bedauerten sehr, daß wir keinen Porträtmaler mitgebracht hatten, denn besonders Teina hätte gern die Bildnisse seines Vaters und aller Verwandten besessen. Die Vertraulichkeit zwischen den Eingeborenen und unseren Leuten war bereits so allgemein, daß kaum ein Mann auf dem Schiff ohne seinen besonderen Freund oder Taio war.

Teina blieb den ganzen Nachmittag bei mir, und während dieser Zeit aß er viermal gebratenes Schweinefleisch, sein Mittagsmahl nicht mitgerechnet. Als er endlich das Schiff verließ, bat er mich, alle Geschenke, die ich ihm gegeben hatte, für ihn aufzuheben, da er in Matawai keinen sicheren Ort wüßte, wo sie vor Dieben sicher seien. Ich überließ ihm deshalb einen Wandschrank in meiner Kajüte und gab ihm den Schlüssel dazu.

Ich hatte Herrn Nelson und seinen Gehilfen ausgeschickt, sich nach Brotfruchtpflanzen umzusehen, und zu meiner Freude konnte ich ihrem Bericht entnehmen, daß ich aller Wahrscheinlichkeit nach den Endzweck meiner Reise ohne Mühen erreichen würde. Um jedoch den Wert der Brotfruchtbäume nicht unnötig zu steigern oder andere

Schwierigkeiten zu veranlassen, hatte ich jedem an Bord verboten, den Insulanern den eigentlichen Zweck unserer Reise zu verraten. Diese Vorsicht konnte vielleicht unnötig sein, aber ich wollte mir auf jeden Fall vorbehalten, meine Absichten in gehöriger Form vorzubringen.

Nelson fand auf einem Erkundungsgang zwei schöne Pampelmusenbäume, die er selber im Jahre 1777 gepflanzt hatte. Sie waren mit Früchten überladen, die noch eine Zeitlang reifen mußten.

Am 20. Oktober erwiderte ich morgens den Besuch Teinas, und ich fand ihn etwa eine Meile östlich von der Matawai-Bucht in Gesellschaft seiner Gemahlin und dreier Kinder, die aber, wie sie sagten, nicht ihre eigenen, sondern mit ihnen verwandt waren. Auf dem Wege hatte sich ein zahlreiches Gefolge um mich versammelt, da jeder, der uns begegnete, sich zu uns gesellte. In diesem Schwarm von Menschen war die Hitze kaum zu ertragen, zumal jeder sich herzu drängte, um wenigstens einen neugierigen Blick auf mich zu werfen. Sie vermieden jedoch sorgfältig, mich zu stoßen, und ich sah überall nur frohe und freundliche Gesichter.

Ich gab Teina zu verstehen, daß mein Besuch ihm besonders gelte, und überreichte ihm ein dem vorigen völlig gleiches Geschenk, das er mit großer Freude annahm. Die Vornehmen seines Gefolges beschenkte ich ebenfalls, und die vielen Kinder um mich her, besonders die kleinen auf den Armen ihrer Mütter, erfreute ich mit Glasperlen. Daraus suchten andere ihren Vorteil zu ziehen, und sogar Knaben von zehn und zwölf Jahren ließen sich aufgreifen und zu mir tragen, worüber die Menge in großes Gelächter ausbrach. In kurzer Zeit hatte ich auf solche Weise den ganzen Vorrat ausgegeben, den ich vom Schiff her bei mir trug.

Auf dem Rückweg sprach ich bei Poino und seinem Verwandten Moanna vor, einem schon recht bejahrten Häuptling. Diese beiden waren die vornehmsten Männer des ganzen Bezirks, weshalb ich es für ratsam hielt, mich mit ihnen auf guten Fuß zu stellen. Ich schenkte ihnen verschiedene wertvolle Sachen, und da das Land für die Anlage eines Gartens geeignet erschien, pflanzte ich Melonen- und Gurkenkerne und säte Salat. Es schien ihnen großes Vergnügen zu machen, als sie hörten, daß aus Samen die verschiedensten Pflanzen und Bäume aufwachsen und Früchte bringen würden. Ich fand in der Nähe große Felder, auf denen Tabak ohne alle Pflege wuchs, dazu fand ich Kürbisranken in Menge. Die Brotbäume und Kokospalmen hingen voll von Früchten.

Ich kehrte nun in Moannas Gesellschaft zum Mittagessen an Bord zurück, und nach der Mahlzeit ging ich wieder zu Poino, um in dem kleinen Garten noch allerlei zu säen und zu pflanzen. Während ich damit beschäftigt war, kam ein Bote von Teina, der mich nach der Wohnung seines Bruders Oripaia am Strande einlud. Hier fand ich eine große Menschenmenge versammelt, die mir sogleich Platz machte, um mich neben Teina sitzen zu lassen. Die Menge mußte auf seinen Befehl zurückweichen, worauf man ein Stück Zeug, das zwei Yards breit und einundvierzig Yards (1 Yard = 0,914 m) lang war, auf der Erde ausbreitete. Oripaia brachte ein anderes Stück und legte es mir um Schultern und Hüften nach der Art, wie die Häuptlinge gekleidet sind. Dazu legte man zwei Schweine, jedes über zweihundert Pfund schwer, eine Menge Kokosnüsse und gebratene Brotfrucht zu meinen Füßen nieder. Man bat mich, auf dem ausgebreiteten Zeug von einem Ende bis zum anderen zu gehen, wobei man mich mit lautem Jubelgeschrei begleitete.

Darauf bat Teina mich, die Sachen an Bord zu schicken, und das Boot wurde damit so voll beladen, daß wir auf seine Rückkehr warten mußten, um uns an Bord begeben zu können. Ich nahm die Häuptlinge mit mir, da ich wohl wußte, daß sie ein Gegengeschenk erwarteten. Was ich Teina dann gab, war mehr, als ich ihm je geschenkt hatte, doch ich bemerkte, daß er von allem den anderen etwas mitgab, vermutlich weil sie auch zu den Geschenken beigetragen hatten, die nun an Bord verstaut waren.

Ich hatte Gelegenheit zu bemerken, daß die europäische Schweinerasse die tahitische allmählich zu verdrängen schien. Ursprünglich gab es auf diesen Inseln nur Schweine, die wie die chinesischen einen gedrungenen Rumpf mit sehr dickem Halse haben, aber da unsere europäischen Schweine viel größer sind, haben die Insulaner ihnen den Vorzug gegeben und ihre Zucht gefördert.

Am 30. Oktober kam Teina mit seiner Gattin bereits bei Tagesanbruch wieder an Bord, und da er ein zahlreiches Gefolge mitbrachte, ließ ich ihnen gebratenes und gekochtes Schweinefleisch vorsetzen, das ihnen besser als unser Frühstückstee schmeckte. Da sich inzwischen die Nachricht von unserer Ankunft auf der ganzen Insel verbreitet hatte, fanden sich immer mehr Fremde bei uns ein, die von den entlegensten Teilen Tahitis herbeigeeilt waren. Leider wurde auch allerlei Eisengerät vom Takelwerk abgeschnitten und gestohlen. Ich gab deshalb den Befehl, alle Eingeborenen außer unseren Gästen und ihrem Gefolge vom Schiff zu treiben. Als der Befehl ausgeführt wurde, besaß einer der Eingeborenen die Frechheit, eine Schildwache anzufallen. Zu seinem Glück konnte er im Gedränge entkommen, weshalb mir nichts anderes übrigblieb, als mich recht zornig zu stellen, um die Eingeborenen einzuschüchtern.

Bei Sonnenuntergang verließen mich meine Gäste und gingen in einem von meinen Booten an Land. Sie ziehen dies der Überfahrt in ihren eigenen Kanus vor, weil sie es als eine besondere Ehrung unsererseits ansehen. Auf ihren

Wunsch ruderte unser Boot mit einem ihrer Kanus um die Wette. Man strengte sich auf beiden Seiten aufs äußerste an, doch erreichte unser Boot als erstes den Strand. Als meine Leute zum Schiff zurückkehren wollten, ließ Oripaia sich ein Stück Zeug geben, das er als Siegeszeichen an den Bootshaken band.

Am folgenden Morgen kam Moanna bei Sonnenaufgang an Bord, um mir zu sagen, daß Teina »mattau« sei, also sich schäme, mir zu begegnen, ehe er einige gestohlene Sachen, nach denen er bereits geschickt, wieder herbeigeschafft habe. Ich hatte schon bemerkt, daß keine Kanus zu uns kamen, und als wir uns umschauten, entdeckten wir, daß man die Boje unseres großen Bugankers entwendet hatte, vermutlich wegen der Eisenbänder, die sich daran befanden. Damit es wegen dieser Bagatelle nicht zu Mißverständnissen käme, schickte ich sogleich zu Teina, um ihn und seine Freunde an Bord einzuladen. Er stellte sich auch bald darauf ein und ließ alle Besorgnisse fahren. Ich hatte mit Oripaia eine Reise nach Oparre verabredet, aber er erschien nicht, und man sagte mir, der eben erwähnte Vorfall sei schuld, und er sei ausgegangen, um die gestohlenen Sachen zu suchen.

Oparre ist der nächste, westlich gelegene Bezirk von Tahiti. Ich wollte dort nachschauen, ob Nelson junge Stämme finden würde. Zunächst hielt ich es aber für ratsam, dem jungen Otu, Teinas Sohn, dem jetzigen Oberhaupt, der sich mit Teinas übrigen Kindern in Oparre aufhielt, einen Besuch abzustatten. Man hatte mir diesen Jüngling, wenn nicht als wichtigste, so doch als die Persönlichkeit mit dem höchsten Rang auf Tahiti benannt. Es war Mittag, als ich das Schiff verließ. Teina, seine Gattin und Poino begleiteten mich. Moanna, der ebenfalls mitgehen sollte, bestand darauf, an Bord zu bleiben, um seine diebischen Landsleute zu überwachen.

Wir setzten unser Segel und erreichten in einer halben Stunde Oparre. Während dieser Fahrt erzählte mir Teina ausführlich, was aus dem Hornvieh und den Schafen geworden sei, die Kapitän Cook ihm gegeben hatte. Fünf Jahre nach Kapitän Cooks Abreise, berichtete er, verbündeten sich die Bewohner der Insel Eimeo mit den Bewohnern des tahitischen Bezirks Attahuru und landeten auf Oparre. Nach heftigen Kämpfen, wobei viele Menschen ums Leben kamen, flohen Teina und seine Leute ins Gebirge und überließen ihre ganze Habe den Siegern, die alles vernichteten, was sie nicht hinwegführen konnten. Sie schlachteten und verzehrten einige Stück Vieh, nahmen aber die meisten Tiere mit nach Eimeo. Die Kühe hatten bereits acht Kälber und die Mutterschafe ebenfalls acht Lämmer geworfen.

Die Enten und Gänse hatten sich sehr vermehrt, aber die Truthühner und Pfauen waren gar nicht zum Brüten gekommen, was auch der Grund dafür sein mochte. Als Teina sah, daß mich der Verlust so vieler nützlicher Tiere schmerzte, schien er hocherfreut zu sein, aber ich stellte bald fest, daß der Grund dafür keineswegs in der Hoffnung lag, ich würde den Verlust ersetzen, sondern darin, daß ich nun Rache an seinen Feinden üben würde. Der Verlust der Tiere ließ ihn sonst so gleichgültig, daß ich ernstlich böse auf ihn war. Allerdings hatte er Grund genug, gegen die Bewohner von Eimeo aufgebracht zu sein, denn sie hatten die großen, geräumigen Häuser, die wir im Jahre 1777 in dieser Gegend gesehen hatten, sämtlich von Grund auf zerstört, so daß wir jetzt nur leichte Schauerdächer fanden, die von vier Männern an den Ecken aufgenommen und von einer Stelle zur anderen transportiert werden konnten. Von den vielen großen Kanus, die sie damals besaßen, waren nur drei übriggeblieben.

Als Teina während dieser Unterredung von mir erfuhr,

daß ich beabsichtige, die benachbarten Inseln zu besuchen, bat er mich ernstlich, nicht von Matawai wegzugehen. »Hier«, sagte er, »wirst du in Überfluß erhalten, was du brauchst. Hier ist jedermann dein und König Georgs Freund, gehst du aber nach den anderen Inseln, wird man dir alles stehlen.« Ich erwiderte ihm, der König habe ihm gerade deshalb die vielen Geschenke gesandt, und ich fuhr fort: »Willst du nicht auch dem König Georg etwas als Gegengabe schicken?«

»Ja«, rief Teina, »ich will ihm schicken, was ich nur habe.« Darauf fing er an aufzuzählen, was er alles hätte, und er nannte unter anderem auch die Brotfrucht. Dies war nun genau der Punkt, zu dem ich die Unterredung zu lenken gewünscht hatte, und ich ergriff die günstige Gelegenheit, ihm zu sagen, daß gerade Brotfruchtbäume dasjenige seien, woran König Georg den meisten Gefallen haben würde. Darauf versprach er mir unverzüglich, eine große Anzahl an Bord bringen zu lassen, und er schien sich zu freuen, daß es so leicht sein sollte, König Georg zu beschenken.

Als wir in Oparre an Land gingen, umringte uns wie gewöhnlich ein großer Menschenschwarm. Ich erkundigte mich nach Oripaia, doch er war noch nicht zurückgekommen, und wir setzten uns einstweilen unter ein Dach, um auf ihn zu warten. Nach einer Viertelstunde kam er zu uns und brachte ein Schabeisen und ein eisernes Band von der Ankerboje. Ich dankte ihm für seine Mühe und erklärte, daß ich völlig zufriedengestellt sei, da ich sah, daß er meinen Unmut noch sehr fürchtete. Darauf schieden wir für eine kurze Zeit von ihm, und ich begab mich mit Teina auf den Weg, um Otu, dem Eri rahai, meinen Besuch abzustatten.

Wir waren kaum fünf Minuten gegangen, als Teina innehielt und mir erklärte, daß niemand, dessen Schultern bedeckt seien, seinen Sohn sehen dürfe. Er selbst nahm sein Oberkleid ab und bat mich, das gleiche zu tun. Ich antwortete ihm, ich würde vor ihm nicht anders als vor meinem König erscheinen, dem größten der Welt. Darauf nahm ich meinen Hut ab, und Teina warf mir ein Stück Zeug über die Schultern. Wir gingen nun weiter unter dem Schatten von Brotbäumen und hielten am Ufer eines kleinen Flusses. Auf dem anderen Ufer stand ein Haus, etwa fünfzig Schritte entfernt. Aus diesem Hause kam ein Mann, der den jungen König auf den Schultern trug. Er war in feines weißes Zeug gekleidet, und Teina bat mich, ihn mit dem Namen »Tu, Eri rahai« zu begrüßen. Die Geschenke, die ich mitgebracht hatte, teilte man in drei Teile, denn es kamen noch zwei Kinder auf die gleiche Weise zum Vorschein. Ich überreichte einem Boten das erste Geschenk, wozu ich auf Teinas Rat sagte, es sei für den Eri rahai bestimmt, ich sei sein Freund, haßte die Diebe und käme von Britannien. Das zweite und dritte Geschenk schickte ich mit einer ähnlichen Botschaft an die anderen Kinder.

Da ich den Eri rahai nicht deutlich genug erkennen konnte, wünschte ich, über den Fluß zu ihm zu gehen, aber dies wurde mir nicht erlaubt. Daher kehrte ich, als die Geschenke abgeliefert waren, mit Teina nach Oripaias Wohnung zurück. Bei dieser Gelegenheit erfuhr ich, daß Teina mit seiner Gemahlin vier Kinder hatte. Otu oder Tu, der Eri rahai, schien etwa sechs Jahre alt zu sein. Das zweite Kind war ein Mädchen, das dritte ein Knabe und das vierte ein ganz kleines Mädchen, das ich nicht zu sehen bekam.

Als wir wieder an den Ort gekommen waren, wo wir zuerst angehalten hatten, nahm Teina mir das Stück Zeug von den Schultern und bat mich, meinen Hut wieder aufzusetzen. Auf dem Rückweg kamen wir an einem grob-

Blick vom One Tree Hill auf die Matawai-Bucht

geschnitzten Baumstamm vorüber, wo man mich bat, den Hut noch einmal abzunehmen. Ich erfuhr, daß dieser Stamm die Grenze des königlichen Landbesitzes bezeichnete, wo alle Eingeborenen aus Ehrfurcht die Schultern entblößen mußten.

Wir hielten bei einem Hause, das Teina gehörte. Hier bot man mir ein Konzert dar, das von einem Flötenspieler, drei Trommelschlägern und vier Sängern bestritten wurde. Dann erreichten wir das Haus von Oripaia wieder, der mich mit einem seiner Onkel, namens Mauwaroa, einem sehr alten, fast erblindeten und am ganzen Leibe tätowierten Mann, bekannt machte. Bald darauf setzte ich mich mit Teina, Oripaia, ihren Gemahlinnen und Poino wieder in mein Boot. Am Strande hatte sich eine große Menschenmenge versammelt, um uns abreisen zu sehen. Als das Boot vom Lande abstieß, bat mich Teina, meine Pistolen abzuschießen, die er Pupui-iti-iti nannte. Der Knall setzte den ganzen Haufen in Bewegung, sobald die Eingeborenen aber merkten, daß ihnen nichts geschehen war, brachen sie in lauten Beifall aus.

Nelson, der mich auf diesem Ausflug begleitet hatte, konnte wegen der überall herandrängenden Volksmenge keine Pflanzen suchen, aber er hatte festgestellt, daß wir hier ebenso viele Brotfruchtstämme wie auf Matawai bekommen könnten. Auf dem Rückweg zum Schiff, den unsere Ruderer in einer Stunde zurücklegten, war Britannien der einzige Gesprächsgegenstand. Besonders interessiert fragte man mich nach der Anzahl unserer Schiffe und ihrer Kanonen. Als ich erzählte, daß wir Schiffe mit hundert Kanonen hätten, wollte man mir nicht glauben, bis ich sie auf Papier zeichnete. Darauf fragten sie mich, ob ein solches Schiff wohl so groß sei wie die Landzunge zwischen Matawai und Oparre, die wir gewöhnlich One-tree-hill nannten, wegen des einzelnen Baumes, der dort stand. Teina wünschte, daß ein so großes Schiff nach Tahiti geschickt werden und daß ich mitkommen möchte, um ihm allerlei Sachen mitzubringen. Er wünschte neben vielerlei anderem ausdrücklich, daß ich Betten und Lehnstühle nicht vergessen dürfe, was seiner untätigen Lebensweise durchaus angemessen war.

Am 1. November schlugen wir auf Kap Venus ein Zelt auf, und wir brachten auch das Schiff näher ans Land und vertäuten es. Teina und mehrere andere Häuptlinge speisten bei mir zu Mittag. Nach dem Essen begleiteten sie mich an Land, wo ich Teinas Vater Otau einen Besuch abstattete. Dann ging ich zu dem Garten bei Poinos Haus, wo ich sah, daß man alles gut besorgt hatte. Hier lud Teina mich zu einem Schauspiel ein, das sie Hiwa nennen. Es bestand aus Gesang und Tänzen, die von drei jungen Männern und einem Mädchen dargeboten wurden. Nach Beendigung dieser Vorstellung kehrte ich an Bord zurück.

Bei Tagesanbruch sandte ich Herrn Christian mit einem Kommando ab, um unser Zelt zu errichten, und bald darauf folgte ich selbst mit Teina, Moanna und Poino. Mit ihrer Einwilligung bestimmte ich eine Grenze, über die die Eingeborenen nicht ohne unsere Erlaubnis vordringen sollten. Das Zelt sollte die jungen eingesammelten Stämme aufnehmen, denn ich hatte es jetzt so weit gebracht, daß die Häuptlinge glaubten, ich wollte die Stämme ihnen zu Gefallen als Geschenk an den König von England mitnehmen. Das Kommando im Zelt bestand aus dem Botaniker Nelson, seinem Gehilfen Brown und neun Mann.

Teina speiste an Bord mit mir und war heute mein einziger Gast, trotzdem mußte die Zeremonie des Fütterns gewissenhaft beobachtet werden, und als alle Bedienten weggeschickt worden waren, weil wir allein sein wollten, mußte ich ihm das Weinglas an den Mund führen. Nach dem Essen lud Teina mich ein, mich mit einem Geschenk von Lebensmitteln zu einem Haufen Errioys zu begleiten. Unser Weg ging an einem Flüßchen entlang, an dessen Ufer ich sonst immer zu Fuß gegangen war, diesmal aber hatte man ein Boot für mich bereitgehalten, das von acht Mann gezogen wurde. Als wir unser Ziel erreicht hatten, sah ich eine große Menge Brotfrucht, einige schon zubereitete Schweine und eine Menge von dem hier aus Maulbeerrinde angefertigten Zeug. Etwas abseits saß ein Mann, den man als einen der vornehmsten Errioys bezeichnete. Die Menge stellte sich in zwei Reihen auf, und einer von Teinas Leuten hielt, im Kanu stehend, eine Ansprache an die Errioys, die aus lauter kurzen Redensarten bestand und eine Viertelstunde dauerte.

Unterdessen brachte man ein Stück Zeug, dessen Ende ich halten mußte, während fünf Mann, die ein Spanferkel und Körbe voll Brotfrucht trugen, sich anschickten, mir zu folgen. So näherten wir uns dem Errioy und legten alles vor ihm nieder. Darauf sprach ich einige Worte nach, die Teina mir vorsagte, deren Bedeutung ich aber nicht verstand. Und da ich in der Aussprache wenig korrekt war, verursachte mein Beitrag zu dieser Feierlichkeit großes Gelächter. Nach Beendigung meiner Rede zeigte man mir einen Errioy, der von Raiatea gekommen war und den ich ebenfalls feierlich begrüßen sollte. Als Teina auf seine Frage erfuhr, daß ich in meinem Heimatlande Kinder hätte, verlangte er, ihretwegen noch ein Geschenk darzubringen. Also machte ich mit einigen übriggebliebenen Körben Brotfrucht, einem Ferkel und einem Stück Zeug dem Manne ein Geschenk zugunsten meiner Kinder. Er erwiderte nichts auf meine schönen Worte und empfing meine Geschenke wie eine Pflichtgabe.

Alles, was ich aus dieser seltsamen Feierlichkeit folgern konnte, bestand darin, daß die Errioys in hohem Ansehen stehen und daß die Mitglieder dieser Gesellschaft meist Männer sind, die sich durch Tapferkeit oder andere Verdienste ausgezeichnet haben. Ich konnte aber nicht begreifen, daß diese Gesellschaft, die doch ihre eigenen Kinder umbringt, eine im Namen meiner Kinder dargebotene Gabe so wohlwollend annehmen müsse.

Als die Feierlichkeit beendet war, begab ich mich auf mein Schiff zurück. Teina erzählte mir, sein erstgeborenes Kind sei, gleich nachdem es auf die Welt gekommen war, getötet worden, weil er damals zu den Errioys gehört habe. Vor der Geburt des zweiten Kindes sei er aber aus der Gesellschaft ausgetreten. Man erlaubt den Errioys große Freiheit im Umgang mit dem anderen Geschlecht, außer in Zeiten der Kriegsgefahr, wo es ihnen, da sie meist Taata-Toa oder Krieger sind, verboten ist, sich zu schwächen oder zu entnerven.

Die Eingeborenen, mit denen ich mich über die Gesellschaft der Errioys unterhielt, sagten übereinstimmend, sie sei notwendig, um die allzu starke Vermehrung der Bevölkerung zu verhüten. »Wir haben zu viele Kinder, zu viele Männer«, war ihre ständige Entschuldigung. Doch schien mir nicht, daß sie eine zu starke Vermehrung der unteren Volksklasse befürchteten, denn aus ihnen wurde niemand in die Errioy-Gesellschaft aufgenommen. Das schrecklichste Beispiel von Grausamkeit, wozu diese Gesellschaft fähig war, gaben der Eri von Tittaha, namens Tippahu, und seine Gemahlin, eine Schwester Teinas, die acht Kinder gehabt, aber alle gleich nach der Geburt umgebracht hatten. Dann hatten sie einen Neffen an Kindesstatt angenommen, an dem sie mit großer Zärtlichkeit hingen.

Auf den Inseln des Südmeeres, deren Umfang so gering ist und deren Bewohner, ehe die Europäer sie entdeckten, keine Vorstellung von anderen Ländern und Völkern hatten, scheint die Sorge um eine Übervölkerung ganz natürlich zu sein. Daher können hier vielleicht die ehelosen Orden, die für andere Länder nachteilig geworden sind, einen wesentlichen Vorteil bringen, wenigstens solange sie ihren Zweck ohne Verbrechen erfüllen. Man hat die Bevölkerung der Insel Tahiti auf hunderttausend geschätzt. Noch ist die Insel nicht genügend kultiviert, aber wenn auch in der Landwirtschaft große Fortschritte gemacht würden, könnte sie doch nicht mit einer grenzenlos steigenden Bevölkerung Schritt halten.

Hier drängt sich mir ein Gedanke auf, der zwar traumhaft erscheinen mag, aber doch einige Aufmerksamkeit verdient. Auf der einen Seite sehen wir die Eingeborenen dieser Inseln in ihrer Existenz bedroht und unzählige Kinder gleich nach ihrer Geburt zum Tode verurteilt, auf der anderen aber wissen wir ein so nahes und festes Land wie Neuholland (Australien), wo ungeheure Landstriche unbebaut liegen und fast gar keine Bewohner haben. Ist es da nicht natürlich, auf den Gedanken zu kommen: Wie wäre es, wenn beide Länder einander Hilfe und Ausgleich bringen würden? Neuholland scheint wirklich von der Schöpfung dahin verlegt zu sein, um dem Überschuß von Eingeborenen auf den Inseln als Zuflucht zu dienen. Könnte man die Auswanderung dorthin möglich machen, dann würde nicht nur dem schrecklichen Kindermord ein Ende gesetzt, sondern ein großer Kontinent, der bisher eine Wüste war, würde sich in ein volkreiches Land verwandeln, und viele Eingeborene der Inseln könnten vom Tode errettet werden und auch in der Moral Fortschritte machen. Wahrscheinlich könnte auch unseren Kolonien in Neuholland daraus so viel Vorteil erwachsen, daß die Mühen und Kosten eines so menschenfreundlichen Planes sich vielleicht reichlich lohnen würden.

Ich gestehe, daß diese letzte Aussicht sehr vage ist, da nur die zwischen den Wendekreisen liegenden Teile von Neuholland den Lebensgewohnheiten der Insulaner angemessen sind, wie dort auch Boden und Klima am besten für die Ansiedlung geeignet sind. Der Mensch, der von seinem Schöpfer in ein warmes Klima versetzt worden ist, würde vielleicht nie ein kälteres aufsuchen, wenn nicht die Not ihn tyrannisch dazu triebe. Ganze Jahrhunderte würden also vergehen, ehe die neuen Ansiedler von den Inseln sich bis an unsere Niederlassungen in Neuholland ausgebreitet hätten. Sicher aber würde der naheliegende Plan, Menschen ohne Land in ein Land ohne Menschen zu bringen, bedeutende Vorteile bringen.

Bei einem Volk wie die Tahitier, das sonst so fern von

Anmaßung und Eitelkeit ist, bei einem Volk, dessen Sitten so einfach und natürlich sind, bleibt es unbegreiflich, mit welcher Strenge die oft nur kleinen Unterschiede von Stand und Rang beachtet werden. Ich wüßte keinen Umstand und keine noch so verdienstliche Tat, die einen Insulaner über die Klasse, in der er geboren ist, erhöhen könnte, es sei denn, er habe genug Macht erlangt, sich selbst eine Würde zu erteilen. Wenn eine Frau aus den niedrigen Kreisen von einem Eri ein Kind hat, so darf es nicht am Leben bleiben. Vielleicht mußten auch Tippahus acht Kinder irgendeiner grausamen Rangordnung geopfert werden.

SIEBTES KAPITEL

Ein Diebstahl. – Täuschung mittels eines angemalten Kopfes. – Unterredung mit einem Priester. – Wettkampf im Ringen. – Nachrichten der Eingeborenen andere Inseln betreffend. – Einige Nachrichten über Omai.

Der Konstabler, Herr Peckover, handelte bei dem Zelt, wie ich ihn beauftragt hatte, mit den Eingeborenen um Lebensmittel. Moanna hielt sich ebenfalls meist dort auf, um seine Landsleute zu beaufsichtigen, wie es überhaupt die Sorge aller Häuptlinge zu sein schien, Ruhe und Ordnung zu halten, wenn man auch nicht alle Diebereien verhüten konnte.

Zum Mittagessen trafen wie gewöhnlich viele Gäste bei mir ein. Zu meinen ständigen Tischgenossen Teina, Oripaia, Poino und Moanna kamen meist noch mehrere Häuptlinge aus anderen Bezirken. Dabei verursachte der Umstand ständige Verwirrung, daß fast jeder von ihnen mehrere Namen hat, so daß man selten weiß, von wem die Rede ist. Im Verlauf von dreißig Jahren kann ein Häuptling seinen Namen wohl ein dutzendmal ändern. Teinas Vater zum Beispiel, der jetzt Otau hieß, wurde im Jahre 1769 Happai genannt.

Ich zeigte Teina die Vorrichtungen, die gemacht worden waren, um die jungen Brotfruchtpflanzen an Bord nehmen zu können. Er zeigte großes Interesse daran, vergaß aber auch nicht zu erinnern, daß er hoffe, König Georg werde ihm mit einem Schiff große Äxte, Feilen, Sägen, allerlei Tuch, Hüte, Stühle und Bettstellen, dazu vor allem Waffen und Munition, kurz alles schicken, was er wußte und kannte.

Am 3. November, nachmittags, zog jemand das eiserne

Ruderlager unseres Bootes heraus, ohne daß die Bootswache es gewahr wurde. Die Eingeborenen hatten sich ohnehin schon allerlei kleine Diebereien zuschulden kommen lassen, wozu allerdings die Sorglosigkeit meiner Leute nicht wenig beigetragen hatte. Diesmal glaubte ich nun, es würde eine gute Wirkung haben, wenn ich jetzt, da sich eine große Menge Insulaner an Bord befand, den Bootswächter für seine Nachlässigkeit mit einem Dutzend Hiebe bestrafen würde. Teina und verschiedene andere Häuptlinge waren bei der Bestrafung zugegen und baten mich dringend, die Strafe zu mildern, insbesondere äußerten die Weiber das zarte Mitgefühl, das die Liebenswürdigen ihres Geschlechts auszeichnet.

Die Eingeborenen brachten uns heute zwei verschiedene Arten von Wurzeln, die wie Yams wachsen. Es kamen auch einige wenige Tahitische Äpfel hinzu, die aber noch nicht ausgereift waren. Diese Früchte haben einen köstlichen, würzigen Geschmack, und man kann wie von unseren Äpfeln allerlei Speisen daraus bereiten.

Am 4. November stellte mir Teina den Häuptling Tutaha, der soeben von der Insel Raiatea gekommen war, als einen seiner vertrautesten Freunde vor. Man sagte mir, er sei ein Priester und ein kenntnisreicher Mann. Ich bat Teina, ein Geschenk für ihn auszusuchen, und ich muß ihn loben, daß er weniger nahm, als ich gegeben hätte. Auch Hitihiti, der in den Jahren 1773 und 1774 mit Kapitän Cook gereist war, stattete mir heute seinen Besuch ab. Er konnte noch einige Worte Englisch sprechen, die er während der Fahrt gelernt hatte.

Am 5. November begannen wir mit dem Einsammeln der jungen Bäume, wobei uns die Eingeborenen, die genau wußten, wie sie zu beschneiden und zu verpflanzen waren, eifrig halfen. Das Gedränge an Bord war jetzt nicht mehr so groß, da die Fremden ihre Neugier befriedigt hatten und meist nach Hause gereist waren. Wir hatten also nur noch mit den Bewohnern von Matawai und Oparre zu tun. Sie versorgten uns weiter mit einem Überfluß an Lebensmitteln, und zu meiner großen Erleichterung hörten die Eingeborenen auf, uns bei unseren Landgängen zu belästigen. Wir konnten jetzt gehen, wohin wir wollten, ohne daß man uns zu bemerken schien oder gar folgte. Wenn wir in ein Haus eintraten, empfing man uns freundlich und ohne alle Zudringlichkeit. Sie boten allerdings ihre Erfrischungen nicht noch einmal an, wenn wir sie ausgeschlagen hatten, aber nach unseren Anstandsregeln eine zweite Einladung erwarteten.

Unser Schiffsbarbier hatte von London einen bemalten Kopf mitgebracht, wie ihn die Friseure in ihren Läden ausstellen, um die verschiedenen Modefrisuren daran zu zeigen. Diesen Kopf mußte er auf meinen Wunsch frisieren, was er auch recht geschickt zuwege brachte. Mit Hilfe eines Stockes und einiger Kleider vervollständigte er die Puppe. Darauf ließ ich das Gerücht ausstreuen, daß wir ein englisches Frauenzimmer an Bord hätten, und zu ihrem Auftritt wurde auf dem Achterdeck Platz gemacht. Die Puppe wurde nun die Schiffsleiter hinaufgeführt und auf das Offiziersdeck gebracht, worauf sofort der allgemeine Ausruf erscholl: »Huaheine no Brittani meihei!« (»Die schöne Engländerin!«) Viele glaubten in der Tat, eine lebendige Person zu sehen, und fragten mich, ob es meine Frau sei. Eine alte Frau kam mit einem Geschenk von Zeug und Brotfrucht hinzu und legte es der Puppe zu Füßen. Schließlich aber entdeckte man den Betrug, und die Freude darüber war allgemein, ausgenommen die Alte, die ihre Enttäuschung nicht verbergen konnte und unter allgemeinem Gelächter ihre Geschenke wieder an sich nahm. Auch Teina und sein Gefolge freuten sich über den gelungenen Scherz, sie fragten mich nach den englischen Frauen aus und baten mich dringend, wenn ich wiederkäme, eine ganze Schiffsladung davon mitzubringen.

Einmal erhielt ich ein Stück Zuckerrohr, das einen Umfang von sechs Zoll hatte, also von außergewöhnlicher Stärke war. Teina war begierig darauf, von mir zu erfahren, wie man Zucker daraus bereiten könne. Unser weißer Zucker hatte soviel Anklang gefunden, daß ein Geschenk an einen vornehmen Tahitier nicht vollständig war, wenn man nicht ein Stück Zucker hinzugelegt hatte. Ein anderer Geschenkartikel, den sie besonders schätzten, waren Scheren, die sie benutzten, um ihren Bart zurechtzustutzen.

Nelson hatte unterdessen bei dem Zelt einen großen Garten angelegt, worin wir Sämereien aller Arten aussäten, die wir vom Kap der Guten Hoffnung mitgebracht hatten. Ich teilte auch Obstkerne und Mandeln unter den Häuptlingen aus, die sich hoffentlich die Mühe machen werden, sie zu Bäumen heranzuziehen. Da wohlriechende Blumen ihnen besondere Freude machen und ihre Frauen sich gern damit schmücken, schenkte ich ihnen auch etwas Rosensamen.

Am 6. November war das Wetter unstet, es regnete häufig, und wir hatten zeitweise Westwind, wobei die Wogen in der Bai ziemlich unruhig gingen und eine Menge schwarz und weiß gesprenkelte Meerschweine (Delphine) zum Vorschein kamen. Als ich an Land ging, bemerkte ich mit großem Mißvergnügen, daß man häufig über unsere Gartenbeete hinweggegangen war und vieles zertreten hatte. Die Häuptlinge — das war das schlimmste — schienen sich nicht viel daraus zu machen. Einer ähnlichen Sorglosigkeit und Gleichgültigkeit muß ich es zuschreiben, daß so viele Pflanzen, die Kapitän Cook hier hinterlassen hatte, eingegangen waren. Ich besaß noch zwei Orangenbäumchen, einige Weinstöcke, einen Feigenbaum und zwei

Ananaspflanzen, die ich Poino gab, dessen Wohnplatz mir für ihr Fortkommen besonders gut geeignet erschien. Mit dem Einsammeln von Brotfruchtpflanzen ging es glücklich voran. Wir hatten bereits mehr als hundert in Töpfe gepflanzt und die Kajüte zu ihrer Aufnahme vorbereitet. Unter unseren Gästen befand sich an diesem Tage auch ein Mann, der im Jahre 1776 mit den Spaniern nach Lima gereist war.

Am 8. November hatten wir die Zahl unserer Bäumchen bereits auf 252 vermehrt. Vorsichtshalber ließ ich die Wache verstärken, wenn auch das gute Verhalten der Insulaner diese Vorsicht unnötig zu machen schien. Während des Mittagessens bat mich Teina, einen Mann, den er seinen Tahauwa oder Priester nannte, in die Kajüte herabkommen zu lassen. Es war nötig gewesen, eine Wache vor den Eingang zu stellen, damit wir beim Essen nicht von zu vielen Gästen belästigt würden. Die Häuptlinge fanden Gefallen an dieser Vorkehrung und baten mich jedesmal um Erlaubnis, wenn sie jemanden hereinzulassen wünschten.

Die Anwesenheit des Priesters brachte ein Gespräch über die Religion aufs Tapet. Er erzählte uns, daß ihr höchster Gott Oro heiße und daß sie noch viele Götter von geringerer Bedeutung hätten. Darauf fragte er mich, ob auch wir einen Gott verehrten, ob er einen Sohn habe und wer seine Frau sei. Ich antwortete, er habe einen Sohn, aber keine Frau. »Wer waren denn seine Eltern?« lautete die nächste Frage, und ich antwortete: »Er hatte weder Vater noch Mutter.« Unter dem Gelächter der anderen stellte der Priester fest: »So habt ihr also einen Gott, der weder Vater noch Mutter und der ohne Frau einen Sohn hat!« Man stellte mir noch viele Fragen, die ich aber wegen meiner geringen Kenntnis der tahitischen Sprache nicht beantworten konnte.

Teina benachrichtigte mich, daß auf dem Lande eine Hiwa und Ringkämpfe stattfinden würden und daß man nur auf unsere Ankunft warte, um beginnen zu können. Wir machten uns also auf und fanden etwa eine Viertelmeile von unserem Zelt einen Haufen Volks im Kreise versammelt. Sobald wir uns niedergelassen hatten, fing der Hiwatanz an, den vier Männer und zwei Mädchen tanzten. Er bestand aus allerlei üppigen Bewegungen und Stellungen, die man in den Berichten über frühere Reisen beschrieben findet. Als der Tanz beendet war, ließ Teina ein großes Stück Zeug holen. Seine Gattin und ich mußten die zwei vorderen Zipfel halten, das übrige trugen viele andere Leute, und so brachten wir es den Tänzern zum Geschenk. Andere Häuptlinge machten ihnen ähnliche Geschenke und entlohnten sie so für ihre Mühe, denn die Tänzer gehörten zu einer im Lande umherziehenden Bande, wie man sie auch in Europa antrifft.

Hierauf fing das Ringen an, und der Ort veränderte sich in einen Schauplatz des Unfugs und der Verwirrung. Eine Gruppe von Errioys übten ein Vorrecht ihres Standes aus, welches darin besteht, daß sie den Weibern die Kleidungsstücke entreißen dürfen, die sie nur haben wollen, und wirklich ließen sie einige Frauen und Mädchen in fast gänzlicher Nacktheit stehen. Ein junges Mädchen wehrte den Angriff mit aller Kraft ab und hielt ihre Kleider fest, obschon man sie an der Erde schleifte. Als sie mich sah, streckte sie ihre Hand aus und bat mich um Hilfe. Ich legte ein Wort für sie ein, und sie entkam der Plünderung.

Bald darauf wurde der Kreis von neuem geschlossen, und jetzt standen innerhalb so viele Ringer, daß kaum Ordnung zu schaffen war. Bei der Herausforderung legten die Kämpfer eine Hand auf die Brust und schlugen mit der anderen in die Beugung des Arms am Ellenbogen. Der ziemlich schnelle Schlag mit der hohlen Hand kann noch in beträchtlicher Entfernung gehört werden. Sie wiederholen diese Schläge mit großer Kraft und so oft, daß das Fleisch davon ganz mürbe wird und der Arm stark zu bluten anfängt. Das Klopfen klang so laut, daß man Holzfäller aus dem Walde zu hören glaubte.

Sobald zwei Kämpfer endlich beschlossen, ihre Kräfte zu erproben, boten sie einander ihre Hände dar, die sie aber nur mit den Fingerspitzen berührten. Dann suchten sie zunächst einander einen Vorteil abzulauern, bis sie endlich näher kamen und einer den anderen an den Haaren ergriff. Ehe aber einer von beiden zu Boden geworfen wurde, trennten die Umstehenden sie voneinander. Nur ein Paar zeigte sich als einigermaßen gute Ringer, daher dauerte auch ihr Kampf am längsten, bis auch sie voneinandergerissen wurden.

Iddia verwaltete das Richteramt, und zwar mit so großer Autorität, daß niemand über ihre Entscheidungen murrte. Teina nahm an der ganzen Sache keinen Anteil. Ich aber bekam bei diesem Schauspiel einen besseren Eindruck von der Kraft als von der Gewandtheit der Eingeborenen.

Teina hatte bereits seit einiger Zeit von einer Reise nach der Insel Tetiaroa gesprochen, die acht bis zehn Seemeilen nördlich von Tahiti liegt und von wo er seine Mutter abholen wollte. Heute früh, am 11. November, jedoch zeigte sich, daß ich ihn nur halb verstanden hatte, denn jetzt fragte er mich, wann wir mit dem Schiff dorthin segeln würden. Doch schien es ihn wenig zu verdrießen, daß ich seine Bitte abschlagen mußte. Ich erfuhr bei dieser Gelegenheit, daß Tetiaroa Eigentum seiner Familie sei. Er erwähnte auch eine Insel, die er Ruopauo nannte und die etwa drei oder vier Tagereisen östlich von Tahiti liegen sollte. Er berichtete von großen achtbeinigen Tieren, die sich dort aufhalten sollten, aber ich wußte nicht, ob er selber daran glaubte. Die Insulaner sind leichtgläubig genug, das Unwahrscheinlichste für wahr zu halten, aber sie belustigen sich auch gern damit, anderen etwas aufzubinden, so daß man oft Mühe hat herauszubringen, ob sie es spaßhaft oder ernst meinen.

Ihre Begriffe von der Geographie sind äußerst beschränkt. Sie halten die Erde für eine große, weite, unbewegliche Ebene, um die sich Sonne, Mond und Sterne bewegen. Oft haben sie mich gefragt, ob ich nicht bis an die Sonne oder zum Mond gekommen sei, denn sie halten uns für Erzreisende und glauben, es könne kaum etwas geben, womit wir nicht fertig würden.

Teina berichtete mir noch von einem anderen, ebenfalls ostwärts gelegenen Eiland, Tubuai genannt, dessen Bewohner gefürchtete Krieger sind, weshalb die Tahitier sich nicht dorthin wagen. Er berichtete weiter, kürzlich sei ein Kanu von Tubuai auf Maitea angekommen, und die Besatzung sei an Land gegangen, um mit den Inselbewohnern zu fechten. Sie seien aber alle umgekommen bis auf einen jungen Burschen und eine Frau, die kürzlich auch Tahiti besucht hätten. Ich habe den Burschen selber gesehen, aber nichts Näheres von ihm erfahren können. Es ist wahrscheinlich genug, daß die Leute in dem Kanu vom Sturm dorthin verschlagen worden waren und von den überlegenen Insulanern angegriffen wurden, vielleicht war auch ein alter Streit die Veranlassung zu dieser Feindseligkeit.

Am 13. November war wieder eine große Gesellschaft bei mir zu Tische. Einige meiner ständigen Gäste hatten bemerkt, daß wir jedesmal, sobald das Tischtuch abgenommen war, auf die Gesundheit Sr. Majestät des Königs tranken. Mittlerweile hatten sie den Wein so zu schätzen gelernt, daß sie mich oft während der Mahlzeit an diesen Trinkspruch erinnerten und überlaut riefen: »König Georg, Eri no Brittani!« Sie machten mich auch darauf aufmerksam, wenn ihr Glas nicht bis an den Rand gefüllt war, und nichts fehlte an ihrer Fröhlichkeit und ihrer heiteren Laune, wenn sie sich an Bord zusammen einfanden.

Hitihiti (oder Maheine) und andere versicherten mir, daß die von Kapitän Cook auf der Insel Huahine gepflanzten Weinstöcke gut fortgekommen seien und Früchte trügen. Ich erfuhr ferner, daß auf Tahiti, wenn auch an verschiedenen Orten, ein Stier und eine Kuh noch am Leben seien, jener zu Ittiah, diese in dem Bezirk Tittaha. Alle übrigen hatten die Krieger von Eimeo geschlachtet oder weggeführt. Da Tittaha nicht weit entfernt war, entschloß ich mich, bei erster Gelegenheit dorthin zu gehen und nach den Tieren zu fragen, um vielleicht noch die Zucht dieser Tiere zu erhalten.

Ich sprach mit meinen Gästen öfter über Omai. (Er war mit Kapitän Cook auf der zweiten Reise mit nach England gefahren, auf der dritten heimgekehrt und hatte sich auf Huahine angesiedelt.) Die tahitischen Gäste bestätigten mir, daß Omai etwa dreißig Monate nach Kapitän Cooks Abreise gestorben sei. Bald nachdem Kapitän Cook Huahine verlassen hatte, brachen Streitigkeiten zwischen den Bewohnern dieser Insel und denen von Raiatea aus, woran sich auch die von Borabora beteiligten. Omai, den der Besitz von drei oder vier Flinten und Munition zu einem wichtigen Manne gemacht hatte, wurde zu Rate gezogen. Er war so fest von dem Erfolg eines Angriffes überzeugt, daß der Krieg beschlossen und begonnen wurde. Die Feuergewehre, so wenige es auch waren, gaben den Ausschlag, die Krieger von Huahine siegten und töteten viele Männer von Raiatea und Borabora. Die Flintensteine wurden zwar bei dieser Gelegenheit für untauglich befunden, vielleicht waren aber auch die Schlösser verdorben, jedenfalls halfen die Insulaner sich damit, daß einer das Gewehr anlegte und ein anderer mit einem brennenden Stock das Pulver auf der Pfanne entzündete. Sie sollen auf diesem Kriegszuge dann auch ihren ganzen Vorrat an Kugeln und Pulver verbraucht haben.

Bald darauf wurde Frieden geschlossen, doch konnte ich nicht in Erfahrung bringen, ob Omai dabei etwas an Rang und Gütern gewonnen hatte. Seine Landsleute schienen ihm sehr gewogen zu sein, denn alle sprachen nur mit Hochachtung von ihm. Er hatte sich an England immer mit Dankesgefühlen erinnert, und was er seinen Landsleuten davon berichtete, hat ihnen nicht nur einen vorteilhaften Begriff von unserer Macht und unserem Ansehen, sondern auch von unserer Freundschaft und unserem guten Willen gegen ihn selbst gegeben.

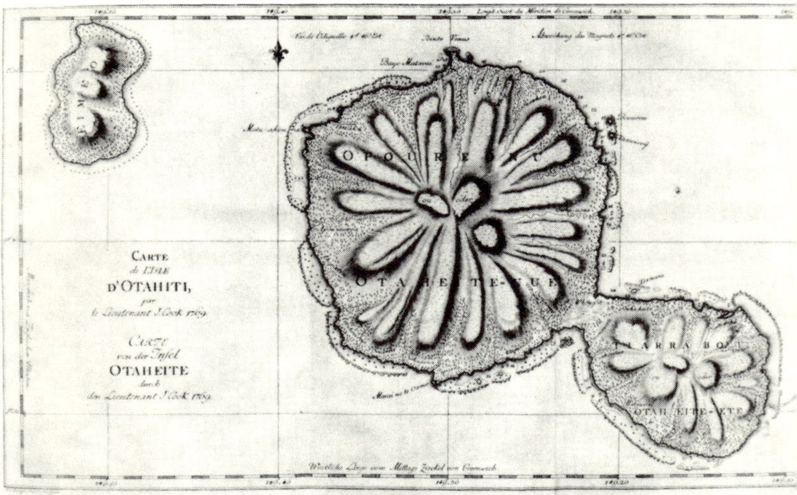

Karte von Tahiti und Eimeo
(von Captain James Cook, 1769)

ACHTES KAPITEL

Reise nach Tittaha, um eine junge Kuh zu holen. – Ungewöhnliche häusliche Einrichtungen. – Teinas Mutter stattet an Bord des Schiffes einen Besuch ab. – Von Raiatea wird ein Schaf gebracht. – Ein schwerer Sturm. – Tod unseres Wundarztes. – Untersuchung der Häfen Taune und Toaroa.

Nach dem Mittagessen begab ich mich an Land, aber da ich mich zu lange der Sonne ausgesetzt hatte, wurde ich bei den Zelten plötzlich krank und litt eine Stunde lang unter heftigen Schmerzen. Meine Unpäßlichkeit wurde bald unter den Insulanern bekannt, und zu meiner Verwunderung sah ich gleich darauf Teina und alle Vornehmen um mich versammelt, um mir ihre Hilfe anzubieten. Auch am nächsten Morgen kamen noch unzählige Erkundigungen nach meiner Gesundheit.

Da das Wetter günstig war, machte ich Teina, Oripaia und Poina den Vorschlag, mich nach Tittaha zu begleiten, um nach der Kuh, die sich dort aufhalten sollte, zu fragen. Vom Kap Venus ist Tittaha fast vier Seemeilen entfernt. Als wir dort angekommen waren, ließ Teina unsere Ankunft melden. Aber Tippaha, der Häuptling des Bezirks, kam nicht zum Vorschein, sondern schickte einen Boten, um mich zu fragen, ob ich die Kuh nur sehen oder mitnehmen wolle. Ich ließ ihn wissen, daß ich die Kuh nur zu sehen wünsche, und die Häuptlinge pflichteten mir bei. Darauf wurde ich gebeten, mit meinem Boot weiter westwärts zu fahren.

Unterwegs ließ Teina mich bei einigen Fischerkanus anhalten, um Fische zu kaufen, die er roh verzehrte, nachdem er sie in Salzwasser getunkt hatte. Bei unserer Ankunft am Landeplatz fanden wir viele Insulaner versammelt, und bald kam auch Tippahu. Ich ging mit ihm, von Oripaia begleitet, nun eine Viertelmeile bis an einen Ort, wo man mir eine der schönsten jungen Kühe zeigte, die ich je gesehen hatte. Ich erkundigte mich, ob es nicht noch mehr davon gäbe, allein man versicherte mir, daß sie nur noch in Ittiah den Stier besäßen. Ich konnte mich nicht enthalten, meinen Unmut über die Vernichtung und über die Trennung der Tiere zu zeigen, um so mehr, als ich die Mühen des Transportes und die Sorgen um den Erfolg mit Kapitän Cook geteilt hatte.

Der Bezirk Tittaha ist nicht so üppig und fruchtbar wie die Gegend an der Matawaibucht. Ich sah hier nichts, was mich zu einem längeren Aufenthalt hätte bewegen können, also machte ich Tippahu ein Geschenk, lud ihn zu mir an Bord ein und verabschiedete mich. Teina war die ganze Zeit im Boot sitzengeblieben, und ich hatte wohl bemerkt, daß man ihm hier keinerlei Ehren erwies und daß er weder eine Kokosnuß noch eine Brotfrucht bekommen konnte, ohne sie zu bezahlen. Der Umstand, daß man die Kuh hier behielt, bewies übrigens, daß die Bewohner dieses Bezirks mit denen von Matawai und Oparre nicht in gutem Einvernehmen standen.

Auf dem Rückweg mußten wir gegen den Wind rudern, deshalb hielten wir in Oparre Rast. Erst gegen acht Uhr abends kamen wir auf dem Schiffe an. Ich behielt meine Reisegefährten zum Abendessen, wobei sie denn auch fleißig an König Georgs Gesundheit erinnerten.

Unsere Sammlung von jungen Brotfruchtbäumen vermehrte sich noch immer. Am 17. November schickte ich zwölf davon an Bord des Schiffes, um zu versuchen, wo sie am besten gediehen, da wir die Lufttemperatur im Hafen viel wechselnder fanden als auf dem Lande. In meiner Abwesenheit war Tippahu an Bord gewesen und hatte mir ein Schwein mitgebracht. Beim Mittagessen verließ er die

Tafel früher als gewöhnlich, und als er fort war, erklärten mir Oripaia und Hitihiti den Grund, nämlich daß Iddia, Teinas Gemahlin, sich einen Liebhaber hielte, und zwar einen gemeinen Tautau oder Diener, eben denselben, der Teina bei Tische fütterte. Die Sache sollte übrigens meinem Freunde Teina sehr wohl bekannt sein und sogar von ihm gefördert werden. Als ich an dem Gehörten zweifelte, riefen sie gelegentlich andere Zeugen herbei, die alle das Gerücht bestätigten.

Am Nachmittag des 18. November traf ich Tippahu und lud ihn zu mir auf das Schiff. Ehe er sich verabschiedete, handelte ich mit ihm um die junge Kuh, die er nach Ablauf von fünf Tagen herzubringen versprach. Ich hatte die Absicht, falls ich sie bekäme, auch den Stier von Ittiah zu kaufen, wäre das aber nicht möglich, dem Eigentümer des Stiers auch die Kuh zu schenken, damit mein Wunsch, die Zucht dieser Tiere zu fördern, nicht vereitelt würde.

Ich hatte für Teina, wie man sich erinnern wird, in meiner Kajüte einen Schrank geräumt, in dem er alles, was ich ihm schenkte, unter Verschluß bringen konnte. Seit kurzem aber nahm ich wahr, daß seine Schätze sich zu vermindern schienen, so sehr ich mich auch bemühte, sie zu vergrößern. Schließlich machte ich die Entdeckung, daß Iddia sich auf die gleiche Weise eine Schatzkammer in der Kajüte des Schiffsmeisters (Obersteuermann) Fryer angelegt hatte, die sie ständig aus dem Vorrat ihres Mannes auffüllte, weil sie befürchtete, daß ich nichts mehr hergeben werde, sobald Teinas Schrank gefüllt wäre. Ich ließ nun vom Schiffszimmermann eine Kiste anfertigen, die so groß war, daß Teina und seine Frau darauf schlafen konnten. Er hatte früher bereits eine ähnliche Kiste von Kapitän Cook erhalten, die aber von den Insulanern von Eimeo geraubt worden war.

Am Vormittag des 21. November ließ mir Tippahu melden, daß die Kuh nach Matawai gebracht worden sei. Ich ging sofort an Land und stellte fest, daß er Wort gehalten hatte. Der Kaufpreis – ein Hemd, eine Axt, ein großer Nagel, ein Messer, eine Schere, ein Bohrer und eine Feile – wurde auf der Stelle entrichtet, und ich gab noch etwas weißen Zucker drauf. Tippahu schien mit seinem Handel recht zufrieden zu sein, und ich schickte die Kuh nach dem Hause Poinos, wo es reichlich Gras für sie gab.

Nach dem Essen lud man mich zu einem Hiwa ein, das in der Hauptsache aus einer Rede bestand, die uns zu Ehren gehalten wurde. Zwölf Männer stellten sich in vier Reihen auf, zwei Mädchen standen vor ihnen, und hinter ihnen hielt ein Priester eine zehn Minuten lange Rede, die von den Anwesenden mit einiger Aufmerksamkeit verfolgt wurde. Währenddessen stand Cooks Bildnis mir zur Seite. Nach der Ansprache des Priesters wickelte man ein Stück weißes Zeug um das Gemälde, ein anderes um mich, und ein alter Mann legte eine Matte aus geflochtenen Palmblättern vor meine Füße, eine andere vor Teina und auch eine unter das Bild. Dann begann der Tanz, dessen Ablauf wir bereits kannten.

Unser Schiff hatte am Bug eine ziemlich gut gearbeitete weibliche Galionsfigur. Da wir ohnehin die Schiffswände anstrichen, ließ ich diese Figur in Farben bemalen, die die Insulaner sehr ergötzten. Nicht nur die Männer, auch die Frauen baten mich, englische Frauen mitzubringen, wenn ich wiederkäme.

Hitihiti hatte heute den Einfall, mich auf eine sonderbare Art von der Wahrheit der Geschichte zu überzeugen, die er mir von Iddia erzählt hatte. Er wiederholte die Geschichte in Gegenwart der betroffenen Dame, die aber nur darüber lachte und ihm sagte, er hätte mir nichts davon erzählen sollen. Augenscheinlich war sie nicht beleidigt, im Gegenteil zeigten die beiden sich nun besonders fröhlich und ausgelassen. Wie ich hörte, soll es hier nichts Ungewöhnliches sein, daß unter Brüdern mit der Frau des anderen vertrauter Umgang gepflegt wird, besonders ältere Brüder mit den Frauen der jüngeren. Niemand nimmt Ärgernis daran, aber es wird als eine Beleidigung aufgenommen, wenn jemand, der nicht zur Familie gehört, dieselbe Vertraulichkeit gewinnen will. Im ganzen genommen, scheint in Tahiti wechselseitige Zuneigung das einzige bindende Ehegesetz zu sein.

Ich hatte nun die Absicht, auf Kap Venus astronomische Beobachtungen anzustellen, und ich bat unseren Freund Teina, dort eine Hütte aufstellen zu lassen. In weniger als einer halben Stunde stand sie fertig da, es war allerdings nur ein leichtes Dach auf vier Pfählen. Am 24. November kaufte ich eine Seeschildkröte, die auf den Riffen gefangen worden war, und ließ sie für Teina zum Mittagessen zubereiten. Er meldete mir jetzt die Ankunft seiner Mutter Oberea von der Insel Tetiaroa, und er bat mich, sie am folgenden Morgen abholen zu lassen und bis zu seiner Rückkehr von einer mehrtägigen Reise für sie zu sorgen.

Am 25. November schickte ich also morgens ein Boot nach Oparre, das nachmittags mit Oberea und zwei Bedienten wiederkam. Sie war sehr bejahrt und zugleich so korpulent, daß wir sie nur mit Mühe über die Schiffsseite an Deck bringen konnten. Sobald sie sich an Bord befand, setzte sie sich auf dem Gang nieder, umfaßte meine Knie und drückte die Freude, mich zu sehen, mit einem Strom von Tränen aus. Die Bedienten brachten hierauf als Geschenk ihrer Gebieterin drei Stücke Zeug, ein großes Schwein und Früchte zum Vorschein. Sie selbst war von ihrer Reise sehr ermüdet und wünschte, die Nacht an Bord zu bleiben. Ich gab also Befehl, ihr eine Schlafstelle zu bereiten, was um so leichter geschehen konnte, als dazu nur eine auf dem Boden ausgebreitete Matte und einige Stücke

Zeug nötig waren. Zu ihrer Begleitung gehörte übrigens noch ihre Lieblingskatze, ein Abkömmling der Katzen, die Kapitän Cook hiergelassen hatte.

Nach allen Berichten, die ich bekommen habe, muß auf der Insel Eimeo auch noch einiges Hornvieh sein, nach meiner Schätzung mindestens acht Stück.

Am folgenden Morgen wünschte Oberea an Land zu gehen. Meine Geschenke wollte sie jetzt nicht mit sich nehmen, sie bat mich vielmehr, die Sachen sorgfältig aufzuheben. Moanna und Poina waren an diesem Tage meine einzigen Gäste. Sie erzählten mir, daß Teina mit seinem Bruder Oripaia verfeindet sei und daß man glaube, sie würden miteinander streiten, sobald das Schiff abgereist sei. Ich hatte die Kälte zwischen ihnen wohl bemerkt und bisweilen ohne Erfolg versucht, sie versöhnlicher zu stimmen. Ihr Zerwürfnis sollte übrigens auf einen Streit zwischen ihren Weibern zurückzuführen sein.

Nachmittags kam ein Kanu von Raiatea mit einem Eri jener Insel, der Obereas Neffe war. Er brachte ein Schaf mit, das aber die Räude hatte und sehr elend aussah. Soweit ich es beurteilen konnte, hatte das Klima der Wolle nicht geschadet, und das Vlies war sehr dicht, ausgenommen um die Schultern. Anscheinend war dies das englische Mutterschaf, das Kapitän Cook auf den Inseln zurückgelassen hatte. Der Besitzer behauptete, daß sich auf Huahine noch zehn Schafe befänden, was ich jedoch sehr bezweifelte. Es ärgerte mich, daß er den Wert seines Schafes so gering einschätzte und es mir ohne weiteres für ein kleines Beil überließ. Ich schickte es auf Poinos Landsitz, wo es zunächst bei der Kuh bleiben sollte.

Am 28. November kehrte Teina mit seiner Gemahlin nach Matawai zurück, und alle ihre Äußerungen bewiesen mir ihre herzliche Freude über das Wiedersehen nach so kurzer Abwesenheit. An diesem Morgen ereignete sich eine

Sonnenfinsternis, aber der Himmel war so bewölkt, daß ich nur die letzte Phase beobachten konnte.

In unserem Garten bei dem Zelt schienen die Pflanzen nicht gedeihen zu können. Die Melonen und Gurken wurden von Insekten zerfressen, und der Sandboden war für die anderen Gewächse recht ungünstig. Ich wählte deshalb ein anderes Grundstück weiter vom Strande entfernt und ließ dort allerlei Sämereien aussäen.

In der Nacht zum 1. Dezember stahlen uns die Eingeborenen das Steuerruder eines beim Zelt liegenden Bootes, und als ich am Morgen an Land ging, wollten weder Teina noch einer seiner Angehörigen sich vor mir sehen lassen, weil sie, wie es hieß, sich vor meinem Unwillen fürchteten. Da der Verlust aber nicht gerade viel bedeutete, ließ ich ihnen sagen, daß ich auf niemanden als auf den Täter böse sei. Nun begaben sich Teina und einige andere Würdenträger nach dem Zelt und versprachen mir, daß sie sich alle Mühe geben würden, den Dieb festzustellen und das Steuerruder wieder herbeizuschaffen.

Dies war der erste beträchtlichere Diebstahl, der sich seit Errichtung unseres Zeltes auf dem Lande ereignet hatte, und ich richtete meinen Verdacht hauptsächlich auf die von anderen Inseln hergekommenen Eingeborenen.

Teina hatte um diese Zeit angefangen, sich ein neues Haus zu bauen, wozu ich ihm die Hilfe unserer Zimmerleute zusagte. Seit kurzem war Teinas jüngster Bruder Waiduha mein täglicher Gast. Er schien die Unsitte, sich täglich am Awatrank zu berauschen, abgelegt zu haben. Die Insulaner hielten ihn für einen ihrer besten Krieger, und man erzählte mir, daß er in dem Gefecht mit den Bewohnern von Eimeo den Oberbefehlshaber dieser Insel getötet habe.

Einige Tage lang hatten wir wieder unbeständiges Wetter, und der Wind kam frisch von Westen her, so daß die

Wellen stark anbrandeten. In der Nacht lief eine hohle, unregelmäßig aufgeregte See in die Bai, so daß wir alle Luken am Schiff sorgfältig schließen mußten und die ganze Mannschaft auf Deck blieb, obschon der Regen in Strömen herabflutete. Das Schiff rollte heftig, und am Morgen nahm der Wind noch an Stärke zu. Da wir unmöglich in See gehen konnten, sahen wir uns genötigt, alle Rahen und Stengen abzunehmen und uns auf unsere Anker zu verlassen. Der Fluß von Matawai schwoll so hoch an, daß die Landspitze, auf der unser Zelt stand, sich in eine Insel verwandelte. Damit unsere jungen Brotfruchtstämme vor Beschädigung sicher waren, mußten unsere Leute vor dem Zelt einen Abzug graben, um das steigende Wasser abzuleiten.

Die Wogen brandeten hoch an den Strand, trotzdem sahen wir ein Kanu ablegen. Zu meinem Erstaunen erkannte ich Teina, Iddia und den alten Moanna darin, die sich mitten durch die Brandung gewagt hatten, um mich an Bord des Schiffes zu besuchen. Außer ihnen war niemand im Kanu, da das Wetter keine Mitfahrer mehr erlaubte. Sie hatten jeder ein Paddel in der Hand, das sie sehr geschickt zu gebrauchen wußten, und ruderten mit der größten Anstrengung. Die guten Leute umarmten mich mit vielen Tränen und gaben mir ihre Besorgnis um die Sicherheit des Schiffes zu erkennen. Gegen Mittag legten sich jedoch die Wellen um vieles, wenn auch der Wind noch stürmisch aus Nordwesten blies. Bei Sonnenuntergang begaben sich Iddia und Moanna an Land zurück, während Teina es vorzog, die Nacht an Bord zuzubringen.

Am folgenden Tage hielt der Wind zwischen Nord und Nordwesten an, aber er hatte viel von seiner Wut verloren, so daß ich unsere Lage nicht mehr für bedenklich hielt. Iddia kam gegen Mittag mit einem großen Schwein und einem Vorrat an Brotfrucht und Kokosnüssen an

Bord, aber bald kehrte Teina mit ihr an Land zurück, nachdem ich ihnen versprochen hatte, am nächsten Morgen, wenn das Wetter es zuließe, ihre Eltern und ihre Schwester zu besuchen, die unseretwegen sehr in Sorge gewesen seien. Dann kam Poina in Begleitung seiner Frau, die plötzlich einen Haifischzahn hervorzog und sich damit so starke Wunden in den Kopf schlug, daß ihr Gesicht im Augenblick mit Blut bedeckt war. Ich hinderte sie daran, sobald ich konnte, und sie trocknete sich das Blut ab und beruhigte sich. Diese blutige Szene ist bei ihnen Brauch, wenn sie großen Schmerz und auch große Freude ausdrükken wollen.

Poino sagte mir, daß er Bäume fällen und mir ein neues Haus bauen lassen werde, wenn das Schiff verunglücken sollte. Ich für mein Teil war nun aber aus eigener Erfahrung und nach den Berichten der Insulaner davon überzeugt, daß der Aufenthalt in der Matawaibucht nicht mehr lange sicher bleiben werde, deshalb beschloß ich, so bald wie möglich alle Vorbereitungen für die Abreise zu treffen.

Die folgende Nacht war ruhiger, ich ging also morgens an Land, wo mich Oberea und mehrere andere Freunde herzlich empfingen. Unsere Baumschule hatte bei dem schlechten Wetter nicht gelitten, da man sie sorgfältig gegen das stiebende Seewasser bedeckt hatte. In manchen Bäumchen schien der Saft noch zu ruhen, andere aber zeigten schon junge Triebe. Nelson war der Ansicht, daß es besser sein würde, mit der Einschiffung noch einige Tage zu warten, und ich willigte ein. Er war auch der Meinung, daß die Bäume sich nur durch Wurzelschößlinge vermehrten, deshalb ließ ich einige Kisten mit Wurzeln füllen, die wir in den Winkeln verstauen konnten, wo die Pflanzen nicht gedeihen würden.

Als unsere Leute nachmittags das große Boot zum Ausbessern aufs Land zogen, wobei ihnen viele Insulaner

Hilfe leisteten, stürzte ein etwa zehnjähriger Knabe so unglücklich, daß eine Rolle, die unter dem Boot lag, über ihn hinwegging. Da unser Wundarzt krank war, ließ ich seinen Gehilfen Thomas Ledward vom Schiff holen. Glücklicherweise war kein Knochen verletzt, und der arme Junge hatte überhaupt keinen großen Schaden erlitten.

Der Schiffsarzt Dr. Huggin lag schon lange Zeit an einer Krankheit darnieder, die eine Folge seiner Unmäßigkeit und Trägheit war. Die letzte Zeit rührte er sich nicht mehr aus seiner Kajüte, obgleich niemand vermutete, daß es sehr übel um ihn stehe. An diesem Abend schien er sich jedoch viel schlechter als sonst zu fühlen, so daß wir glaubten, ihn an einen luftigeren Ort bringen zu müssen. Diese Fürsorge war jedoch vergeblich, denn eine Stunde später verschied er. Der Unglückliche liebte den Trunk übermäßig und war jeder Bewegung so abgeneigt, daß man ihn während der ganzen Reise nie hatte bereden können, ein halbes dutzendmal hintereinander das Deck entlangzugehen.

Ich äußerte Teina gegenüber den Wunsch, den Toten an Land zu begraben. Er erklärte sich damit einverstanden, nur sei es notwendig, die Einwilligung seines Vaters einzuholen, wozu er mich auch sofort verließ. Wir ersehen daraus, daß der älteste Sohn eines Eris zwar bereits bei seiner Geburt den Rang und die Ehren seines Vaters erhält, der Vater aber einen hohen Grad von Macht und Ansehen behält. Sobald Teina zurückkam, begleitete ich ihn mit zwei von meinen Leuten, die das Grab auswerfen sollten. Als wir am Begräbnisplatz ankamen, war das Grab bereits von Eingeborenen angefangen. Teina fragte mich, ob sie es auch recht machten, dort gehe die Sonne auf und dort gehe sie unter. Daß ein Grab von Osten nach Westen gerichtet sein müsse, haben die Insulaner vermutlich von den Spaniern gelernt, als der Kapitän eines ihrer Schiffe im Jahre 1774 auf Tahiti begraben wurde. Genau so war nun die Grabstätte abgestochen. Um vier Uhr nachmittags begruben wir den Toten, wozu sich viele Insulaner eingefunden hatten, um die Feierlichkeiten mitzuerleben.

Einige unserer Freunde waren sehr neugierig, zu wissen, was wir nun — »wegen der Geistererscheinungen« — mit der Kajüte des Schiffsarztes anfangen würden. Wenn in Tahiti jemand stirbt und auf dem Tupapau (der Begräbnislade) aufgebahrt wird, umringen ihn, sobald die Nacht anbricht, die Geister, und wenn ein Mensch sich allein diesem Ort nähert, fressen sie ihn auf. Sie rieten uns deshalb, daß in der ersten Zeit ja nicht weniger als zwei in die Kajüte des Wundarztes gehen möchten. Ich gab mir keine Mühe, ihnen diesen Aberglauben auszureden, aber ich lachte darüber und gab ihnen zu verstehen, wir fürchteten uns vor dergleichen Dingen nicht. Noch am gleichen Nachmittag wurden die Sachen des Verstorbenen versteigert, und ich ernannte den Wundarztgehilfen Thomas Ledward zum stellvertretenden Wundarzt.

Am 12. Dezember fuhr ich in einem Boot ab, um die Häfen in der Gegend von Oparre zu untersuchen. Ich fand deren zwei, die von den Riffen gebildet wurden. Der westliche, den die Eingeborenen Taune nennen, ist vor der See und dem Winde, wenn sie aus Nordwesten kommen, nicht gut geschützt. Der östliche Hafen heißt Toaroa, er liegt drei Meilen von Kap Venus und ist so sicher, wie ein von Riffen gebildeter Hafen nur sein kann. Die Hauptschwierigkeit ist das Auslaufen, wenn der gewöhnliche Passatwind herrscht, da der Eingang nur dreihundert Fuß breit und die Tiefe so gering ist, daß man das Schiff nicht leicht bugsieren kann. Man muß nahe am Riff entlangsteuern und vom Mastkorb nach den seichten Stellen ausschauen, die sich vom Deck aus nicht so gut erkennen lassen.

Am Sonntag, dem 14. Dezember, wurde Gottesdienst

gehalten. Viele der vornehmsten Insulaner waren zugegen und führten sich recht bescheiden auf. Einige Weiber zeigten zuweilen Lust zu lachen, wenn wir die in der Litanei enthaltenen Antworten hersagten, aber sobald ich sie anschaute, schienen sie sich sehr zu schämen. Nach Beendigung des Gottesdienstes fragten mich einige Insulaner, ob wir unserem Eatua keine Opfer brächten, wovon er essen könnte.

NEUNTES KAPITEL

Ein Spaziergang ins Land. – Piaroa. – Aufgeschobene Abreise. – Einsammeln der Brotfruchtstämme. – Verlegung des Schiffes nach dem Hafen Toaroa. – Fischfang. – Desertion dreier Matrosen. – Ungeziemendes Betragen der Unsrigen am Lande. – Beispiele von Eifersucht. – Trauerzeremonien. – Ein Prophet bringt einen Stier nach Oparre. – Auslieferung der entlaufenen Matrosen. – Teinas Vorschlag, mit uns nach England zu reisen.

Mittwochs, den 17. Dezember, ging ich in Begleitung Nelsons und meines alten Freundes Moanna spazieren. Die Breite des flachen Landes, das die Berge umgibt, betrug in dieser Gegend etwa drei Meilen. Wir kamen durch die anmutigsten, von Brotfruchtbäumen und Kokospalmen beschatteten Gefilde, von verstreuten Hütten bestanden, wo es von Kindern geradezu wimmelte. Am Fuße des Berges betraten wir ein Tal, wo wir neben den Häusern Pflanzungen von Yams- und Aronwurzeln, vom Papiermaulbeerbaum und von dem so beliebten Awa oder Taumelpfeffer fanden. An den Hängen der Hügel wuchsen Brotfruchtbäume, die aber gegen jene auf dem flachen Lande wie Zwerge erschienen. Ein Flüßchen, das sich in vielen Krümmungen daherschlängelte, unterbrach unsere Wanderung an mehreren Stellen, und wir ließen uns von den Eingeborenen auf ihren Schultern hinübertragen.

Wir erreichten einen Marae (Kultstätte), wo sich viele Insulaner versammelt hatten, da die Priester, wie wir hörten, einen Gottesdienst abhielten. Sechzehn Männer hockten auf ihren Fersen. Vor ihnen stand ein Pfahl, der mit geflochtenen Kokoszweigen bedeckt war, wovon kleinere Stücke vor jedem lagen. Einer der sitzenden Männer, anscheinend der Oberpriester, betete laut, und die anderen antworteten ihm. Unweit des Pfahls hatten sie eine Opfergabe aus Pisangs und Brotfrucht hingestellt, die sie dem Eatua (Hauptgott) überließen. Dann luden sie uns freundlich ein, von einem gebratenen Schwein mitzuessen, das man während des Gottesdienstes für sie zubereitet hatte. Wir wollten aber den kühlen Morgen zum Weitermarsch ausnutzen, und Moanna bat, uns nach der Rückkehr mit Essen zu versorgen.

Wir setzten unsere Wanderung fort und sahen uns am Ende des Tales plötzlich von einem Wasserfall aufgehalten, der aus einer Höhe von mehr als zweihundert Fuß in den Fluß hinabstürzt. Er führte jetzt nicht viel Wasser, aber nach starken Regengüssen muß die Wassermenge um vieles anwachsen. Die Eingeborenen halten diese Kaskade für das merkwürdigste Naturwunder ihrer Insel, wobei das Sonderbarste daran der Fels ist, über den der Fluß sich ergießt. Er bildet eine senkrechte Wand, die auf viereckigen steinernen Pfeilern zu ruhen scheint, deren Regelmäßigkeit wirklich auffallend ist. Unten befindet sich ein Becken, das acht oder neun Fuß tief sein mag. Alle Eingeborenen halten es, vermutlich aus religiösen Gründen, für ihre Pflicht, hier wenigstens einmal in ihrem Leben gebadet zu haben.

Die dichtbewaldeten Berghänge nähern sich hier bis auf wenige Ellen, und der Pfad schien so beschwerlich zu sein, daß ich kein Verlangen hatte, höher den Berg hinanzusteigen. Der Wasserfall ist etwa sieben Meilen von der Bucht entfernt. Die Eingeborenen nennen ihn Piaroa. Auf dem Rückweg fanden wir ein Ferkel für uns zubereitet, wovon wir eine gute Mahlzeit hielten. Der Besitzer des Hauses war Nelsons alter Freund, für den er im Jahre 1777 zwei Pampelmusenbäumchen gepflanzt hatte, die wir jetzt als prächtige, mit Früchten beladene Bäume wiedersahen.

Die Tahitier geben sich nicht viel Mühe mit ihren Pflanzungen, außer denen mit der Awapflanze und dem Papiermaulbeerbaum, aus dessen Rinde sie das Zeug für ihre Kleidung anfertigen. Diese Plantagen reinigen sie sorgfältig vom Unkraut, und die Maulbeerbäume schützen sie häufig durch Gräben und durch Mauern aus aufgehäuften Steinen.

Als wir unser Mittagsmahl eingenommen hatten, kehrten wir zum Schiff zurück. Mit Vergnügen sah ich die große Menge Kinder, die wir überall antrafen. Es sind schöne Geschöpfe voll Leben und Munterkeit. Ihre Spiele sind zum Teil denen unserer Kinder in England ähnlich, sie lassen Drachen steigen, schwingen sich ein Seil um den Kopf und springen hindurch, gehen auf Stelzen, ringen miteinander usw. usw.

Am Freitag, dem 19. Dezember, wehte der Wind ziemlich stark, aber stetig aus Ost und Ostsüdost, wobei es häufig regnete und ein langer Wogenschwall in die Bucht lief. Ich hatte noch nicht entschieden, ob ich Eimeo besuchen oder den Hafen Toaroa bei Oparre anlaufen wollte, wenn ich Matawai verließ. Diese Ungewißheit verschaffte meinen Freunden, besonders aber Teina, manche Besorgnis. Sie schienen sehr niedergeschlagen zu sein, als ich ihnen heute nachmittag sagte, sie möchten ihre beschädigten Eisengeräte bald zur Ausbesserung in die Bordschmiede bringen, damit wir bis zur Abreise in wenigen Tagen damit fertig würden. Sie baten mich dringend, noch einen Monat zu bleiben, aber ich gab ihnen zu verstehen, daß dies ganz unmöglich sei. Ich fragte Teina, ob er mit mir nach Eimeo reisen wolle. Er erwiderte, daß die dortigen Eingeborenen trotz meines Schutzes eine Gelegenheit suchen würden, ihn umzubringen. Er blieb die Nacht über an Bord, Iddia aber ging an Land und kam am nächsten Morgen mit einigen Äxten und anderen Eisengeräten wieder, die ausgebessert werden sollten.

Als ich mich an Land begab, fand ich Otau, Oberea, Moanna und verschiedene andere sehr betrübt über meine baldige Abreise. Im ganzen Bezirk Matawai zeigte sich jeder, dem ich begegnete, sehr betroffen über mein Vorhaben, nach Eimeo zu gehen, und jeder suchte mich gegen die dortigen Eingeborenen einzunehmen. Solche Warnungen beeinflußten mich nicht, aber die herzliche Zuneigung der Tahitier verstärkte meine Abneigung, diese guten Leute bald zu verlassen, so sehr, daß ich am 21. Dezember den Schiffssteuermann mit dem großen Boot aussandte, die Wassertiefe zwischen der Matawaibucht und dem Hafen Toaroa nochmals zu untersuchen. Gegen Abend kam er zurück und erstattete mir den Bericht, daß er auf der ganzen Strecke guten Grund und nicht weniger als sechzehn Faden (etwa 29 m) Tiefe gefunden habe. Da ich nun den Hafen Toaroa in jeder Beziehung sicher fand, beschloß ich, das Schiff so bald als möglich dorthin zu bringen, und dieser Entschluß, den ich sofort bekanntgab, rief eine allgemeine Fröhlichkeit hervor.

Am 24. Dezember nahmen wir unsere Pflanzen an Bord. Es waren 774 Töpfe und alle in bestem Zustand, da wir jedes kränkelnde Stämmchen sofort durch ein gesundes ersetzt hatten, im ganzen etwa dreihundert. Ich erkundigte mich, ob man Bäume aus dem Samen ziehen könne, aber man sagte mir, das sei unmöglich. Sie könnten nur aus der Wurzel vermehrt werden. Man sammelt sie am besten bei nassem Wetter, wenn die Erde sich um die Wurzel ballt. Die Tahitier teilen das Jahr nach Monden ein, aber auch in sechs Teile, von denen jeder Teil den Namen einer der sechs Brotfruchtsorten trägt, die dann gerade reife Früchte trägt. Dazwischen liegt ein kleiner Zeitraum, in dem es keine Ernte gibt.

Am 25. Dezember lichteten wir bei Tagesanbruch die Anker. Das große Boot schickte ich mit dem Zelt beladen nach Oparre, wo sie es an Land bringen und dann am Eingang des Hafens Toaroa zu uns stoßen sollten, um uns den sichersten Teil der Einfahrt zu zeigen. Es war gegen elf Uhr, als wir unter Segel gingen und mit unseren Marssegeln die Strecke nach dem Hafen zurücklegten. Als wir nahe bei unserem Boot waren, trat eine Windstille ein, und wir trieben am Boot vorbei. Wir warfen unverzüglich die Anker, aber zu unserem Erstaunen war das Schiff mit dem Bug bereits auf Grund geraten. Dieses kleine Mißgeschick machte uns viel zu schaffen, weil wir unsere Anker hinter dem Schiff auslegen mußten, um es wieder flottzumachen. Bei dieser Arbeit verwickelte sich eine Ankertrosse in den Felsen, wovon wir sie nur mit vieler Mühe losmachen konnten. Als wir das Schiff endlich gehörig vertäut hatten, lagen wir nur eine halbe Kabellänge (50 Faden) vom Lande in neuneinhalb Faden Tiefe.

Am folgenden Morgen bewillkommneten mich alle Vornehmen des Landes, ja ich kann wohl sagen, die ganze Menge des Volkes. Teina zeigte mir dem Schiffe gerade gegenüber ein Haus und bat mich, es zu bewohnen, da es für meine Zwecke geräumig genug war. Er und sein Bruder Oripaia baten mich zu warten. Sie brachten mir eine Bank, auf die ich mich setzen konnte, und gingen fort. Kurz darauf sah ich Teina mit etwa zwanzig Eingeborenen herankommen. In einiger Entfernung machten sie halt, und ein Priester richtete ein kurzes Gebet an den Eatua, worauf die anderen antworteten. Dann schickten sie dreimal einen Mann zu mir, der jedesmal ein Ferkel und den Stengel eines Pisangblattes brachte, das erstemal für den Gott von Brittani, das zweitemal für König Georg und zuletzt für mich. Dann stand Moanna auf, und soviel ich davon verstand, hielt er in meinem Namen eine Rede. Er sagte darin, wir seien gute Menschen und Freunde, daher ermahnten wir sie, keine Diebereien zu begehen. Sie möchten uns Lebensmittel bringen, wofür wir mit guten Waren bezahlen wollten, und bei Nacht solle jeder den Platz an unserem neuen Hause meiden, denn wer im Dunkeln angetroffen werde, den würden wir töten. Mit dieser Rede endete die feierliche Begrüßung.

Ich fand unsere Lage hier sehr günstig. Das Schiff lag in ruhigem Wasser, von den Riffen vollkommen geschützt und nahe an einem schönen Strande, an dem sich nicht die kleinste Welle brach. In der Mitte des Hafens mündete ein kleiner Bach mit sehr gutem Wasser in die See. Ich ließ nun unsere Bäumchen wieder ausschiffen und von den gleichen Leuten wie in Matawai betreuen. Teina nahm seinen Aufenthalt ganz in der Nähe unseres Hauses.

Mehrere Insulaner machten sich einige Tage darauf die Nachlässigkeit unseres Metzgers zunutze und stahlen ihm das große Hackmesser. Ich beklagte mich darüber bei einigen Häuptlingen, die gerade an Bord waren, und sie versprachen mir, daß sie sich alle Mühe geben wollten, das Messer wieder herbeizuschaffen. Ich glaubte jedoch nicht, daß man dies hierzulande so geschätzte Instrument herausgeben würde.

Die Eingeborenen versorgten uns wie gewöhnlich mit Lebensmitteln. Wir hatten Kokosnüsse in solchem Überfluß, daß ich glaube, es ist im Verlaufe von vierundzwanzig Stunden kaum ein Schoppen Wasser an Bord getrunken worden. Die Brotfrucht begann seltener zu werden, wir hatten aber einen ausreichenden Vorrat, und in vier bis sechs Wochen erwarteten die Eingeborenen eine neue Ernte. Auch die besseren Pisangsorten waren jetzt knapp, aber von den weniger wohlschmeckenden hatten wir desto mehr. Fast täglich erhielten wir überdies Fische zum Geschenk, meist Doraden und Thunfische, hin und wieder auch einige Klippfische. Die Insulaner fischen meist in der Nacht. Dann zünden sie ein helles Feuer auf den Klippen an, das die Fische herbeilockt. Auf den Riffen fischt man mit dem Wurfspieß, vom Kanu aus mit Angelschnur und Haken. Einige fischen auch mit einem kleinen Netz, das von zwei Mann gezogen werden kann. Bei Tage fahren die Fischer mit ihren Kanus auf die offene See hinaus, manchmal recht weit, wo sie mit Angelruten und Leinen die Boniten (eine große Makrelenart) und andere Fischarten fangen. Läßt sich irgendwo ein Schwarm Fische feststellen, so geht augenblicklich eine Flottille von Kanus in See. Ihre Angelhaken sind glänzend, deshalb brauchen sie keinen Köder. Die Angelrute ist aus Bambusrohr. Bei sehr großen Fischen bedient man sich eines Auslegers am Bug des Kanus. Er ist bis zu fünfundzwanzig Fuß lang und endigt in eine Gabel, an deren Spitzen die Schnur mit dem Haken befestigt ist. Beißt ein Fisch an, so heben zwei Männer, die hinten im Kanu stehen, ihn mit Stricken aus dem Wasser.

1. Januar 1789. Gegen meine Erwartung brachte mir Teina heute nachmittag das gestohlene Hackmesser. Der Dieb hatte es bis nach Attahuru mitgenommen, und Teina versicherte mir, man habe es ungern herausgegeben. Als ich ihm einige Äxte und andere Sachen schenken wollte, mutmaßte er wohl, daß ich mich erkenntlich zeigen wollte, deshalb nahm er trotz Zuredens nicht ein einziges Stück an.

Obschon Teina und seine Verwandten meine ständigen Gäste waren, ließen sich seine Kinder, so nahe sie uns jetzt auch waren, nicht ein einziges Mal blicken. Der Bach trennte sie von dem Platz, an dem unsere Leute arbeiteten. Um aber die Insulaner nicht zu beleidigen, verbot ich der Mannschaft aufs schärfste, sich der Residenz zu nähern.

Als am Montag, dem 5. Januar, um vier morgens die Wache abgelöst wurde, vermißten wir eins unserer kleinen Boote. Ich wurde sofort davon benachrichtigt und ließ die Musterrolle verlesen. Da stellte sich heraus, daß drei Leute, nämlich der Korporal Charles Churchill und die beiden Matrosen William Muspratt und John Millward, die noch von zwölf Uhr Mitternacht bis zwei Uhr morgens Wache gestanden hatten, abwesend waren. Sie hatten acht Gewehre und Munition dazu mitgenommen, was sie aber im Schilde führten und welchen Weg sie genommen hatten, schien kein Mensch an Bord zu wissen. Ich begab mich an Land und erfuhr von den Eingeborenen, das Boot liege in der Matawaibucht, die Ausreißer aber hätten in einem Segelboot den Weg nach der Insel Tetiaroa (nördlich von Tahiti) genommen. Ich schickte sogleich den Obersteuermann nach Matawai, um das Boot abzuholen, wobei ihn einer der Häuptlinge begleitete, doch auf halbem Wege begegneten ihnen fünf Eingeborene mit dem Boot, das sie zum Schiff zurückbrachten.

Ich gab den Häuptlingen und besonders Teina zu verstehen, ich erwarte von ihnen, daß sie mir die Deserteure zurückbringen würden, und ich sei fest entschlossen, Tahiti nicht ohne sie zu verlassen. Sie versprachen mir, sich alle Mühe geben zu wollen, sie gefangenzunehmen, und es wurde verabredet, daß Oripaia und Moanna am nächsten Morgen nach Tetiaroa fahren sollten. Oripaia erkundigte sich, ob sie Pistolen bei sich hätten, und setzte hinzu, »denn wenn wir sie auch überfallen und ergreifen können, ehe sie ihre Flinten gebrauchen, so können sie doch mit den Pistolen schießen, wenn wir sie schon festhalten«. Ich erklärte ihm zu seiner Beruhigung, daß die Entlaufenen keine Pistolen bei sich hätten.

Bei Tagesanbruch machten sich Oripaia und Moanna in zwei Kanus auf die Reise nach Tetiaroa, aber das Wetter wurde so stürmisch, daß sie noch am gleichen Vormittag zurückkehren mußten, und ich freute mich herzlich, sie wohlbehalten wieder einlaufen zu sehen, da die Wellen außerhalb des Hafens sehr hoch gingen. Oripaia und Moanna versprachen mir, sofort wieder unter Segel zu gehen, wenn das Wetter sich gebessert hätte.

Am 9. Januar herrschte auf der offenen See noch ein steifer Wind, obschon wir im Hafen nur zuweilen leichte Lüftchen spürten. Unser früherer Aufenthalt in der Matawaibucht wäre jetzt zu unsicher gewesen. Poino kam heute von Matawai und sagte mir, er befürchte, daß ich unzufrieden mit ihm sei, weil die Ausreißer in einem Kanu von Matawai nach Tetiaroa entkommen wären. Er hätte nicht das geringste von der Sache gewußt, doch was ihm möglich gewesen sei, hätte er getan, nämlich das Boot zum Schiff zurückgeschickt. Er versicherte mir, daß nach Teinas Anordnungen die Entlaufenen mit Sicherheit zurückgebracht würden, sobald man ihnen nur Kanus nachschicken könnte.

Früh am 10. Januar ereignete sich an Land ein unangenehmer Vorfall. Einer unserer Offiziere hatte von einem Baum, der am Marae wuchs, gedankenlos einen Zweig abgepflückt. Sobald er damit in das Haus trat, das uns zugewiesen worden war, liefen alle Eingeborenen davon. Als ich an Land kam, fand ich den Zweig an einen Pfosten des Hauses gebunden, obgleich man jetzt wußte, welche Wirkung dies auf die Insulaner hatte. Ich war äußerst unzufrieden über solchen Mutwillen und ließ den Zweig sofort entfernen, doch näherte sich auch jetzt kein Eingeborener dem Hause. Sie erklärten uns, das Haus sei »tabu« und niemand dürfe sich ihm nähern, bis das Tabu davon genommen sei, was nur Teina zu tun vermöge. Sie halten es für eine Art Kirchenraub, wenn etwas von einem Marae genommen wird, und sie glauben, daß es den Eatua sehr erzürnt. Auf meine Bitte löste Teina am Nachmittag das Tabu. Die Zeremonie bestand darin, daß auf dem Marae ein Pisangblatt geopfert und ein Gebet an den Eatua gerichtet wurde, worauf die Eingeborenen das Haus wieder betraten.

Ich konnte die Hoffnung, den Stier aus Ittiah zu bekommen, noch nicht aufgeben, so unbefriedigend auch die Antworten waren, die ich auf mehrere Ersuchen erhalten hatte. Bisher war Teina mein Unterhändler gewesen, jetzt sprach ich mit Poino, der die Sache zu regeln versprach. Nach Tische ging er an Land, und am gleichen Abend kam ein Bote von ihm, um mir zu berichten, ein Hund habe das ihm anvertraute Schaf totgebissen. Er schickte mir den Hund, damit ich ihn mit dem Tode bestrafen könne, wie er es verdiene. Das elende Schaf war aber bereits so krank gewesen, daß ich annahm, es sei daran gestorben, und den Hund beschuldigte man nur, damit ich nicht annehmen könnte, es habe dem Schaf an gehöriger Pflege gefehlt. Ich stellte deshalb dem Boten frei, mit dem Hund zu machen, was er wolle.

Als am 13. Januar das Wetter sich beruhigt hatte, ging Oripaia mit zwei Kanus nach Tetiaroa unter Segel. Moanna war Geschäfte halber verhindert, folgte ihm aber am nächsten Tage mit zwei weiteren Kanus. Unterdessen wandte ich mich an Teina, um Brennholz zu bekommen, da unser zu Matawai an Bord genommener Vorrat bereits aufgebraucht war. Er ließ noch am gleichen Abend drei Bäume an den Strand bringen, wir schlugen sie klein und bekamen eine gute Bootsladung Holz an Bord.

Heute hatte ich Gelegenheit, zwei Beispiele von Eifersucht zu beobachten, wovon das eine beinahe tödliche Folgen gehabt hätte. Ein Insulaner wurde mit einer verheirateten Frau von ihrem Mann während der Tat ertappt und mit einem Messer in den Bauch gestochen. Zum Glück für ihn glitt das Messer ab, und die Wunde war nicht besonders gefährlich. Der andere Fall bestand darin, daß ein Mädchen, das ständigen vertrauten Umgang mit dem Steuermann meines Bootes gehabt hatte, ein anderes Mädchen verprügelte, weil es mit ihrem Freund die Vertraulichkeit zu weit getrieben hatte.

Als ich am 16. Januar mit Teina unweit eines Tupapaus (einer auf vier Pfählen ruhenden Totenbahre) spazierenging, hörte ich plötzlch ein lautes Jammergeschrei, und als Teina mich auf meinen Wunsch hingeführt hatte, trafen wir eine Anzahl Frauen und unter ihnen die Mutter eines vor ihr liegenden toten Kindes an. Sobald sie uns sahen, hatte ihre Trauer nicht nur ein augenblickliches Ende, sondern sie brachen zu meiner maßlosen Verwunderung in ein ungezähmtes Gelächter aus. Ich sagte zu Teina, die Frau könne über den Verlust ihres Kindes wohl nicht besonders betrübt sein, weil ihr Kummer sonst nicht so schnell zu Ende gewesen wäre. Er forderte die Frauen auf, von neuem zu weinen, aber sie wollten während unserer Anwesenheit ihr Wehklagen nicht fortsetzen. Wir sollten jedoch aus solchem seltsamen Betragen nicht auf Hartherzigkeit und Gefühllosigkeit schließen, da wir wissen, wie zärtlich sie ihre Kinder lieben und welcher sanften Gefühle sie überhaupt fähig sind. Eine außerordentliche Gabe von Leichtsinn erklärt uns alles weit richtiger, auch mag ihnen der Tod nicht mit so vielen Schrecken umgeben sein wie ernsthafteren Menschen.

Poino ließ mir sagen, es sei ihm gelungen, den Stier einzuhandeln. Er habe ihn eine Strecke über Land treiben lassen, könne aber wegen der Bäche nicht weiter, weshalb ich ein Boot schicken solle, um ihn abzuholen. Der Obersteuermann, Herr Fryer, machte sich am folgenden Morgen mit dem großen Boot auf den Weg. Nachmittags kehrte er mit meinem Freunde Poino zurück und brachte auch den

Segelkanu in einer Bucht von Tahiti

Stier mit, den ich die Nacht über nach Oparre, am Morgen darauf aber nach Matawai zur Kuh bringen ließ.

Poino führte den Mann zu mir, von dem er den Stier erhandelt hatte, um den verabredeten Kaufpreis zu empfangen, nämlich ein Stück von jeder Art Ware, die wir an Bord hatten. Dieser Mensch, der Owiwi hieß, sollte nach der Behauptung der Eingeborenen von göttlichem Geist inspiriert sein, und man pflegte ihn bei allen wichtigen Dingen um Rat zu fragen, »weil er mit dem Eatua spräche«. Der Eatua habe ihm auch befohlen, den Stier von Teina zu fordern, der nicht gewagt habe, dies zu verweigern. Ich bemühte mich, den Kerl zu entlarven, indem ich darauf hinwies, daß er jetzt den Stier verkaufen wolle, den zu behalten ihm doch der Eatua befohlen habe. Er hatte es aber leicht, mich abzufertigen, indem er sagte, der Eatua habe ihm eben jetzt befohlen, mir das Tier zu verkaufen. Ich erklärte darauf, ich wolle meine Tiere nun an niemanden mehr verschenken, sondern selber behalten. Ich wolle sie unter Teinas und Poinos Schutz lassen, die sicher für sie sorgen würden, bis ich wiederkommen werde. Beide versprachen mir, das Vieh gut zu versorgen, und sie erklärten, daß niemand sich unterstehen dürfe, mein Eigentum an sich zu nehmen.

Am 21. Januar erhielt ich nachmittags Nachricht von Tippahu, daß unsere Ausreißer sich in Tittaha aufhielten, ungefähr fünf Meilen von uns entfernt. Ich ließ ein Boot bemannen und stieß kurz vor Sonnenuntergang vom Schiffe ab. Hitihiti war mein Begleiter, und auf sein Anraten hielt ich eine Strecke diesseits des Ortes, wo die Flüchtigen sich befanden. Ich hielt es für ratsam, das Boot in der Nähe zu behalten, damit ich es abrufen konnte. Hitihiti versicherte mir, etwas weiter sei ein guter Landeplatz. Ich ließ also das Boot am Strand entlang rudern, während ich mit Hitihiti auf dem Lande ging. Die Nacht war sehr dunkel und stürmisch, und da das Ufer felsig wurde, verlor ich das Boot aus den Augen. Einige Insulaner, die sich bei uns eingefunden hatten, flößten mir den Verdacht ein, daß sie nicht übel Lust hätten, über uns herzufallen, um uns auszuplündern. Ich zog deshalb eine meiner Pistolen hervor, und sie verließen uns augenblicklich. Hitihiti aber war in solchen Schrecken geraten, daß ich ihn kaum bewegen konnte, weiter mit mir zu gehen. Endlich erreichten wir das Haus Tippahus und wurden von ihm und seiner Gattin freundlich aufgenommen. Unser Boot war bereits angekommen, aber wegen der hohen Brandung am Strande durfte es sich nicht auf hundert Schritte dem Ufer nähern.

Die Deserteure hielten sich, wie ich jetzt erfuhr, in einem Hause ganz in der Nähe auf, und ich glaubte, daß ihre Festnahme mit Hilfe der Eingeborenen keine Schwierigkeiten machen würde. Sie hatten aber bereits Nachricht von meiner Ankunft erhalten, und als ich mich dem Hause näherte, traten sie unbewaffnet heraus und ergaben sich mir. Darauf gab ich der Bootsbesatzung den Befehl, nach der Stelle zu rudern, wo ich ausgestiegen war. Nun bemächtigte ich mich der Gewehre, die ich Tippahu zur Aufbewahrung für die Nacht übergab. Eine Flinte und zwei Bajonette fehlten, die nach Aussage der Ausreißer verlorengegangen waren, als das Boot auf der Fahrt nach Tetiaroa umgeschlagen sei.

Ich nahm nun Abschied von Tippahu und ging mit den Ausreißern zu dem Boot. Der Wind war nun noch stärker geworden, und es regnete heftig, deshalb entschloß ich mich, bis zum Morgen an Land zu bleiben. Ich fand ein Obdach für meine Leute und brachte die Nacht ohne Zwischenfall zu. Bei Tagesanbruch ließ ich die Gewehre holen und kehrte an Bord des Schiffes zurück.

Die Deserteure sagten mir, Oripaia und Moanna seien

nach Tetiaroa gekommen und hätten sie in Haft zu nehmen versucht. Sie seien aber schon willens gewesen, zu dem Schiffe zurückzukehren. Vermutlich hatten die Eingeborenen ihnen durch ständiges Auflauern so zugesetzt und sie so sehr ermüdet, daß sie der schimpflichen Gefangennahme den mildernden Umstand vorzogen, sich selbst zu stellen. Als sie sich ergaben, konnten sie keinen Widerstand mehr leisten, weil ihre Munition von der Nässe verdorben war.

Beim Mittagessen beglückwünschte Teina mich, daß ich meine Leute wiederbekommen habe, nur tat es ihm leid, daß sie nicht von Oripaia und Moanna gebracht worden seien, weil ich glauben könnte, sie hätten nicht alles getan, was in ihrer Macht stand. Später erfuhr ich, daß sie die Ausreißer wirklich gefangengenommen und gebunden hatten, aber sie auf ihr Versprechen hin, freiwillig zum Schiff zurückzukehren, freigelassen hatten. Die Deserteure aber hatten sich, sobald sie wieder frei waren, ihrer Waffen bemächtigt und den Eingeborenen Widerstand geboten.

Am 30. Januar, nachmittags, bestrafte ich den Matrosen Isaak Martin mit neunzehn Peitschenhieben, weil er einen Insulaner geschlagen hatte. Einige Häuptlinge baten mich, die Strafe nicht vollziehen zu lassen, aber das Vergehen bedeutete eine so ernsthafte Verletzung meiner Befehle, daß ich mich nicht erweichen ließ.

Oripaia und Moanna waren noch nicht von Tetiaroa zurückgekommen. In gewissen Jahreszeiten, wenn dort Fische in Mengen zu haben sind, pflegen die Vornehmen von Tahiti oft dorthin zu reisen. Wie man mir berichtete, ist es eine Gruppe von kleinen Felseninseln, die von einem Riff umgeben sind. Sie bringen hauptsächlich Kokosnüsse und Pisangs hervor. Während der Jahreszeit, in der die Insel besucht wird, schafft man täglich Brotfrucht und andere Lebensmittel von Tahiti dorthin. Als unsere Ausreißer nach Tetiaroa kamen, lagen dort nicht weniger als hundert Segelkanus.

Tippahu war jetzt unser ständiger Gast, denn er fühlte sich seit einiger Zeit unpäßlich und hatte seinen Wohnsitz nach Oparre verlegt, um unseren Schiffsarzt um Rat und Hilfe fragen zu können. Er klagte über einen rauhen, geschwollenen Hals, und Herr Ledward fand bei näherer Untersuchung, daß er vorher im Gaumen zwei Löcher gehabt hatte, die nun zugeheilt waren, aber doch recht groß gewesen sein mußten. Der Wundarzt war der Meinung, daß sie krebsartig seien und schließlich seinen Tod nach sich ziehen würden.

Diesen Morgen ließ ich alle Seemannskisten an Land bringen und das ganze Schiff innen mit siedendem Wasser auswaschen, um die Schaben zu vernichten. Unsere Brotfruchtpflanzen erforderten jetzt unsere ständige Aufsicht und Pflege, um sie von Insekten rein zu halten. Mit Hilfe unserer Katzen und guter Mausefallen gelang es uns, die Ratten und Mäuse zu vernichten. Als ich mit Kapitän Cook in Tahiti war, sah ich bei allen Häusern viele Ratten. Sie waren so dreist, daß sie um die Insulaner herumliefen, wenn sie bei der Mahlzeit saßen, um die hingeworfenen Brocken aufzuschnappen. Jetzt aber ließ sich kaum irgendwo eine Ratte sehen, was ohne Zweifel den Katzen zuzuschreiben ist, die mit europäischen Schiffen hierhergekommen sind.

Nach dem Frühstück ging ich mit Teina zu Fuß nach Matawai, um das Vieh und die Gärten zu besichtigen. Teina hatte aber bereits so reichlich Awa getrunken, daß er fast betäubt war, doch wurden wir auch von Iddia begleitet, die eine der verständigsten Personen von ganz Tahiti ist. Zuerst kamen wir nach Poinos Haus, wo wir den Stier und die Kuh auf einer guten Weide sahen. Die Kuh hatte, wie ich erfuhr, den Stier bereits zugelassen, so daß jetzt Hoffnung bestand, daß die Zucht dieser Tiere in Gang kommen werde. Im benachbarten Garten war manches eingegangen, der Mais aber stand gut, und ohne Zweifel werden die Eingeborenen ihn bald überall anbauen. Ein Feigenbaum, zwei Weinstöcke, eine Ananaspflanze und einige Schößlinge des Pampelmusenbaumes standen ebenfalls im besten Wuchs. Von hier ging ich weiter zu dem Garten am Kap Venus, aber dort hatten zu meinem größten Verdruß die Schweine fast alles verwüstet.

Wir begaben uns wieder zurück an Bord, und nach dem Essen machte mir Teina in vollem Ernst den Vorschlag, ihn und seine Frau mit nach England zu nehmen. Er sei überzeugt, daß König Georg hocherfreut sein würde, ihn zu sehen. Um ihn loszuwerden, mußte ich ihm versprechen, daß ich den König bitten wolle, ihn nach England bringen zu dürfen. In diesem Falle werde ich mit einem größeren Schiff wiederkommen, das zu seiner Aufnahme standesgemäß eingerichtet sein solle. Teina befürchtete, wie ich jetzt erfuhr, daß seine Feinde, sobald unser Schiff Tahiti verlassen habe, ihn angreifen und überwältigen würden.

Tippahus Krankheit beunruhigte ihn sehr, denn er stand mit ihm auf freundschaftlichem Fuß, zumal Tippahus Gemahlin eine Schwester von Otau, also Teinas Tante war. Wenn Tippahu sterben sollte, würde ihm sein Bruder, der ein Feind Teinas war, in der Würde eines Eri von Tittaha folgen. Ich versprach den Häuptlingen bei jeder Gelegenheit, daß wir bei unserer Rückkehr nach Tahiti jeden Tort, den man den Bewohnern von Matawai und Oparre antun würde, mit Vergeltung ahnden wollten.

ZEHNTES KAPITEL

Das Ankertau wird in der Nacht zerschnitten. — Kälte zwischen uns und den Eris aus dieser Veranlassung. — Besuch einer alten Dame. — Lärm bei einem Hiwa. — Teinas Gastfreiheit. — Verhaftung und Bestrafung eines Diebes. — Vorbereitungen zur Abreise.

Am 3. Februar wohnte ich einem Ringkampf bei, wo ein junger Mann sich durch einen unglücklichen Sturz das Ellbogengelenk ausrenkte. Er wurde sofort von drei kräftigen Männern ergriffen, von denen zwei das Gelenk wieder einrenkten, indem sie die Füße gegen seine Rippen stemmten. Ich hatte unverzüglich nach dem Wundarzt geschickt, aber ehe er ankam, war alles wieder gut, bis auf eine kleine Schwellung der Muskeln, die von der Zerrung herrührte. Ich erkundigte mich, was sie getan hätten, wenn der Knochen gebrochen gewesen wäre. Um mir das zu erklären, brachten sie kleine Stöcke, legten sie einem Eingeborenen um den Arm und wickelten eine Schnur darum. Sie scheinen also in der ärztlichen Kunst recht geschickt zu sein, wie ich bereits an dem früher erwähnten abgenommenen und völlig geheilten Arm gesehen hatte.

Der Strand in der Nähe des Schiffes war allmählich ein beliebter Treffpunkt geworden. Eine Stunde vor Sonnenuntergang versammelten sich hier die Eingeborenen, um sich mit Lanzenwerfen, Spiel und Tanz die Zeit zu verkürzen. Erst wenn es ganz finster geworden war, gingen sie nach Hause. An jedem schönen Abend waren wir Zuschauer und Teilnehmer bei diesen heiteren Spielen.

Am 6. Februar ereignete sich jedoch etwas äußerst Beunruhigendes, weil das Schiff dadurch bedroht wurde und es auch zu einem Bruch der freundschaftlichen Beziehungen zu den Eingeborenen führen mußte. In der Nacht hatte ein frischer Wind geweht, und bei Tagesanbruch sahen wir, daß das Kabeltau, an dem unser Schiff vor Anker lag, dicht an der Wasseroberfläche durchschnitten und nur ein Strang davon ganz geblieben war. Während wir das Schiff wieder sicher vertäuten, kam Teina an Bord. Ich mußte ihn für völlig unschuldig halten, trotzdem fuhr ich ihn sehr hart an und drängte darauf, daß er den Täter ausfindig machen und mir ausliefern müsse. Was diese boshafte Tat veranlaßt haben könnte, wußte ich nicht einmal zu erraten. Mein Verdacht fiel vor allem auf die Fremden, die uns von allen Gegenden der Insel her besuchten, denn die Bewohner von Matawai und Oparre hatten mir stets so treuherzig und ungeheuchelt ihren guten Willen gezeigt, daß ich keinen Verdacht gegen sie aufkommen ließ.

Mein Zorn hatte so stark gewirkt, daß Otau und seine Gemahlin, Teinas Eltern, sofort Oparre verließen und mit Tippahu und dessen Familie im stärksten Regen in das Gebirge flohen. Teina und Iddia blieben zurück und stellten mich wegen der Ungerechtigkeit meines Zorns zur Rede. Er wolle, sagte er, das Äußerste versuchen, um den Schuldigen zu finden, aber vielleicht stehe es nicht in seiner Macht, ihn ausgeliefert zu bekommen, und das werde der Fall sein, wenn er nach den Bezirken Tiarrabu und Attahuru oder nach der Insel Eimeo gehöre. Die Tat könne ebensogut gegen die Einwohner von Matawai und Oparre wie gegen mich gerichtet sein, da meine Freundschaft für sie allgemein bekannt sei und ich erklärt habe, daß ich sie gegen ihre Widersacher beschützen wolle. Ich war wohl geneigt, dies alles zu glauben, aber ich hielt es für gut, mich nicht zufriedenzugeben, damit Teina nicht aus angeborener Trägheit in seinen Bemühungen nachlassen würde.

Um künftig gegen Anschläge möglichst sicher zu sein,

ließ ich auf dem Vorderkastell eine Art Gerüst errichten, damit die Kabeltaue von der Wache im Auge behalten werden konnten, und ich gab Befehl, daß ein Midshipman (Seekadett) hier Wache halten sollte.

Nachmittags kam Oripaia von Tetiaroa zurück und berichtete mir, daß er und Moanna bei dem schlimmen Wetter mit knapper Not dem Untergang entronnen seien. Noch kürzlich seien einige Kanus auf der Fahrt nach Tetiaroa verlorengegangen. Das Ertrinken ist dabei nicht die einzige Gefahr, der die Insulaner ausgesetzt sind, viele von ihnen werden auch ein Raub der Haifische, die in dieser Meeresgegend sehr zahlreich sind.

Der ganze 7. Februar verstrich, ohne daß Teina sich sehen ließ. Erst am folgenden Morgen kam er mit Iddia zu mir, und sie berichteten mir, daß sie die schärfste Untersuchung angestellt, aber keine Spur gefunden hätten, die zu dem Täter führen könnte. Ich war mit diesem Ergebnis sehr unzufrieden und behandelte sie mit solcher Kälte, daß Iddia in einen Strom von Tränen ausbrach. Jetzt mußte ich mein Mißtrauen aufgeben, und ich begnügte mich damit, ihnen im Namen des Königs von England und zur Erhaltung seiner Freundschaft die größte Sorgfalt bei der Aufsuchung des Täters zu empfehlen, was sie mir auch treulich gelobten. Wir versöhnten uns, und ich schickte Boten zu Otau und Tippahu, um sie zur Wiederkehr einzuladen.

Ich habe seitdem viel über diesen Vorfall nachgedacht, und mir ist immer mehr aufgegangen, daß der Versuch, das Schiff loszuschneiden und treiben zu lassen, höchstwahrscheinlich das Werk eines von unseren eigenen Leuten gewesen ist, deren Absicht, auf Tahiti zurückzubleiben, durch Strandung des Schiffes erfüllt worden wäre. Damals kam mir hiervon allerdings nicht das mindeste in den Sinn, denn ich hatte nicht die leiseste Vermutung, daß un-

Tahitische Tänzerin in ihrer Tracht

ter meiner Mannschaft eine so allgemeine Neigung und eine so heftige Vorliebe für diese Inseln herrschte, die sie sogar verleiten könnte, jede Aussicht zur Rückkehr in die Heimat aufzugeben.

Diesen Nachmittag kam ein Bote des Eri von Tiarrabu, der südöstlichen Halbinsel von Tahiti, und brachte mir die Einladung, ihn zu besuchen. Ich entschuldigte mich wegen der weiten Entfernung und schickte ihm auf Teinas Bitte wertvolle Geschenke, wofür er hoffentlich seine Gunst Teina zuwenden wird. Ich bemerkte überhaupt immer wieder mit Vergnügen, daß Teina den größten Teil der von mir erhaltenen Geschenke an seine Landsleute austeilte, teils aus Freundschaft oder Achtung, teils aber auch aus politischen Beweggründen.

Am 10. Februar reiste Tippahu mit seiner Familie nach Tittaha, wo ein großes Hiwa aufgeführt werden sollte. Ein Trupp Schauspieler zog am folgenden Morgen durch Oparre auf dem Wege nach Tittaha. Sie ließen mir sagen, daß sie mir, falls ich es wünsche, eine kleine Vorstellung geben wollten. Ich stellte mich unverzüglich bei ihnen ein, und sie fingen bei Trommel- und Flötenmusik mit dem Tanz zweier Mädchen an, die zum Schluß plötzlich ihre sämtlichen Kleider fallen ließen, weil sie mir zum Geschenk bestimmt waren. Darauf verschwanden sie schnell, und es folgte ein Tanz von Männern, der unanständiger war, als ich ihn je gesehen hatte, ohne jedoch weniger Beifall bei den Zuschauern zu finden, die im Gegenteil höchst ergötzt zu sein schienen.

Nach diesem Schauspiel begleitete ich Teina und Iddia, um bei einer alten Dame namens Wanau-Ura einen Besuch abzustatten. Sie war die Witwe des ehemaligen Oberhauptes von Tittaha, des Tauha, der im Jahre 1777 während Kapitän Cooks Anwesenheit die Expedition nach Eimeo angeführt hatte. Die alte Frau war soeben ausgestiegen und saß neben dem Bug des Kanus am Strande. Teina hatte einen Priester und drei Männer bei sich, die einen jungen Hund, ein Huhn und zwei Pisangstämme als Opfergaben trugen. Die alte Dame hatte ein gleiches Opfer mitgebracht, und als beide Gaben nach einem kurzen Gebet geopfert waren, ging Teina zu ihr und umarmte sie herzlich. Sie erwiderte seine Güte mit Tränen und vielen Worten der Dankbarkeit, die ich nicht verstehen konnte. Darauf führten wir sie unter ein Dach, wo wir bis gegen Mittag blieben. Ich lud sie mit ein, aber sie entschuldigte sich mit ihrem Alter und ihrer Gebrechlichkeit. Teina befahl, sie mit allem Nötigen zu versorgen, und ging mit mir an Bord.

Am 13. Februar schickte Teina zu mir, um mir sagen zu lassen, es seien von allen Seiten viele Fremde herbeigeeilt, um an dem großen Hiwa teilzunehmen, das er mir zu Ehren veranstalten wolle. Ich begab mich also an Land, wo ich eine sehr große Menschenmenge versammelt sah. Man bildete einen Kreis, und Teina kam mir mit einigen anderen Häuptlingen entgegen. Als wir uns niedergelassen hatten, begann das Hiwa mit einem Tanz von Weibern, und darauf legte man ein Geschenk von tahitischem Zeug und einen Brustschild vor mir nieder. Dann begannen die Männer mit den Ringkämpfen, und alle Ordnung war dahin. Der alte Otau bat mich, ihnen zu helfen und die Kämpfe zu beenden, weil die Leute aus verschiedenen Bezirken und zum Teil einander feindlich gesinnt seien. Otaus Besorgnis bestand zu Recht, denn einen Augenblick später brach der Tumult los, und alles griff zu den Waffen. Da es unnütz war, mich als einzelner Mann einzumischen, ging ich zu unserem Posten und stellte meine Mannschaft dort unter Gewehr. Iddia kam, um nachzuschauen, ob ich in Sicherheit sei. Ich ersuchte sie, in meinem Schutz zu bleiben, aber sie wollte erst wiederkommen, wenn alles vorüber sei. Und weg war sie! Ich ließ vom Schiff zwei Kanonen ohne Kugeln abfeuern, was seine Wirkung tat, und da die Häuptlinge ihren ganzen Einfluß einsetzten, so war bald alles wieder ruhig. Teina kam mit Iddia zu mir, und wir gingen an Bord.

Nach Tisch begab ich mich mit Teina und seinen Freunden wieder an Land, wo ich drei große gebratene Schweine und eine Menge Brotfrucht vorfand, die Teina hatte zubereiten lassen und die ich jetzt auf seine Bitte den Teilnehmern der Hiwa schenken sollte, je einen Teil den vornehmeren Gästen aus Attahuru, den Errioys und den Schauspielern und Musikanten. Diese Gastfreiheit Teinas freute mich sehr, und sie löschte manchen Fehler aus, den ich sonst an dem großen Eri bemerkt und bemängelt hatte.

Am 16. Februar schaute ich bei einem Ringen zu, bei dem Weiber mit Weibern kämpften. Sie forderten genau wie Männer heraus und griffen auch wie diese an, und der einzige Unterschied, den ich wahrnehmen konnte, gereichte keineswegs zum Vorteil des zarteren Geschlechts, denn sie zeigten weit mehr Hitze und weniger Selbstbeherrschung, als ich ihnen zugetraut hatte. Man hat mir übrigens versichert, daß die Frauen es mitunter auch mit Männern aufnehmen. Iddia soll sich dabei großen Ruhm erkämpft haben.

Am 23. Februar schickte Iddia zu unserem Mittagessen einen vortrefflichen Taropudding an Bord, und Teina brachte mir eine Pisangtraube, die 81 Pfund wog und woran ich 286 schöne Früchte zählte. Der Taropudding ist ein sehr wohlschmeckendes, leicht zu bereitendes Gericht, dessen Rezept vielleicht auch auf den Westindischen Inseln anwendbar sein wird. Man schält die äußere Rinde von der Taro- oder Aronwurzel, reibt sie klein, macht daraus Rollen von einem halben Pfund, wickelt diese sorgfältig in Blätter und backt sie etwa eine halbe Stunde. Dann nimmt man eine gleiche Menge Kokosnuß, schabt sie ebenfalls klein und drückt durch ein Seihtuch den fetten Milchsaft heraus. Dieser Saft wird durch hineingelegte heiße Steine erhitzt, dann mischt man den gebackenen Taro hinein und rührt alles ständig um, bis der Pudding gar ist, was man daran erkennt, daß der Saft des Kokoskerns sich in klares Öl verwandelt.

Am 25. Februar zeigte sich Iddia sehr beunruhigt, weil ihr jüngstes Kind krank war. Sie lehnte den Beistand unseres Wundarztes ab und hatte nach einem Mann in Tittaha geschickt, von dem sie Hilfe erwartete. Am nächsten Tag starb ein Mann an der Auszehrung. Der Konstabler, Herr Peckover, dem ich den Auftrag gegeben hatte, auf einen solchen Fall zu achten, meldete es mir sofort, und ich begab mich mit Iddia dorthin, um die Begräbnisfeier miterleben zu können. Aber ehe wir ankamen, hatte man den Leichnam bereits nach dem Gerüst oder Tupapau geschleppt. Er lag völlig entblößt da, nur um die Lenden und den Hals hatte man ein Tuch gewickelt. Die Augen waren geschlossen. Eine Hand lag auf der Herzgrube, die andere auf der Brust. An einem Finger jeder Hand trug er einen Ring aus geflochtenen Kokosfasern mit einem kleinen Büschel roter Federn. Unter dem Tupapau war eine Grube ausgeworfen worden, in der der Leichnam nach Ablauf eines Monats bestattet werden sollte. Der Verstorbene gehörte den niederen Volksklassen an, dessenungeachtet war sein Tupapau gut ausgestattet, und auf dem Boden lagen Opfer von Kokosnüssen und geflochtenen Blättern. Zuweilen bringt man die Toten in einer länglichen, sargähnlichen Lade zu dem Tupapau. Iddia sagte mir, sie hätten diesen Brauch von den Europäern übernommen, doch findet er sich recht selten, weil es hier so schwere Arbeit ist, Planken zu hauen.

Tupapau (Totenbahre) eines Tahitiers

Als ich am 2. März an Land kam, fand ich, daß die Insulaner in unserer Nachbarschaft ihre Häuser verlassen hatten und ins Gebirge gezogen waren. Ich erfuhr denn auch, daß von unserem Stützpunkt in der Nacht eine Wassertonne, ein Kompaß und Herrn Peckovers Bettzeug entwendet worden sei. Als der Diebstahl ruchbar geworden war, hatte sich sofort eine allgemeine Furcht ausgebreitet. Ich schickte eine Botschaft an Teina, der sich nicht blicken ließ, und führte Klage über diese Tat. Nach Verlauf von etwa zwei Stunden, in welcher Zeit ich zum

Frühstück an Bord gewesen und zurückgekehrt war, erblickte ich Teina mit Oripaia und einem Haufen von Eingeborenen bei einem Hause, das in einiger Entfernung lag, und bald darauf sah ich sie ostwärts dicht an unserem Posten vorbeimarschieren. Hitihiti überbrachte mir die Nachricht, daß sie dem Diebe auf der Spur seien, und in weniger als einer Stunde kam wirklich die Meldung, daß sie ihn gefangengenommen hätten. Kurz darauf erschien der ganze Haufen mit der Wassertonne und dem Kompaß. Teina hielt den Dieb am Arm gepackt, führte ihn zu mir und bat mich, ihn zu töten. Von den Betten, sagte er, habe er noch nichts erfahren, aber er wolle sich sofort aufmachen, sie aufzustöbern. Ich lobte sein Verhalten, und Teina umarmte mich, wozu die ganze Menge »Taio maitai!« (»Guter Freund!«) rief. Dann verließ Teina mich, um sich nach den Betten umzusehen, und ich schickte den Dieb an Bord, wo ich ihn gehörig stäupen ließ. Es war mir übrigens sehr angenehm, daß der Kerl weder in Oparre noch in Matawai zu Hause war.

Oftmals brachte man uns Ziegen zum Verkauf, aber ich mochte diesen Handel nicht unterstützen, um die Zucht der Tiere nicht zu gefährden. Die Eingeborenen essen aber das Ziegenfleisch nicht und wollen auch die Milch nicht trinken. Sie fragten mich vielmehr mit dem Ausdruck des Ekels, warum wir nicht auch die Säue melkten. Ich suchte Teina und Iddia zu beeinflussen, Ziegenmilch zu genießen, die ich mit Obst gemischt hatte, aber sie kosteten nur einen Löffel davon.

Wir hatten jetzt mit den Vorbereitungen unserer Abreise begonnen und einen ausreichenden Vorrat an Brennholz eingeschifft, den wir Teina verdankten, der die Baumstämme dazu heranschaffen ließ. Er hatte oft den Wunsch geäußert, ihm einige Gewehre mit Munition zu überlassen, weil er nach der Abreise unseres Schiffes mit Feindseligkeiten rechnen mußte. Sein Anliegen erschien mir nicht unbillig, und was mich am meisten bewog, seine Bitte zu erfüllen, war sein Versprechen, die Waffen nur zur Verteidigung zu benutzen. Das entsprach auch seinem Charakter, der weder tätig noch unternehmend war. Er würde der größte Krieger auf Tahiti sein, wenn sein Mut im Verhältnis zu seiner Größe und Stärke stände, aber Tapferkeit war nun einmal nicht seine hervorstechende Tugend. Als ich versprochen hatte, ihm einige Pistolen, die ihm lieber sind als Flinten, zu überlassen, sagte er, Iddia würde mit der einen und Hitihiti mit der anderen schießen. Iddia hatte gelernt, eine Flinte zu laden und abzuschießen, und Hitihiti war ein ausgezeichneter Schütze. Zwar pflegen die Weiber hierzulande nicht in den Krieg zu ziehen, aber Iddia ist eine entschlossene Frau von großer Statur und außerordentlicher Kraft.

Am 6. März schickte ich Herrn Fryer ab, den Hafen Taune auszuloten. Da sich unter den Eingeborenen herumgesprochen hatte, daß wir bald abreisen würden, brachten sie aus allen Gegenden der Insel eine Menge zerbrochener Eisengeräte, um sie in unserer Schmiede ausbessern zu lassen. Selbst Waheatua, der Eri von Tiarrabu, schickte einen Boten mit einigen Stücken aus spanischem Eisen, die er zu Hacken und Äxten verarbeitet wünschte. Ich nahm keinen Anstand, ihm diese Bitte zu erfüllen.

ELFTES KAPITEL

Ankunft eines Frauenzimmers aus der Gesellschaft der Errioy von Tetiaroa. – Teina überreicht seine Geschenke für den König von England. – Fernere Ereignisse bis zur Abreise des Schiffes von Tahiti.

Vom 5. bis zum 14. März blieb der Wind ständig zwischen Nordwest und Südwest und brachte uns sehr viel Regen. Eine so lange Dauer von Westwinden hatten wir hier noch nicht erfahren. Am 13. März kamen zu Oparre und Matawai mehrere große Kanus aus Tetiaroa an, auf denen sich ein großer Haufen Errioys befand, unter ihnen Oripaias Gemahlin, die selbst zu diesem Orden gehörte und nach der Abreise ihres Mannes von Tetiaroa dort geblieben war. Bei ihrer Ankunft übte man den Brauch Huipippi, den Besuch bei allen Freunden, die sich denn auch meist zur Begrüßung eingefunden hatten. Dieser Brauch zeigte übrigens nichts Besonderes, außer daß die Errioys die Gelegenheit benutzten, alle Weiber, die ihnen begegneten, zu plündern.

Viele der vornehmsten Leute brachten nun ein Geschenk für den jungen Otu, den Eri rahai, das Iddia in Vertretung des abwesenden Teina in Empfang nahm. Es bestand aus fünf Schweinen und achtundvierzig Körben voll Brotfrüchten, Kokosnüssen, Taro und allerlei Puddings. Vierundzwanzig Männer trugen an Stangen die mit bunten Zeugstreifen geschmückten Körbe. Von Otu, der noch zu jung für die Regierungsgeschäfte war und mit dem man uns keinen Umgang erlaubte, habe ich wenig erwähnt. Es war uns nur zuweilen erlaubt, mit ihm über den Bach hinweg zu reden. Ich versäumte dabei nie, den königlichen Kindern einige kleine Geschenke zu schicken. Hätte ich, wie seine Eltern es taten, mit entblößten Schultern zu ihm gehen wollen, dann wäre mir eine nähere Bekanntschaft mit ihm erlaubt worden, aber darauf wollte ich mich nicht einlassen.

Man könnte die Insel Tetiaroa mit unseren Heilbädern vergleichen, weil der Aufenthalt dort eine ähnliche Wirkung haben soll. Viele, die mit Schorf bedeckt dorthin gingen, kamen rein und wohlgenährt wieder zurück. Das war in erster Linie der Abstinenz vom Awatrinken zuzuschreiben, da die Pfefferstaude auf Tetiaroa nicht wächst. Vielleicht haben auch die Kokosnüsse, die das einzige Getränk hergeben, eine gute Wirkung, und schließlich trägt auch der Überfluß an Fischen, an die sie sonst nicht gewöhnt sind, zur Besserung der Gesundheit bei.

Am 14. März besuchte mich ein sehr alter Mann, ein Onkel des Tupia, der im Jahre 1769 an Bord der »Endeavour« gegangen war, um mit Kapitän Cook nach England zu reisen, aber in Batavia gestorben ist. Der Mann schien etwa siebzig Jahre alt zu sein, er stellte mir verschiedene Fragen nach seinem Neffen, und er bat mich, wenn ich wiederkäme, das Haupthaar des Toten mitzubringen. Ich hatte auch Teina einmal gefragt, was ich für den Fall, daß er auf der Reise nach England sterben werde, seinen Freunden sagen solle. Er antwortete, ich müsse nur sein Haar abschneiden und es ihnen abliefern, dann würden sie vollauf zufrieden sein.

Am 16. März berichtete man mir, daß in Tittaha der Verkauf von Schweinen verboten worden sei. Tippahu, der Eri dieses Bezirks, erklärte mir, sie hätten nur noch wenige Schweine übrig, und es sei notwendig, eine Zeitlang das Schlachten und auch den Verkauf dieser Tiere zu verbieten, damit sie sich vermehren könnten. Meine Freunde von Oparre und Matawai aber versprachen mir, uns bis zur Abreise versorgen zu wollen, wenn auch ihre Herden stark abgenommen hätten.

Am Abend des 19. März kehrte mein Schreiber, Herr Samuel, von einem zweitägigen Ausflug in das Gebirge zurück. Er berichtete, daß die Berge gut bewaldet seien, außer auf den höheren Gipfeln, wo nur Sträucher und Farnkräuter wachsen. An Vögeln fand er kleine blaue Papageien, grüne Tauben und eine Art Sturmvogel, der Höhlen in die Erde wühlt. Er brachte auch einen Zweig von einer Pflanze mit, die dem Neuseeländischen Teestrauch ähnlich ist. Vom Gebirge aus hatte er die Inseln Maitea und Huahine gesehen, die von Tahiti aus in fast entgegengesetzter Richtung liegen und siebzig Seemeilen voneinander entfernt sind.

Teina hatte sich seit einigen Tagen damit beschäftigt, zwei Trauerkleider oder Parais zu beschaffen, die er dem König Georg zum Geschenk machen wollte. Als sie fertig waren, wurden sie in seinem Hause zur Schau gestellt, wobei ein langes Gebet gesprochen wurde, dessen Hauptinhalt dahin ging, König Georg möge immer sein Freund bleiben und ihn nie vergessen. Als Teina mir die Parais übergab, konnte er die Tränen nicht zurückhalten.

Nachmittags fingen wir an, die Brotfruchtbäumchen an Bord zu bringen. Sie gediehen prächtig, die Wurzeln kamen durch die Töpfe zum Vorschein, und sie würden in den Boden gedrungen sein, wenn man dies nicht verhindert hätte. Das Wetter hatte sich gebessert, und der Passatwind schien stetig zu werden. Die Regenzeit währt hier etwa bis Ende März, allerdings mit Gutwetterperioden. Am 31. März hatten wir alle Pflanzen in 774 Töpfen, 39 Bottichen und 24 Kästen an Bord. Die Zahl der Brotfruchtpflanzen betrug 1015, aber daneben hatten wir noch andere Pflanzen eingesammelt, nämlich solche, die mir mein Freund Sir Joseph Banks empfohlen hatte.

Ich teilte nunmehr meine letzten Geschenke an die vertrautesten Freunde aus, wobei ich Tippahu besonders bedachte. Mehrere Eingeborene äußerten den Wunsch, mit nach England zu reisen, und Hitihiti, der uns immer treu ergeben war, sagte dazu, er habe ein Anrecht darauf, weil er ehedem seine Insel verlassen habe, um mit Kapitän Cook zu reisen. Es gab auch niemanden von der Besatzung, der nicht seinen besonderen Freund oder Taio gehabt hätte, von dem er Geschenke an Lebensmitteln erhielt, die unseren Vorrat vergrößerten.

Am 3. April aß Teina nebst seiner Gemahlin, seinen Eltern, seinen Brüdern und seiner Schwester bei mir, und alle blieben die Nacht über an Bord, weil ich am folgenden Morgen unter Segel gehen wollte. Das Schiff war den Tag über ununterbrochen gedrängt voll von Insulanern und mit Kokosnüssen, Pisangs, Brotfrucht, Schweinen und Ziegen fast überladen. Am Abend fand am Strande nicht mehr die gewohnte Belustigung statt, sondern alles war still. Bei Tagesanbruch hoben wir den ersten Anker auf. Der Stock des großen Bugankers war so wurmstichig, daß er zerbrach. Der kleinere Anker hatte einen eisernen Stock (Querstück), und es muß hier wohl angemerkt werden, daß man auf solchen Reisen die Schiffe mit Ankern versieht, die nicht vom Wurmfraß beschädigt werden können. Um halb sieben zogen uns, da wir keinen Wind hatten, unsere Boote aus dem Hafen. Bald aber kam Ostwind auf, und nun setzten wir die Segel und richteten unseren Lauf seewärts.

Da die Mündung des Hafens sehr eng war, konnte ich nur wenigen Insulanern den Aufenthalt an Bord gestatten. Viele begleiteten uns aber in ihren Kanus, bis wir Wind bekamen und ich sie zurücklassen mußte. Wir kreuzten den ganzen Tag vor der Insel. Teina und Iddia drängten mich, in der Matawaibucht vor Anker zu gehen und noch einen

Tag zu bleiben, aber ich hatte bereits von den meisten Freunden Abschied genommen und wollte meinem Vorsatz nicht untreu werden. Nach dem Mittagessen ließ ich die Abschiedsgeschenke, darunter einige Flinten und zwei Pistolen mit viel Munition, in eins unserer Boote bringen. Darauf machte ich ihnen klar, daß es jetzt Zeit sei, sich von uns zu trennen, damit unser Boot noch vor Einbruch der Nacht zum Schiff zurückkehren könne. Sie nahmen also herzlichen Abschied und stiegen in das Boot.

Teina hatte mich gebeten, beim Abschied einige Kanonenschüsse abzufeuern. Dies mußte ich ihm aber abschlagen, da ich befürchtete, die Erschütterung könnte den Pflanzen schaden. Dagegen ließ ich die ganze Mannschaft an Deck antreten und ihm ein dreimaliges Vivat nachrufen. Bei Sonnenuntergang kam unser Boot zurück. Nun gingen wir in See und sagten unserem Tahiti ein langes Lebewohl, nachdem wir dort dreiundzwanzig Wochen lang die schönsten Beweise der Freundschaft und Achtung genossen hatten. Die nun folgenden Ereignisse liefern den Beweis, daß wir gegen diese Herzlichkeit und Güte nicht unempfindlich geblieben waren, denn in dem einnehmenden, freundlichen Wesen der Insulaner lagen unstreitig die Beweggründe einer Tat, die den glücklichen Erfolg eines Unternehmens vereitelte, das sonst wahrscheinlich alle Erwartungen erfüllt hätte.

Bei unserer Abreise hatten wir in der Krankenliste nur zwei an der Lustseuche erkrankte Patienten, woraus zu ersehen ist, daß diese Krankheit hier nicht überhandgenommen hat. Die Eingeborenen behaupten, daß sie wenig zu bedeuten habe, und wir sahen auch verschiedene Personen, die sich angesteckt hatten, aber nach einer Abwesenheit von zwei bis drei Wochen ohne sichtbare Symptome des Übels wieder zu uns zurückkehrten. Ihre Kur ist mir nicht bekannt, doch muß ihre gewöhnliche Lebensweise wohl zur Heilung beitragen. Wir bemerkten allerdings viele Leute mit Drüsengeschwülsten und bösen Geschwüren, sie gaben aber nicht zu, daß diese von einer venerischen Ansteckung herrührten, und unser Wundarzt war der gleichen Meinung.

ZWÖLFTES KAPITEL

Aufenthalt bei der Insel Huahine. – Ein Freund von Omai besucht das Schiff. – Abreise von den Gesellschaftsinseln. – Wasserhose. – Entdeckung der Insel Aitutaki. – Ankerwurf auf der Reede von Nomuka. – Ausplünderung der Unsrigen am Lande durch die Eingeborenen. – Abreise von Nomuka. – Verhaftung der Oberhäupter an Bord. – Friedlicher Abschied von ihnen.

Wir steuerten nach der Insel Huahine, die am folgenden Morgen in Sicht kam. Gegen Mittag legten wir vor dem Hafen bei, der uns deutlich vor Augen lag. Ich suchte das Haus Omais, von dem aber nichts mehr zu sehen war. Erst gegen drei Uhr nachmittags kamen drei Kanus zum Schiff, weil die Leute geglaubt hatten, wir würden in den Hafen einlaufen. Im ersten Kanu saßen drei Eingeborene, die uns einige Kokosnüsse brachten. Ich erkundigte mich nach dem Eri rahai, worauf einer der Männer mir mit gemachter Würde antwortete, er sei der Eri rahai und sei gekommen, mich zu ersuchen, in den Hafen zu fahren. Ich mußte über seine Unverschämtheit lachen, gab ihm aber doch für seine Kokosnüsse ein paar Nägel und sah ihn darauf wieder davonrudern.

Gleich danach erschien an unserer Seite ein Doppelkanu mit zehn Mann. Einer von ihnen erinnerte sich meiner und rief meinen Namen. Er sagte mir, daß er bei unserem Freunde Omai gewohnt habe, und er bestätigte mir die Nachrichten über ihn, die ich bereits mitgeteilt habe. Von allen Tieren, die Omai von uns erhalten hatte, lebte nur noch die Stute. Er sei oft mit Omai ausgeritten, sagte er, und ich bemerkte auch bei vielen Insulanern, die zu uns kamen, das Bild eines Reiters zu Pferde auf ihre Schenkel tätowiert. Nach Omais Tode hatte man sein Haus abgebrochen, und das Baumaterial wurde gestohlen. Seine Flinten befanden sich jetzt auf der Insel Raiatea, aber sie waren unbrauchbar. Ich erkundigte mich auch nach unseren Anpflanzungen und Aussaaten, und ich erfuhr, daß alles bis auf einen Baum vernichtet sei.

Als die Kanus uns verlassen hatten, setzten wir unsere Fahrt fort, bis wir einen Insulaner im Wasser sahen, der zur Insel schwamm. Da er sie aber schwerlich erreicht haben würde, nahmen wir ihn an Bord. Glücklicherweise befand sich noch ein Kanu in der Nähe, das ihn mitnehmen konnte. Die Landsleute sagten, es sei ein Verrückter, aber wir konnten nicht begreifen, wie er so weit vom Lande schwimmend angetroffen werden konnte. Wir segelten zwischen den Inseln Huahine und Raiatea. Am folgenden Morgen änderte ich den Kurs und steuerte westlicher nach den Freundschaftlichen Inseln.

Am 9. April, neun Uhr morgens, wurde das Wetter ungestüm, und im Osten sammelte sich eine schwarze Wolkenmasse. Bald darauf sahen wir nicht weit von uns eine Wasserhose, die sich gegen den dunklen Hintergrund deutlich ausnahm. Nach meiner Schätzung mochte ihr Durchmesser oben zwei Fuß und unten acht Zoll betragen. Als sie schnell auf das Schiff zueilte, änderten wir unverzüglich unseren Lauf und zogen alle Segel außer der großen Fock ein. Bald darauf schoß die Wasserhose weniger als zehn Schritte hinter uns rauschend vorüber, ohne daß wir von ihrer Nähe irgendeine Wirkung spürten. Unmöglich läßt sich sagen, was die Wasserhose uns zugefügt hätte, wenn sie gerade über uns hinweggegangen wäre. Ich fürchte, sie hätte die Masten mitgenommen, doch würde sie schwerlich das Schiff zugrunde gerichtet haben.

Früh am 11. April erblickten wir im Südwesten in einer Entfernung von fünf Seemeilen eine Insel, die von neun

Klippeninseln umgeben war, alle mit Bäumen bewachsen. Die große Insel schien sehr fruchtbar zu sein, aber da der Wind schwach und ungünstig war, bemühten wir uns vergeblich, dem Lande näher zu kommen. Ein heftiger Windstoß in der Nacht zwang uns, alle Segel einzuziehen, und bald darauf wurde es windstill.

Am 12. April befanden wir uns nachmittags drei Meilen von dem südlichsten der kleinen Eilande entfernt und sahen innerhalb des Riffs eine Menge Menschen. Kurz darauf kam ein Kanu mit vier Mann herangerudert, die ohne ein Zeichen von Furcht oder Staunen am Schiff anlegten. Ich gab ihnen einige Glasperlen, und sie stiegen an Bord. Einer von ihnen, dem die anderen zu gehorchen schienen, sah sich neugierig auf dem Schiff um, keiner aber wollte sich unter Deck wagen. Sie wünschten gekochtes Schweinefleisch zu essen, das sie in einer Schüssel liegen sahen, und es wurde ihnen mit gekochten Pisangfrüchten vorgesetzt. Auf die Mitteilung, daß ich der Eri des Schiffes sei, kam der Vornehmste von ihnen zu mir und legte seine Nase an die meinige, wobei er mir eine große Perlmuttschale überreichte, die er an einer Schnur aus geflochtenem Haar um den Hals gehängt hatte.

Die Eingeborenen sprachen tahitisch mit geringen Abweichungen, soweit ich dies beurteilen konnte. Sie sagten, auf der Insel gebe es weder Hunde noch Schweine und Ziegen, auch keine Taro- und Yamswurzeln, dagegen Pisang, Kokosnüsse, Hühner und Brotfrucht in großem Überfluß. Da sie die Schweine mit dem tahitischen Namen nannten, schöpfte ich Verdacht, daß sie mich hintergehen wollten, doch überließ ich ihnen einen jungen Eber und eine Sau, dazu ein Quantum Yams und Tarowurzeln, die wir entbehren konnten. Außerdem beschenkte ich jeden mit einem Messer, einem Beil, einigen Nägeln und Glasperlen sowie einem Spiegel, der am meisten ihre Neugier weckte. Das Eisen aber schien ihnen bekannt zu sein, da sie es mit dem auf allen Südseeinseln gebräuchlichen Wort Auri benannten.

Als sie ins Kanu stiegen, bemächtigte sich der Vornehmste unter ihnen aller Dinge, die ich den anderen geschenkt hatte. Einer zeigte sich darüber recht ungehalten, aber nach einem kurzen Wortwechsel versöhnte man sich wieder. Dann wollten zwei von ihnen die Nacht über an Bord bleiben und sich am nächsten Morgen abholen lassen. Ich erklärte ihnen darauf, daß das Schiff in der Nacht sehr weit abgetrieben werde, worauf sie sich in das Kanu begaben. Ehe sie davonruderten, gaben sie mir noch einen Spieß, der aber weiter nichts als ein gewöhnlicher Stab mit einer Spitze aus Keulenholz war. Die Eingeborenen dieser Insel waren auf den Armen und Beinen tätowiert, aber nicht wie die Tahitier auf den Lenden und Hinterbacken.

Am 18. April sichteten wir bei Sonnenuntergang Savage Eiland und segelten in der Nacht daran vorüber. Der südliche Wind hinderte uns, vor dem 23. April abends die Insel Nomuka (Freundschaftsinseln) zu erreichen. Wir ankerten dort auf der Reede, eine halbe Seemeile vom Lande, in dreiundzwanzig Klaftern Tiefe. Kaum hatten wir den Anker geworfen, da kamen die Insulaner mit ihren Kanus voll Yams und Kokosnüssen, doch wagte sich niemand an Bord, ohne vorher um Erlaubnis zu bitten. Ich fand kein bekanntes Gesicht unter ihnen, deshalb fragte ich nach verschiedenen Häuptlingen, aber meine Sprachkenntnisse reichten nicht aus, die Antworten zu verstehen.

Unser Ankerplatz lag zur Ergänzung unseres Wasservorrats nicht günstig, deshalb lichteten wir am 24. April ganz früh den Anker und brachten das Schiff eine Strecke weiter nach Osten. Bald darauf trafen verschiedene große Segelkanus von den Nachbarinseln ein, und ein alter, lahmer Mann namens Tippa, den ich im Jahre 1777 kennengelernt hatte und den ich sogleich wiedererkannte, kam an Bord. Tippa kannte unsere Art, die hiesige Sprache zu sprechen, deshalb konnten wir uns recht gut verständigen. Er berichtete mir, daß Paulaho (König der Freundschaftlichen Inseln), Finau und Tubau (Häuptlinge auf Tongatabu) sämtlich noch am Leben seien und sich zu Tongatabu aufhielten. Sie würden sicher hierherkommen, sobald sie von unserer Ankunft erführen. Das Vieh, das wir auf Tongatabu zurückgelassen hatten, habe sich nicht nur vermehrt, sondern die alten Stammtiere lebten noch. Er erkundigte sich nach mehreren Personen, die damals mit Kapitän Cook hergekommen waren, und da er das Schiff zu sehen wünschte, führte ich ihn und seine Begleiter auf das Deck und zeigte ihm unsere Sammlung von Pflanzen, über die er sich sehr wunderte. Als er seine Neugier befriedigt hatte, bat ich ihn, mich in unserem Boot an Land zu begleiten.

Ich nahm Nelson mit, um einige Brotfruchtstämme zu suchen, weil in unserer Sammlung eine Pflanze eingegangen war und einige andere kränkelten. Bei unserer Landung fanden wir etwa zweihundert Menschen, meist Frauen und Kinder, am Strande. Tippa zeigte mir einen großen Bootsschuppen, den wir benutzen sollten. Ich ging in seiner Begleitung auf die Wassersuche, fand aber keinen Platz als den, wo Kapitän Cook seine Fässer hatte füllen lassen. Darauf begab ich mich nach dem östlichen Ende der Bai, wo Kapitän Cook einige Pflanzungen angelegt hatte. Ich freute mich sehr, etwa fünfundzwanzig Ananaspflanzen zu finden, die allerdings in dieser Jahreszeit keine Früchte trugen. Die Insulaner sagten mir, sie hätten viele dieser Früchte gegessen und auch auf Tongatabu zöge man sie in Menge. Als ich zum Strand zurückgekehrt war, brachte man mir ein Geschenk, das aus einigen Bündeln Kokosnüssen bestand. Wenn ich auch mehr erwartet hatte, zeigte ich mich doch zufrieden und teilte Glasperlen und andere Kleinigkeiten an die Frauen und Kinder aus.

Ich bemerkte viele Insulaner, die sich durch Trauerzeichen verunstaltet hatten, z. B. blutige Schläfen, von allem Haar entblößte Köpfe und, was das schlimmste war, fast bei allen einen oder mehrere verstümmelte oder ganz abgeschnittene Finger. Einige Knaben, die nicht älter als sechs Jahre waren, hatten schon beide kleinen Finger verloren und einige Männer dazu noch den Mittelfinger der rechten Hand.

Die Häuptlinge begleiteten mich zum Mittagessen auf das Schiff, wo ich unsere Leute mit den Eingeborenen um Yamswurzeln handeln sah. Man brachte uns auch Pisangs und Brotfrüchte, aber keine Schweine. Nachmittags trafen noch mehr Segelkanus bei uns ein, wovon einige nicht weniger als neunzig Passagiere trugen. Jetzt erhandelten wir acht Schweine, einige Hunde, Hühner und Pampelmusen. Ich ging mit Tippa an Land zu dem Platz, an dem wir Holz fällen sollten. Ich fand einige Bäume von ziemlicher Größe, und Tippa war damit einverstanden, daß ich einige Holzfäller hierherschicken würde.

Am 25. April bei Tagesanbruch gingen die zum Wasserfüllen und Holzfällen bestimmten Leute an Land. Ich hatte sie gewarnt, eine bestimmte Art von Bäumen (Excoecaria oder Blendbaum) nicht zu hauen, weil viele von Kapitän Cooks Holzhauern im Jahre 1777 dadurch eine Zeitlang blind geworden waren. Es dauerte keine Stunde, da hatten die Eingeborenen bereits einem unserer Leute eine Axt, einem anderen eine Hacke gestohlen. Ich wandte mich deswegen an Tippa, der uns die Axt wieder herbeischaffte, aber die Hacke blieb verloren. Am Abend hatten wir unseren Holzvorrat an Bord aufgefüllt.

Am 26. April ging Nelson frühmorgens an Land, um einige Brotfruchtpflanzen einzusammeln. Da aber keiner der Häuptlinge zugegen war, betrugen sich die Insulaner recht unziemlich und nahmen ihm seinen Spaten weg. Am Wasserplatz stahlen sie dazu einen Bootsanker. Tippa verschaffte uns zwar den Spaten wieder, aber mittlerweile waren so viele Kanus von den umliegenden Inseln angekommen und die Menschenmenge so groß geworden, daß wir nichts mehr zuwege bringen konnten, solange kein Häuptling zugegen war, dessen Autorität sie alle anerkannten. Ich befahl daher den Wasserholern, sich an Bord zu begeben, denn ich hatte die Absicht, unter Segel zu gehen, zumal ich nicht wußte, ob eine Nachricht an die Oberhäupter von Tongatabu über unsere Ankunft abgegangen war. Die Häuptlinge, die wir hier angetroffen hatten, ließen sich nach dem Diebstahl nicht sehen, aber kurz vor Mittag kamen sie an Bord.

Mittags lichteten wir die Anker, und um ein Uhr setzten wir die Segel. Ich eröffnete nun den Häuptlingen, die sich an Bord befanden, daß ich sie nicht eher gehen lassen könne, bis sie mir den Bootsanker zurückgebracht hätten. Sie waren darüber sehr betroffen und erstaunt, aber sofort wurden Kanus nach dem Anker ausgeschickt, den sie aber, wie sie mir sagten, unmöglich vor dem nächsten Tag wiederbeschaffen könnten, da die Diebe nach einer anderen Insel gefahren seien. Ich behielt die Geiseln bis Sonnenuntergang an Bord, bis ihre Angst und Sorge so groß wurde, daß sie anfingen, sich ins Gesicht und in die Augen zu schlagen, wobei einige auch zu weinen begannen. Solchen Jammer war aber der Bootsanker nicht wert, und ich gab ihren Kanus das Zeichen, ans Schiff heranzukommen. Ihnen selbst aber sagte ich, es stände ihnen frei, nach Hause zu gehen. Zugleich schenkte ich jedem eine Axt, eine Säge, einige Messer, Bohrer und Nägel. Diese unerwartete Gabe und die plötzliche Veränderung ihrer Lage rief in ihnen eine nicht weniger große Freude hervor, als die Betrübnis vorher gewesen war. Ich zweifle nicht, daß wir freundschaftlicher auseinandergingen, als wenn der Vorfall sich nicht ereignet hätte.

Die ganze Nacht segelten wir bei schwachem Wind nordwärts, und am folgenden Tag befanden wir uns zwischen den Inseln Tofua und Toku. Soweit war nun unsere Reise mit ununterbrochen gutem Glück vor sich gegangen, und manche angenehme und erfreuliche Begebenheit hatte sich unterdessen ereignet. Jetzt aber sollten wir etwas gänzlich anderes erfahren. Es hatte sich eine Verschwörung angesponnen, die uns in das äußerste Elend stürzen mußte. Man hatte alles so geheim und vorsichtig verabredet und vorbereitet, daß auch nicht das geringste Anzeichen einen Verdacht in uns erregen konnte.

DREIZEHNTES KAPITEL

Meuterei an Bord. – Neunzehn Mann in einem Boot ausgesetzt. – Rückkehr des Bootes nach Tofua. – Der Rädelsführer Fletcher Christian. – Mutmaßliche Beweggründe der Meuterer.

Am 28. April, abends, waren wir wegen des schwachen Windes noch nicht aus dem Inselgewirr heraus, und ich steuerte nun Tofua an. Die Dienstordnung sah für die Nacht vor, daß der Steuermann die erste, der Konstabler die zweite und Herr Christian, der Steuermannsmaat, die Morgenwache hatte. Kurz vor Sonnenaufgang, als ich noch schlief, kamen Herr Christian, der Waffenmeister Churchill, der Konstablersmaat John Mills und der Matrose Thomas Burket in meine Kajüte, ergriffen mich, banden mir die Hände mit einem Strick auf den Rücken und drohten, mich augenblicklich töten zu wollen, wenn ich nur den geringsten Lärm machen würde. Ungeachtet dieser Drohung rief ich so laut, daß jedermann im Schiff alarmiert werden mußte, aber die Empörer hatten sich der Offiziere, die nicht auf ihrer Seite standen, bereits dadurch versichert, daß Wachen vor ihren Kajüten aufgestellt waren.

Vor meiner Kajüte standen drei Mann, und innen waren noch vier weitere Meuterer, von denen Christian nur einen Hirschfänger, die anderen aber Flinten mit Bajonetten trugen. Ich wurde aus dem Bett gezerrt und im bloßen Hemde an Deck geführt, wobei ich große Schmerzen hatte, weil mir die Hände zu fest gebunden waren. Als ich nach dem Grund dieser Gewalttat fragte, drohte man, mich augenblicklich zu töten, wenn ich nicht schwiege. Herr Elphinstone, Steuermannsmaat, wurde in seiner

Schlafstelle festgehalten. Herr Nelson, der Botaniker, Herr Peckover, der Konstabler, Herr Ledward, der Wundarzt, und Herr Samuel, der Schiffsschreiber, waren in ihre Kajüten eingesperrt, doch bekam der Schiffsschreiber bald die Erlaubnis, an Deck zu kommen. Der Niedergang zum Matrosenraum war mit Wachen besetzt, aber der Bootsmann und der Zimmermann durften ebenfalls an Deck kommen, wo sie mich mit auf den Rücken gebundenen Händen hinter dem Besanmast stehen und Herrn Christian an der Spitze der Meuterer sahen, die mich bewachten. Der Bootsmann bekam nun Befehl, das große Boot auszusetzen, wobei man ihm drohte, er möge sich in acht nehmen, wenn er nicht augenblicklich gehorche. Als das Boot auf dem Wasser war, befahl man den Seekadetten Hayward und Hallet und Herrn Samuel, das Schiff zu verlassen und einzusteigen. Ich fragte wieder, weshalb man so handle, und ich versuchte auch, einige zu ihrer Pflicht zurückzuführen, aber alles war vergeblich, und man drohte mir: »Schweigt, Herr, oder Ihr seid des Todes!«

Währendessen hatte der Steuermann gebeten, ihn an Deck zu lassen, was ihm auch bewilligt wurde, aber schon bald wurde er wieder in seine Kajüte geführt. Ich bemühte mich nun weiter, der Sache eine andere Wendung zu geben, aber jetzt nahm Christian statt des Hirschfängers ein Bajonett, hielt mich an dem Strick fest, mit dem meine Hände gefesselt waren, und drohte mir unter vielen Flüchen, daß er mich töten wolle, wenn ich nicht still wäre. Dabei hatten auch die Übeltäter rings um mich her die Hähne ihrer Flinten gespannt und die Bajonette aufgesteckt.

Jetzt wurden verschiedene Leute aufgerufen und in das Boot gestoßen, woraus ich schloß, daß man mich mit ihnen aussetzen wolle. Ich machte jetzt noch einen letzten Versuch, die Meuterer umzustimmen, aber dies hatte keine weitere Wirkung, als daß man mir drohte, man werde mir den Schädel einschlagen. Der Bootsmann und die Matrosen, die in das Boot steigen sollten, erhielten die Erlaubnis, Segel und Segeltuch, Stricke und Tauwerk zusammenzusuchen, weiter erlaubte man ihnen, eine Tonne Wasser von 28 Gallonen (etwa 125 Liter) einzuladen, und der Zimmermann William Purcell durfte seinen Werkzeugkasten mitnehmen. Herr Samuel bekam 150 Pfund Schiffszwieback und ein kleines Quantum Rum und Wein. Er brachte auch einen Quadranten und einen Kompaß ins Boot, aber es wurde ihm bei Todesstrafe verboten, eine Karte oder meine Vermessungen und Zeichnungen anzurühren.

Nun stießen die Aufrührer alle, die sie los sein wollten, in das Boot. Als die meisten darin waren, ließ Christian jedem seiner Parteigänger einen Schluck Branntwein geben. Ich mußte jetzt einsehen, daß es unmöglich war, mich des Schiffes wieder zu bemächtigen, und daß weitere Versuche nur meinen Tod bedeutet hätten.

Dann rief man die Offiziere herauf und stieß sie mit Gewalt über Bord in das Boot, während ich noch immer mit gebundenen Händen, von allen anderen abgesondert, hinter dem Besanmast stand und von Christian mit dem Bajonett in der Hand an dem Strick festgehalten wurde. Die Wachen, die mich umstanden, hielten ihre Flinten im Anschlag, aber als ich die elenden Meuterer aufforderte, auf mich zu schießen, brachten sie den Hahn wieder in Ruhe. Isaak Martin, einer von meinen Kajütwächtern, gab mir ein Stück Pampelmuse zu essen, da meine Lippen bei all den Bemühungen, die Empörer umzustimmen, ganz trokken geworden waren. Ich merkte, daß er wohl geneigt war, mir beizustehen, aber als ich mich mit ihm durch Blicke verständigen wollte, wurde Martin von mir entfernt. Er wollte jetzt das Schiff verlassen und stieg schon in das Boot, aber man zwang ihn unter Drohungen, auf das Schiff zurückzukehren. Der Büchsenmeister Joseph Coleman und die beiden Zimmerleute McIntosh und Norman wurden ebenfalls gegen ihren Willen zurückgehalten, und sie baten mich noch, als ich schon hinter dem Schiff im Boot war, ich möchte nicht vergessen, daß sie an der Meuterei nicht teilgenommen hätten. Wie man mir gesagt hat, mußte auch der Matrose Michael Byrne gegen seinen Willen auf dem Schiff bleiben.

Dem Schiffsschreiber Samuel verdanke ich die Rettung meiner Tagebücher, meines Patents und verschiedener wichtiger Schiffspapiere. Dies gelang ihm mit viel List, obschon man ihn streng bewachte und genau auf ihn acht gab. Als er aber eine Kiste mit meinen seit fünfzehn Jahren gesammelten Vermessungen, Zeichnungen und Notizen in Sicherheit bringen wollte, entriß man sie ihm und rief ihm zu, er solle froh sein, daß er so viel weggeschleppt habe.

Wie es mir schien, war Christian eine Zeitlang im Zweifel, ob er den Zimmermann oder seine beiden Gehilfen zurückhalten sollte, bis er sich schließlich für die letzteren entschied. Der Zimmermann mußte ins Boot steigen, wohin er auch, allerdings unter Widerspruch, auch seinen Handwerkskasten mitnehmen durfte. Währenddessen waren die Aufrührer untereinander sehr uneins. Einige sagten: »Ich will verdammt sein, wenn der Kapitän nicht den Weg nach Hause findet, sobald er etwas mitbekommt!« Und andere riefen, als der Zimmermann seinen Kasten ins Boot trug: »Verflucht! Er wird sich in einem Monat ein neues Schiff gebaut haben!« Und einige lachten auch über das untaugliche Boot, das viel zu tief im Wasser lag und zu wenig Platz für so viele Menschen hatte. Christian aber schien alles um sich her und sich selbst vernichten zu wollen.

Ich verlangte Waffen, aber da lachte man mich aus und erklärte mir höhnisch, da ich mit dem Volk, zu dem ich hinführe, so gut bekannt sei, würde ich wohl keine Waffen brauchen. Schließlich warf man, als das Boot schon nach dem Hinterteil des Schiffes getrieben war, doch vier Hirschfänger ins Boot. Jetzt waren die Offiziere und Seeleute, mit denen man mir bis jetzt keine Verbindung gestattet hatte, im Boot untergebracht, und sie warteten nur noch auf mich. Christian sagte nun zu mir: »Kommt, Kapitän Bligh! Eure Offiziere und Matrosen sind jetzt im Boot, und Ihr müßt zu ihnen gehen. Wenn ihr den geringsten Widerstand versucht, kostet es Euch das Leben.« Und nun wurde ich, während er mich immer noch an dem um meine Hände gebundenen Strick festhielt, über die Schiffsseite in das Boot gedrängt, wo man meine Hände losband. Nun ließ man das Boot an einem Tau bis hinter das Schiff treiben und warf uns einige Stücke gesalzenes Schweinefleisch, einige Kleidungsstücke und auch die bereits erwähnten Hirschfänger herab. Der Büchsenmeister und die Zimmerleute riefen mir zu, ich solle nicht vergessen, daß sie sich nicht an der Meuterei beteiligt hätten. Wir mußten nun noch viel Hohn und Spott über uns ergehen lassen, dann wurden wir endlich vom Schiff weg in den weiten Ozean gestoßen.

Die Schiffsleute, die ich bei mir im Boot hatte, waren folgende: John Fryer, Schiffsmeister, Thomas Ledward, stellvertretender Wundarzt, David Nelson, Botaniker, William Peckover, Konstabler, William Cole, Bootsmann, William Purcell, Zimmermann, William Elphinstone, Steuermannsmaat, Thomas Hayward und John Hallet, Seekadetten, John Norton und Peter Linkletter, Quartiermeister, Lawrence Lebogue, Segelmacher, John Smith und Thomas Hall, Köche, George Simpson, Quartiermeistersmaat, Robert Tinkler, Schiffsjunge, Robert Lamb, Fleischer, und Herr Samuel, Schiffsschreiber; mit mir zusammen also neunzehn Personen.

An Bord der »Bounty« blieben als Meuterer: Fletcher Christian, Steuermannsmaat, Peter Haywood, Edward Young und George Stewart, Seekadetten, Charles Churchill, Waffenmeister, John Mills, Konstablersmaat, James Morrison, Bootsmannsmaat, vierzehn befahrene Matrosen, ein Gärtner (William Brown), der Büchsenmeister Joseph Coleman, der Zimmermannsmaat Charles Norman, der Zimmermannsgehilfe Thomas McIntosh, ingesamt fünfundzwanzig, die geschicktesten Leute der Mannschaft.

Da wir fast keinen Wind hatten, ruderten wir auf Tofua zu, das uns in NO etwa zehn Seemeilen entfernt lag. Solange die »Bounty« in Sicht war, steuerte sie West-Nord-West, aber das hielt ich für eine List, denn als wir vom Schiff abgestoßen wurden, hörten wir die Meuterer immer wieder rufen: »Auf nach Tahiti!«

Christian, der Rädelsführer dieser Rotte, stammt aus einer achtbaren Familie im nördlichen England und machte jetzt die dritte Reise mit mir. Da ich es für richtig befunden hatte, die Schiffsmannschaft in drei Wachen einzuteilen, vertraute ich ihm die dritte an, weil er dazu hinreichend befähigt war und weil auf diese Weise der Schiffsmeister und der Konstabler einander nicht unmittelbar ablösten. Haywood war ebenfalls wie Christian ein geschickter junger Mann aus einer guten Familie in Nordengland. Ich hatte für beide eine besondere Zuneigung und gab mir viel Mühe, sie auszubilden, weil es in der Tat schien, daß sie einmal ihrem Vaterland recht nützlich sein würden. Young war mir empfohlen worden und schien mir ein tüchtiger Seemann zu sein, aber er erfüllte meine Erwartungen nicht. Stewart war ein junger Mann von angesehenen Eltern auf den Orkney-Inseln. Wir fanden dort bei der Rückkehr der »Resolution« (von der dritten Reise des Kapitäns Cook) im Jahre 1780 so große Gastfreundschaft, daß ich ihn schon aus diesem Grunde sehr gern mit mir genommen hatte, aber er war auch ein guter Seemann und hatte immer den besten Ruf.

So hart Christian nun auch mit mir verfuhr, so erregte doch die Erinnerung an meine Güte einige Anwandlungen von Reue in ihm. Als man mich vom Schiff drängte, fragte ich ihn, ob das der Dank für die Freundschaft sei, die ich ihm erwiesen hätte. Er schien darauf sehr betroffen zu sein und antwortete mir erregt: »Das ist es eben, Kapitän Bligh! Ich leide wie in der Hölle! Ich bin in der Hölle!«

Sobald ich zum Nachdenken kommen konnte, fühlte ich mich innerlich gestärkt durch das Bewußtsein, meinen Dienst rechtschaffen und sorgfältig erfüllt zu haben, und ich fing trotz unserer elenden Lage an zu hoffen, daß ich eines Tages imstande sein werde, dem König und dem Vaterland von meinem Unglück Rechenschaft zu geben. Noch wenige Stunden vorher hatte ich mich in der glücklichsten Lage befunden. Mein Schiff war in bestem Zustand und mit allem, was der Dienst und die Gesundheit der Mannschaft erforderten, wohl versorgt. Durch frühzeitige Vorsorge hatte ich mich, soweit es in meinen Kräften stand, gegen jeden Unfall vorgesehen, der dem Schiff in der Endeavour-Straße oder anderswo, falls ich sie nicht befahren würde, zustoßen könnte. Die jungen Bäume hielten sich sehr gut, so daß ich den Erfolg meiner Reise bereits voraussehen konnte. Jedermann an Bord war vollkommen gesund, worauf ich immer meine Hauptsorge gerichtet hatte.

Nun wird man fragen, was denn eine solche Meuterei veranlaßt haben könnte. Darauf kann ich nur mit der Vermutung antworten, daß die Meuterer sich auf Tahiti ein glücklicheres Leben versprachen, als sie wahrscheinlich in England zu erwarten hatten. Dies und einige Bindungen an tahitische Frauen waren meiner Meinung nach die Hauptursachen des unglücklichen Ereignisses. Die tahitischen Frauen sind wohlgestaltet, sanft, fröhlich, gefühlvoll und dabei geschickt genug, sich beliebt zu machen und bewundern zu lassen. Die Vornehmen auf Tahiti hatten große Zuneigung zu unseren Leuten und ermunterten sie, bei ihnen zu bleiben, ja sie versprachen ihnen sogar ansehnliche Besitzungen auf der Insel. Unter solchen Umständen ist es nicht verwunderlich, daß einige Seeleute verführt wurden, sich auf der schönsten Insel der Welt niederzulassen, wo sie nicht zu arbeiten brauchten und wo der Anreiz zu Ausschweifungen größer ist, als man sich vorstellen kann. Das Äußerste jedoch, was ein Befehlshaber erwartet haben könnte, war vielleicht, daß einige seiner Leute in Versuchung kamen, zu desertieren. Wollte man aber von einem Befehlshaber verlangen, er müsse gegen Meuterei und Aufruhr auf seinem Schiffe besser auf der Hut sein, dann müßte man ihn verpflichten, nachts bei verschlossener Tür zu schlafen und am Tage ständig Pistolen bei sich zu tragen. Desertionen sind auf verschiedenen Schiffen vorgefallen, die die Societäts-Inseln besucht haben, aber immer gelang es den Befehlshabern, bei den Häuptlingen die Herausgabe der Flüchtigen zu erwirken. Vielleicht aber kamen meine Leute gerade deshalb, weil sie wußten, wie unsicher die Desertion war, auf den Gedanken, sich gleich des ganzen, wenn auch kleinen Schiffes zu bemächtigen.

Es ist mir unbegreiflich, wie die Meuterer ihren Plan so geheimhalten konnten, wo doch allein dreizehn von denen, die mit mir im Boot waren, ständig unter dem Schiffsvolk gelebt hatten. Weder sie noch die Tischgenossen von Christian, Stewart, Haywood und Young haben den geringsten Verdacht schöpfen können. Bei einem so geheim angelegten Plan und bei meiner Arglosigkeit ist es wohl kein Wunder, daß ich überlistet worden bin.

Wenn ich Seesoldaten an Bord gehabt hätte, dann würde

vielleicht eine Schildwache vor meiner Tür den Überfall verhindert haben. Ich schlief nämlich immer bei offener Tür, damit der wachhabende Offizier bei allen Gelegenheiten freien Zutritt zu mir hatte, die Möglichkeit einer Verschwörung mir aber gar nicht in den Sinn kam. Wäre sie durch einen wirklichen oder eingebildeten Anlaß entstanden, dann hätte ich die Mißstimmung unter meinen Leuten bemerkt und wäre auf der Hut gewesen. Der Fall lag aber ganz und gar anders. Mit Christian stand ich im besten Einvernehmen, ich hatte ihn an dem Tag, an dem die Meuterei ausbrach, zum Mittagessen eingeladen. Am Abend vorher lehnte er es ab, mit mir zu essen, da er sich nicht wohl fühle, was mir sehr leid tat, da ich keinen Verdacht gegen seine Ehrlichkeit hatte.

VIERZEHNTES KAPITEL

Ankunft des Bootes in Tofua. – Suche nach Wasser und Lebensmitteln. – Handel mit den Eingeborenen. – Häuptling Mackackawau. – Überfall und Flucht in das Boot. – John Norton von den Wilden erschlagen.

Nun blieb mir nichts anderes übrig, als zu überlegen, was in unserer Lage am besten zu tun wäre. Zuerst entschloß ich mich, auf Tofua einen Vorrat an Wasser und Brotfrüchten einzunehmen und dann nach Tongatabu zu segeln. Dort wollte ich den König Paulaho um die Erlaubnis bitten, mein Boot auszurüsten und mit Proviant zu versehen, damit wir imstande wären, Ostindien zu erreichen. Die Lebensmittel, die sich im Boot befanden, waren 150 Pfund Brot (Schiffszwieback), 16 Stücke Schweinefleisch von je zwei Pfund, 6 Quart Rum, 6 Flaschen Wein, 28 Gallonen (128 l) Wasser, dazu vier leere Tonnen.

Glücklicherweise blieb das Wetter ruhig, so daß wir am Dienstag, dem 29. April, den ganzen Tag fortsegeln konnten. Es wurde schon finster, ehe wir Tofua erreichten. Ich wollte auf dieser Insel landen, aber das Ufer war so steil und felsig, daß ich meine Absicht aufgeben und das Boot mit zwei Rudern die Nacht hindurch unter dem Winde halten mußte. Ich gab jedem Mann eine halbe Pinte (etwa ¼ Liter) Grog, und nun gingen alle zur Ruhe, so gut es unsere elende Lage erlaubte. Bei Tagesanbruch fuhren wir am Ufer entlang, um einen Landeplatz zu suchen, und gegen 10 Uhr entdeckten wir im nordwestlichen Teil der Insel eine felsige Bucht, wo ich zwanzig Schritte von den Felsen den kleinen Anker fallen ließ. Herr Samuel ging mit einigen anderen an Land, und sie kletterten die Felsen hinauf, um in das Innere der Insel zu gelangen. Gegen

Mittag kehrten sie mit einigen Quart Wasser zurück, die sie aus Löchern geschöpft hatten. Sie hatten weder eine Quelle noch eine Spur von Bewohnern gefunden. Da ich nun unmöglich wissen konnte, wie groß unser Mangel noch werden könne, gab ich zum Mittagessen jedem nur einen Bissen Brot und ein Glas Wein.

Am nächsten Tage blies der Wind so stark aus Ostsüdost, daß ich mich nicht auf die See hinauswagen konnte. Wir ruderten an der Küste entlang und entdeckten ein paar Kokosbäume. Einige von uns stiegen mit großer Mühe die Felsen hinauf und fanden etwa zwanzig Kokosnüsse. Wir holten sie an Seilen durch die Brandung ins Boot zurück, und da wir keine Stelle zum Übernachten fanden, kehrten wir zu der Bucht zurück. Hier bekam jeder eine Kokosnuß, und dann legten wir uns wieder schlafen.

Als ich am nächsten Morgen versuchte, in See zu gehen, waren Wind und Wetter so schlimm, daß ich große Mühe hatte, wieder an meinen alten Platz zu gelangen. Ich gab jedem einen Bissen Brot und einen Löffel Rum, und dann landeten wir. Ich ging mit Herrn Nelson, Herrn Samuel und einigen anderen landeinwärts, nachdem wir uns an langen, schwanken Ruten den steilen Felsen hinaufgeholfen hatten. Diese Ruten waren dort von den Insulanern angebracht worden, weil man auf keine andere Weise in das Innere der Insel gelangen kann. Wir fanden einige unbewohnte Hütten und eine Pisangpflanzung, wo wir nur drei kleine Pisangtrauben sammeln konnten. Wir kamen nun an eine Schlucht, die zu einem Berge in der Nähe eines Vulkans führte. Wir hofften, in einigen Felslöchern Wasser zu finden, aber wir fanden den ganzen Tag über nicht mehr als neun Gallonen (etwa 40 Liter). Wir näherten uns dem Vulkan, der fast immer tätig ist, bis auf zwei Meilen und fanden die ganze Umgebung mit Lava bedeckt, so daß sie einen traurigen Anblick bot. Da wir so wenig Erfolg gehabt hatten, kehrten wir völlig abgemattet zurück. Als wir den Abstieg zur Bucht erreichten, befiel mich ein so heftiger Schwindel, daß ich mit Hilfe Nelsons und anderer völlig erschöpft hinuntergelangte. Zu Mittag waren alle wieder im Boot, und jeder erhielt etwa eine Unze (28 Gramm) Schweinefleisch, zwei Pisangfrüchte und ein halbes Glas Wein. Die Leute, die im Boot geblieben waren, hatten gefischt und an den Felsen nach Eßbarem gesucht, aber nichts gefangen oder gefunden, so daß wir glauben konnten, an dem elendesten Stück Land zu sein, das sich nur denken ließ.

Es lag mir viel daran zu erfahren, ob die Insel bewohnt sei, denn wenn sich hier nur wenige Insulaner befänden und uns auch nur mit geringen Vorräten aushelfen könnten, wäre das immer noch besser gewesen, als uns an eine volkreiche Insel zu wagen und dort Gefahr zu laufen, alles zu verlieren.

Freitags, am 1. Mai, machten sich einige von mir ausgewählte Leute auf und fanden etwa hundertfünfzig Schritte von der Küste entfernt eine Höhle, im übrigen kehrten sie abends ohne Erfolg zurück. Ich entschloß mich, die Nacht über mit einem Teil der Mannschaft am Ufer zu bleiben, damit die übrigen im Boot mehr Platz zum Schlafen hätten. Der Schiffsmeister, der bei ihnen blieb, hatte den Befehl, das Boot vor Anker zu legen und wachsam zu sein, falls wir angegriffen würden. Jeder erhielt eine Pisang und ein Quart Grog als Abendmahlzeit, dann bestimmte ich die Wachen. Die nicht an der Reihe waren, legten sich in der Höhle schlafen. Vor dem Eingang unterhielten wir ein starkes Feuer, aber trotzdem wurden wir von Fliegen und Moskitos arg gequält.

Bei Tagesanbruch brachen einige von uns auf, um sich auf der Insel umzusehen. Sie trafen endlich zwei Männer, eine Frau und ein Kind. Die Männer gingen mit zur Bucht und brachten zwei Kokosschalen voll Wasser. Ich schloß Freundschaft mit ihnen und schickte sie wieder weg, um Brotfrucht, Pisangs und Wasser zu holen. Bald darauf kamen andere Eingeborene zu uns, und gegen Mittag waren es bereits dreißig, die uns Lebensmittel verkauften. Trotzdem konnte ich meiner Mannschaft nur je eine Unze Schweinefleisch, ein Viertel von einer Brotfrucht und etwas Wasser geben. Ich hatte mir fest vorgenommen, das Brot und Wasser im Boot nicht anzugreifen.

Unter den Eingeborenen befand sich noch kein Vornehmer, doch waren sie umgänglich und ehrlich und tauschten die Lebensmittel, die sie bei sich hatten, gegen einige Knöpfe und Glaskorallen. Meine Kundschafter berichteten mir, daß sie mehrere Pflanzungen gefunden hätten, und so war nicht mehr zu bezweifeln, daß es ständige Bewohner auf der Insel gäbe. Ich beschloß deshalb, meinen Bedarf an Proviant hier zu decken und dann in See zu gehen, sobald Wind und Wetter es zuließen.

Ich hatte bereits ernstlich darüber nachgedacht, was ich den Eingeborenen über den Verlust meines Schiffes sagen sollte. Da sie es nicht mehr von den Bergen sehen konnten, waren sie zu klug, sich erzählen zu lassen, daß es wieder zu uns stoßen werde. Anfangs war ich unschlüssig, ob ich ihnen die Wahrheit sagen oder ob ich vorgeben sollte, das Schiff sei gescheitert und gesunken und nur wir hätten uns retten können. Letzteres schien mir am ratsamsten zu sein, und ich unterrichtete meine Leute darüber, damit wir alle bei einer Darstellung blieben. Die Eingeborenen fragten auch wirklich nach dem Schiff und schienen durch unsere Erklärung zufrieden zu sein, wobei sie nicht die geringste Bewegung in ihrem Gesicht zeigten.

Den ganzen Nachmittag hindurch kamen und gingen die Insulaner, und wir erhielten Brotfrucht, Pisangs und Kokosnüsse genug für den nächsten Tag, aber wieder nur wenig Wasser. Es kamen auch vier Männer in einem Kanu mit einigen Brotfrüchten und Kokosnüssen, die ich ebenfalls kaufte. Sie fragten nach Nägeln, aber ich ließ nicht zu, daß man ihnen Dinge zeigte, die wir für unser Boot brauchten. Gegen Abend hatte sich zu meiner Freude unser Vorrat etwas vermehrt, aber ich machte mir keine Hoffnung, hier ausreichenden Proviant für unsere Reise zu bekommen. Abends ließen sie uns allein in der Bucht, ein gutes Zeichen für ihre Friedfertigkeit, und ich zweifelte nicht, daß sie am nächsten Tage mit mehr Tauschwaren wiederkommen würden, so daß ich hoffen konnte, bald unter Segel gehen zu können. Sollten wir dann auf der Fahrt nach Tongatabu auch von den Inseln weggetrieben werden, so könnten wir mit dem größeren Vorrat dies Mißgeschick eher ertragen.

Abends gab ich jedem ein Viertel einer Brotfrucht und eine Kokusnuß, und als ein Feuer angezündet war, gingen wir schlafen, die Wache ausgenommen. Am anderen Morgen fand ich die Leute zu meiner Freude gestärkt und beruhigt. Sie sahen mich nicht mehr ständig mit ängstlichen Blicken an, wie sie getan hatten, seit das Schiff für uns verloren war. Alle schienen entschlossen zu sein, alles Menschenmögliche zu tun. Da ich bezweifelte, daß die Eingeborenen mir Wasser bringen würden, schickte ich einige Leute mit Kokosschalen in die Bergschlucht. Während ihrer Abwesenheit fanden sich die Insulaner zahlreicher als vorher bei uns ein. Dann kamen auch zwei Kanus heran, in deren einem ein ältlicher Häuptling saß, der Mackakkawau hieß. Bald kehrten auch meine Leute mit einem gutmütig aussehenden Anführer zurück, der sich Ifau nannte. Ich schenkte ihnen ein altes Hemd und ein Messer und bekam bald heraus, daß sie mich auf Nomuka gesehen oder von meinem Aufenthalt auf dieser Insel gehört haben mußten. Sie wußten, daß ich mit Kapitän Cook dort gewesen war, und erkundigten sich nach ihm und auch nach Kapitän Clerke (der die »Discovery« befehligte). Sie wollten auch genau wissen, auf welche Art ich mein Schiff verloren habe.

Während dieser Unterredung tauchte ein junger Mann mit Namen Nagiti auf, den ich auf Nomuka gesehen hatte und der mich nun mit großer Freude wiedererkannte. Ich erkundigte mich bei ihm nach Paulaho (dem König) und Finau (einem der vornehmsten Häuptlinge) und erfuhr von ihm, daß beide sich in Tongatabu aufhielten. Nagiti bot sich an, mich dorthin zu begleiten, und ich freute mich über das freundliche Angebot. Meine Freude dauerte aber nicht lange, da sich immer mehr Insulaner ansammelten, und ich merkte bald, daß sie etwas im Schilde führten. Bald darauf versuchten sie, das Boot an Land zu ziehen, aber als ich Ifau mit einem Hirschfänger bedrohte, befahl er seinen Landsleuten, davon abzulassen.

Unterdessen kehrten meine Leute mit etwa drei Gallonen Wasser aus den Bergen zurück. Ich kaufte nun die paar Brotfrüchte, die man uns anbot, und auch einige Speere zur Bewaffnung meiner Leute. Wenn wir jetzt abgereist wären, hätten wir uns durchschlagen müssen, deshalb ließ ich alles, was wir gekauft hatten, ins Boot bringen, beschloß aber, erst nach Anbruch der Nacht aufzubrechen. Der Strand war jetzt voll von Eingeborenen, und wir hörten, wie sie die Steine, die sie in den Händen trugen, immerfort aneinanderschlugen, ein Zeichen dafür, daß sie kurz vor dem Angriff standen.

Es wurde Mittag, und ich gab jedem von uns eine Kokosnuß und eine Brotfrucht. Die Anführer der Insulaner bekamen auch etwas mit, womit ich mir den Anschein gab, nichts zu argwöhnen. Sie drängten mich wiederholt, mich niederzulassen, doch ich weigerte mich, weil ich befürchten

Paulaho, König der Freundschaftlichen Inseln

mußte, sie würden mich überwältigen, wenn ich ihnen solche Gelegenheit dazu gäbe. So blieben wir ständig auf der Hut, und man ließ uns unser kärgliches Mahl in ziemlicher Ruhe verzehren.

Ich beobachtete sorgfältig die Bewegungen der Eingeborenen, deren Anzahl sich noch immer vermehrte. Statt uns zu verlassen, zündeten sie sogar Feuer an und suchten sich Ruheplätze für die Nacht. Sie beratschlagten auch eifrig miteinander, und ich konnte allen Anzeichen mit Sicherheit entnehmen, daß sie uns angreifen wollten. Nun ließ ich dem Schiffsmeister sagen, daß er das Boot, sobald wir ans Wasser kämen, dicht ans Ufer steuern solle, damit wir möglichst schnell einsteigen könnten. Kurz vor Sonnenuntergang gab ich das Zeichen, und jeder nahm dreist seine Sachen auf und trug sie zu dem Boot. Die Häuptlinge fragten mich, ob ich nicht diese Nacht noch bei ihnen bleiben werde. Ich antwortete: »Nein, ich schlafe in meinem Boot, aber morgen früh werde ich wieder mit euch handeln. Ich werde bleiben, bis das Wetter sich beruhigt hat, und dann, wie es verabredet ist, Paulaho in Tongatabu besuchen.« Nun stand Mackackawau auf und sagte: »Du willst nicht am Lande schlafen? Dann matti!« Das hieß geradeheraus: Wir töten dich! Mit diesen Worten verließ er mich, und das ganze Volk rüstete sich zum Angriff. Alle schlugen die Steine zusammen, und auch Ifau verließ mich. Wir hatten alles bis auf zwei oder drei Stücke im Boot, und ich nahm Nagiti bei der Hand, um mit ihm zum Strand hinunterzugehen. Ein stummer Schrecken hatte uns alle erfaßt. Als ich an das Boot kam, verlangte Nagiti von mir, noch zu bleiben und mit Ifau zu sprechen. Ich bemerkte aber, daß er die Insulaner zum Angriff ermunterte, und war entschlossen, ihn für sein verräterisches Spiel zu töten, wenn der Angriff jetzt erfolgen sollte. Nagiti aber riß sich los und lief davon.

Wir stiegen nun alle in das Boot, bis auf einen Mann, der den Strand hinauflief, um das Bootstau loszubinden, obschon der Schiffsmeister und andere, die mich ins Boot zogen, ihm zuriefen, er solle zurückkommen. Kaum war ich im Boot, da eröffneten etwa zweihundert Insulaner den Angriff. Der Mann, der noch am Strand war, wurde niedergeschlagen, und die Steine flogen wie ein Kugelregen nieder. Die Eingeborenen hielten das Tau fest und wollten das Boot ans Ufer ziehen, was ihnen auch gelungen wäre, wenn ich nicht ein Messer in der Tasche gehabt und das Seil durchgeschnitten hätte. Wir zogen das Boot jetzt am Ankertau zu dem kleinen Anker, obwohl wir alle mehr oder weniger verwundet waren. Jetzt sah ich fünf Insulaner um den Mann am Ufer stehen, den sie getötet hatten, und zwei von ihnen schlugen ihm mit Steinen den Schädel ein.

Nun sahen wir, daß sie ihre Kanus mit Steinen füllten, und zwölf Mann stießen vom Ufer ab, um den Angriff fortzusetzen. Wir ruderten in die offene See, aber die Insulaner fuhren um uns herum, und wir konnten uns nur mit den Steinen wehren, die in unser Boot fielen. Da kam ich auf den Gedanken, einige Kleider über Bord zu werfen. Die Insulaner fischten sie eifrig auf und verloren dabei viel Zeit, und da es inzwischen finster geworden war, brachen sie ihren Angriff ab und kehrten zum Ufer zurück. Der unglückliche Mann, den ich hier verlor, war John Norton, der jetzt als Quartiermeister die zweite Reise mit mir machte. Er hinterläßt eine alte Mutter, die er, wie ich hörte, bis jetzt ernährt hatte.

Ich war schon einmal auf ähnliche Art mit einer kleinen Gruppe von einer überlegenen Schar von Insulanern angegriffen worden. Das war nach Kapitän Cooks Tode auf dem Marae zu Hawaii, wo der Leutnant King mich zurückgelassen hatte. Es war mir auch jetzt unbegreiflich, daß ein Mann Steine von zwei bis acht Pfund so gewaltig und gezielt werfen könnte, wie diese Eingeborenen es taten. Allerdings wußten sie, daß wir keine Waffen hatten, und es war günstig für uns, daß sie uns nicht in der Höhle angegriffen hatten, denn das wäre unser aller Verderben gewesen.

FÜNFZEHNTES KAPITEL

Traurige Lage. — Inseln in Sicht. — Segelkanus verfolgen das Boot. — Regen und Sturm. — Entdeckung einiger Inseln der nördlichen Neuen Hebriden. — An der Küste von Neu-Holland. — Kürzung der Brotration. — Einige Tölpel gefangen und verzehrt.

Von einem Besuch bei Paulaho versprach ich mir nun nicht mehr viel, da ich das bisherige freundschaftliche Betragen der Furcht vor unseren Waffen zuschrieb. Jetzt aber hatten wir keine Feuerwaffen mehr, und wenn man uns auch unser Leben ließe, würde man sich höchstwahrscheinlich des Bootes mit allen unseren Sachen bemächtigt und uns damit jeder Hoffnung beraubt haben, jemals in unser Vaterland zurückkehren zu können.

Wir segelten nun an der Westseite von Tofua entlang, und ich erklärte der Mannschaft, daß wir auf gar keine Hilfe hoffen könnten, bis wir Timor erreichten, das volle 1200 Seemeilen entfernt sei. Dort liege eine holländische Niederlassung, aber in welcher Gegend der Insel, das wisse ich selber nicht. Alle waren nun bereit, von einer Unze Brot und einem Quart (etwa ½ Liter) Wasser täglich zu leben. Nun untersuchte ich unseren Vorrat an Lebensmitteln, bat meine Leute, ihr Versprechen immer zu halten, und steuerte dann fort über ein noch wenig befahrenes Meer, und zwar in einem kleinen, nur dreiundzwanzig Fuß langen Boot, das mit achtzehn Mann viel zu schwer beladen war. Dabei hatte ich keine Seekarte und wußte von der Lage der Länder nicht mehr, als was mir mein Gedächtnis dazu hergab, wobei mir allerdings ein Handbuch mit Längen- und Breitenangaben sehr zustatten kam.

Gegen acht Uhr abends fuhr ich mit gerefftem Bootssegel weiter. Ich teilte die Mannschaft in Wachen ein und brachte das Boot ein wenig in Ordnung. Dann dankten wir dem Himmel für unsere wunderbare Rettung, und ich fühlte, daß meine Seele ruhiger war als vorher. Bei Tagesanbruch ging die Sonne blutrot auf, ein sicheres Zeichen dafür, daß ein starker Wind kommen würde. Um acht Uhr erhob sich der Sturm, und die See ging so hoch, daß unser Boot in den Wellentälern keinen Wind mehr hatte, befand es sich aber auf dem Wellenkamm, dann war der Wind so stark, daß man kein Segel gebrauchen konnte. Trotzdem ließ ich es aufziehen, denn wir waren in größter Gefahr, da die See über das Heck des Bootes hinwegging und wir die ganze Nacht hindurch Wasser ausschöpfen mußten. Vielleicht ist kaum jemals ein Seefahrer in einer so traurigen Lage gewesen.

Unser Brot befand sich in Säcken, und es bestand die Gefahr, daß es von der Nässe verdorben würde. Wenn wir dies nicht verhinderten, mußten wir unweigerlich verhungern. Ich untersuchte deshalb, was wir an Kleidungsstücken und anderen Dingen entbehren könnten. Ich entschloß mich, jedem nur zwei Anzüge zu belassen, alles andere und dazu einige Taue und Segel warfen wir über Bord. Dadurch wurde das Boot merklich erleichtert, und wir hatten mehr Raum zum Wasserschöpfen. Dann leerten wir den Kasten des Zimmermanns und legten sein Handwerkszeug auf den Boden. Der Kasten nahm nun unser Brot auf. Da wir durchnäßt waren und froren, gab ich jedem einen Teelöffel Rum und das Viertel einer Brotfrucht, die sich aber kaum essen ließ. Ich war entschlossen, unsere Vorräte so einzuteilen, daß sie für acht Wochen reichen würden.

Mittags schätzte ich meine Entfernung von Tofua auf 86 Seemeilen, und ich richtete meinen Kurs nun nach

Westnordwest, um die Fidschi-Inseln in Sicht zu bekommen. Am Montag, dem 4. Mai, war sehr schlimmes, stürmisches Wetter. Wir mußten mit letzter Kraft Wasser schöpfen, aber wir konnten das Boot mit den Wellen laufen lassen, so daß ich keine Gefahr mehr befürchtete. Nachts war es empfindlich kalt, und morgens waren unsere Glieder so erstarrt, daß wir sie kaum gebrauchen konnten. Der Teelöffel Rum, den jeder bekam, hatte deshalb eine wohltuende Wirkung. Zum Mittagessen teilte ich fünf Kokosnüsse ein, und jeder war damit zufrieden.

Am 5. Mai sichteten wir nachmittags acht Inseln und abends noch einmal drei, an denen ich südwärts vorbeilief. Zum Abendessen teilte ich einige zerbrochene Stücke Brotfrucht aus und verrichtete das Gebet, wie es immer geschah. Die Nacht wurde sehr schön, und nach einer ziemlich guten Ruhe schien sich am Morgen jeder besser zu fühlen. Wir verzehrten zufrieden einige Stücke Yamswurzeln. Dann setzten wir den Kasten für unseren Zwieback instand. Leider war schon ein großer Teil davon verdorben, aber wir hoben alles für den äußersten Notfall auf. Wir fertigten auch eine Logleine an, um unsere Fahrt genauer berechnen zu können.

Die größte der Inseln, durch die wir gekommen waren, kann etwa sechs Meilen Umfang haben. Wahrscheinlich sind die größeren alle bewohnt, da sie sehr fruchtbar zu sein scheinen. Am 6. Mai entdeckte ich wieder zwei Inseln und war schließlich an zehn Inseln vorbeigekommen. Eine Landung durften wir nicht wagen, da wir keine Waffen hatten und uns jetzt noch weniger verteidigen konnten als auf Tofua.

Es war sehr schwer, ein Tagebuch über den Lauf des Bootes zu führen, da die Wellen sich ständig über uns brachen und uns durchnäßten. Doch als wir Kurs auf das Land nahmen, wurde die See ruhiger, und ich konnte eine

Zeichnung der Inseln entwerfen. Zu unserer großen Freude angelten wir einen Fisch, aber er entkam uns, als wir ihn ins Boot ziehen wollten. Als wir am 7. Mai zwischen zwei Inseln segelten, von jeder etwa sechs Seemeilen entfernt, gerieten wir plötzlich auf ein Korallenriff, wo ich nur vier Fuß Wasser hatte. Die See brandete merkwürdigerweise nicht darauf, so daß sie uns hätte warnen können. Die Bank erstreckte sich zu beiden Seiten etwa eine Seemeile, da sie aber wahrscheinlich viel breiter ist, habe ich sie in meiner Karte auch so gezeichnet.

Man kann sich leicht vorstellen, daß wir uns in unserem Boot sehr beengt fühlten, und ich konnte nur dadurch Erleichterung schaffen, daß ich zwei Wachen aufstellte, wovon eine den Dienst versah, während die andere sich im Boot niederlegte und nur den Himmel als Decke hatte. Unsere Glieder waren jämmerlich verkrampft, und wir waren so durchnäßt, daß wir nach wenigen Stunden Schlaf kein Glied mehr rühren konnten. Die Inseln zeigten sich in mannigfaltiger Gestalt, einige mit hohen Felsen, mit Bergen und Tälern, stellenweise auch mit Wald bedeckt. Eine Strömung brachte uns so nahe an das Land, daß wir nur durch Rudern davon wegkommen konnten. Wir sahen jetzt zwei große Kanus mit aufgespannten Segeln längs der Küste hinter uns her kommen. Da wir ihre Absicht nicht kannten, unsere Wehrlosigkeit aber um so besser, trieb die Furcht unsere Ruderer an.

Am Freitag, dem 8. Mai, war das Wetter regnerisch, wobei es blitzte und donnerte. Nachmittags kam uns ein Kanu immer näher, gab aber die Verfolgung schließlich auf. Nach den Segeln zu urteilen, sind diese Kanus denen ähnlich, die wir auf den Freundschaftlichen Inseln gesehen haben, und da beide Völkerschaften so nahe beieinander wohnen, läßt sich wohl nicht daran zweifeln, daß sie dem gleichen Stamme angehören. Vielleicht wäre eine Landung für uns von Nutzen gewesen, aber in unserer Lage durften wir nicht zuviel wagen. Ich glaube, daß diese Inseln zu den Fidschi-Inseln gehören, da sie mit der Beschreibung übereinstimmen, die wir von den Eingeborenen der Freundschaftlichen Inseln bekommen haben.

Da ich ständig durchnäßt war, konnte ich nur mit Mühe ein Buch zum Schreiben aufschlagen, und leider muß ich mich auch hier damit begnügen, daß ich einen ungefähren Begriff von der Lage und Größe dieser Inseln gebe. Nachmittags fiel ein sehr starker Regen, und wir gaben uns die größte Mühe, Wasser aufzufangen, womit wir unseren Vorrat auf 34 Gallonen vermehrten. Außerdem tranken wir uns jetzt zum erstenmal, seit wir auf See waren, richtig satt. Dafür hatten wir eine elende Nacht, da wir völlig durchnäßt waren und nichts hatten, uns trocken anzuziehen oder zuzudecken. Glücklicherweise folgte ein schöner Tag, so daß wir unsere Kleidung ausziehen und trocknen konnten. Die Portionen waren heute eineinhalb Unzen Schweinefleisch, ein Teelöffel Rum, ein halbes Quart Kokosmilch und eine Unze Brot. Der Rum leistete uns, so klein auch die Portion war, die nützlichsten Dienste. Wir zogen meist auch eine Angelschnur nach und sahen auch viele Fische, konnten aber nicht einen einzigen fangen.

Sonnabend, den 9. Mai, reinigten wir bei schönem Wetter unser Boot, und erst bei Sonnenuntergang hatten wir alles trocken und in Ordnung. Bisher hatte ich die Portionen nach Augenmaß verteilt, jetzt aber machte ich aus zwei Kokosschalen eine Waage, da ich noch einige Pistolenkugeln hatte, von denen 25 ein Pfund oder sechzehn Unzen wogen. Davon nahm ich eine zum Abwiegen des Quantums Brot, das jeder bekommen sollte.

Ich erklärte meinen Leuten auch die Lage von Neu-Holland und Neu-Guinea und teilte ihnen dazu alles mit, was ich selber wußte, damit sie für den Fall, daß mir ein

Unglück begegnen sollte, den Weg nach Timor finden könnten, das sie jetzt nur dem Namen nach kannten, zum Teil auch das nicht einmal.

Am folgenden Tag bekamen wir einen außerordentlich starken Gewitterregen, und wir sammelten bis Mitternacht etwa 20 Gallonen Wasser. Wir schliefen nur wenig, und bei Tagesanbruch hatten wir außer dem Licht keine Erleichterung. Wir mußten das Boot immer nur vor den Wellen halten, damit es nicht vollgeschlagen wurde. Am darauffolgenden Montag blieb das Wetter stürmisch, und unsere Lage war äußerst gefährlich, weil die See immer wieder über das Heck des Bootes schlug, so daß wir mit all unseren Kräften schöpfen mußten. Gegen Mittag kam die Sonne zum Vorschein und machte uns ebensoviel Freude wie an einem Wintertag in England. Wir verbrachten wieder eine schreckliche Nacht, und am Morgen sah ich wie gewöhnlich elende Geschöpfe, die an allem Mangel litten und nichts hatten, um ihm abzuhelfen. Einige klagten über große Schmerzen in den Eingeweiden, alle aber darüber, daß sie die Glieder fast nicht rühren konnten. Der Schlaf erquickte uns fast gar nicht mehr, da wir ständig von der See und vom Regen überschwemmt wurden, so daß immer zwei Leute das Wasser aus dem Boot schöpfen mußten. Nach meinen Berechnungen mußten wir jetzt nördlich von den Neuen Hebriden vorbeifahren.

Am 13. Mai hatten wir sehr stürmisches Wetter. Da ich nicht wußte, wie wir unsere Kleider trocknen sollten, empfahl ich jedem, sie auszuziehen und im Salzwasser auszuwringen. Dadurch bekamen sie eine Wärme, die sie vom Regenwasser nicht gehabt hatten, und wir brauchten uns nun weniger vor der Kälte und vor rheumatischen Anfällen zu fürchten. Nachmittags sahen wir eine Frucht im Wasser treiben, und da ich morgens bereits einige Fregattvögel gesehen hatte, war ich geneigt, Land in der Nähe zu vermuten. Die See schlug noch immer in das Boot, daher wurden wir auch in dieser Nacht durchnäßt, aber ich konnte am folgenden Morgen keinen Rum ausgeben, nur $^1/_{25}$ Pfund Brot und Wasser.

Am 14. Mai sichteten wir Land in sechs Meilen Entfernung. Es waren vier hohe Inseln, dazu kamen gegen Mittag zwei weitere. Am Nachmittag des folgenden Tages kam ich an der westlichsten Insel vorbei. Wir bekamen eine Menge Rottgänse, Tölpel und Fregattvögel zu Gesicht. Der Anblick der Inseln vermehrte nur noch das Elend unserer Lage. Wir starben fast vor Hunger und hatten Überfluß vor Augen, aber ein Versuch, uns Hilfe zu verschaffen, wäre zu gefährlich gewesen. Ich sehe es übrigens als eine Gnade des Himmels an, daß wir immer Wolken oder Regen hatten, denn bei sonnigem, heißem Wetter würden wir vor Durst gestorben sein.

Ich konnte nicht genau bestimmen, ob die Inseln ein Teil der Neuen Hebriden seien oder nicht. Ich hielt sie für eine neue Entdeckung, was auch wirklich der Fall ist, wie ich später festgestellt habe. Sie liegen nahe bei den Neuen Hebriden, so daß man sie für einen Teil dieser Gruppe ansehen muß. Sie sind fruchtbar und auch bewohnt, wie der Rauch bewies, den ich an verschiedenen Stellen aufsteigen sah.

Ich hielt es für nötig, soviel wie möglich gegen die südlichen Winde zu steuern, damit wir nicht zu nahe an Neu-Guinea getrieben würden. Wenn wir nicht, sobald der Wind nachließ, mehr südwärts gesteuert hätten, wären wir unweigerlich an diese Küste verschlagen worden, das aber würde das Ende unserer Reise gewesen sein. Zu unserer kläglichen Portion Wasser und Brot gab ich heute jedem eine Unze gesalzenes Schweinefleisch. Man bedrängte mich oft wegen dieses Fleisches, aber ich hielt es für besser, kleine Portionen davon zu essen, als es in wenigen Mahlzeiten zu verzehren.

Sonntags, den 17. Mai, hatten wir wieder eine schreckliche Nacht, und es zeigte sich kein Stern, nach dem wir hätten steuern können. Wir wurden ständig durchnäßt und litten sehr unter der Kälte. So hatte das ständige Wasserschöpfen auch sein Gutes, da es uns in Bewegung hielt. Wenn wir uns morgens besonders elend fühlten, gab ich jedem Mann einen oder zwei Teelöffel voll Rum, und es war immer eine freudige Nachricht, wenn man hörte, daß ich das tun wollte.

Nachdem wir am 18. Mai wieder eine unselige Nacht erlebt hatten, entschloß ich mich, nach Neu-Holland (Australien) südlich von der Endeavour-Straße zu fahren. Dort wollte ich am Großen Riff entlangsegeln, bis ich eine Durchfahrt finden würde, durch die wir in eine ruhigere See gelangen könnten. Ich hoffte auch, dort an der Küste Nahrungsmittel zu finden. Die Leute klagten über heftige Knochenschmerzen, und ich wunderte mich nur, daß noch keiner krankliegen mußte. Wir sahen wieder viele Tölpel, mußten uns also in der Nähe von Land befinden.

In der folgenden Nacht hatten wir starke Gewitter, aber es war so finster, daß wir einander nicht sehen konnten. Morgens beklagten die Männer sich über die strenge Witterung, und ich hätte gern Rum ausgegeben, wenn ich nicht befürchtet hätte, daß uns noch mehr Leiden bevorstehen würden und daß es nötig sei, den geringen Rest für eine Zeit aufzuheben, in der wir weniger Kraft für noch größeres Unglück aufbieten könnten.

Nach den Wolkenbrüchen in der Nacht vom 20. Mai schienen einige meiner Leute halbtot zu sein. Man konnte nirgends hinschauen, ohne eine Leidensgestalt zu sehen. Der Hunger stand in unseren Gesichtern, aber niemand litt Durst, und wir hatten wegen der äußeren Nässe auch nicht viel Neigung zum Trinken. An diesem Morgen gab ich jedem zwei Teelöffel Rum. Gegen Mittag brach die Sonne durch und belebte uns alle.

Donnerstag, den 21. Mai. Unsere Not war sehr groß. Wir wurden unaufhörlich von Regen und Seewasser überschwemmt. Der Schlaf, so sehr wir uns auch danach sehnten, gab uns keine Erleichterung, und ich entbehrte ihn fast gänzlich. Nachts gegen zwei Uhr überfiel uns ein so starker Wolkenbruch, daß wir befürchteten, er würde das ganze Boot anfüllen. Wir schöpften aus allen Kräften und konnten unseren Wasservorrat nicht einmal auffüllen. Bei Tagesanbruch teilte ich eine starke Portion Rum aus. Nach meinen Berechnungen glaubte ich nun, unter dem Meridian des östlichen Teils von Neu-Guinea und noch etwa 65 Seemeilen von der Küste Neu-Hollands entfernt zu sein.

Am Sonntag, dem 24. Mai, besserte sich das Wetter endlich. Alle freuten sich darüber und aßen ihre kleine Portion mit mehr Zufriedenheit, als sie es seit einiger Zeit getan hatten. Auch die Nacht war schön, aber wir litten sehr unter der Kälte. Bei Tagesanbruch sah ich zu meiner Freude, daß der schöne Morgen einige Gesichter wieder heiter machte. Gegen Mittag gab uns die Sonne seit vierzehn Tagen zum erstenmal wieder ein wenig Wärme.

Am nächsten Tage sahen wir gegen Mittag einige Vögel, hauptsächlich Tölpel, die sich nie weit vom Lande entfernen. Als die See ruhiger wurde, untersuchte ich genau, wieviel Brot wir noch hatten. Ich fand, daß es bei den bisherigen Portionen noch neunundzwanzig Tage reichen würde. In diesem Zeitraum hoffte ich Timor zu erreichen, da ich aber vielleicht genötigt sein könnte, nach Java zu fahren, nahm ich mir vor, das Brot für sechs Wochen einzuteilen. Ich wußte, daß ich die äußerste Entschlossenheit nötig haben würde, dies durchzusetzen, denn so wenig es auch war, was ich ihnen zu unser aller Besten abziehen wollte, so mußte es ihnen doch scheinen, als sollte es ihnen ans Leben gehen. Ich erklärte ihnen jedoch, daß unsere Reise sich durch widrige Winde oder andere Ursachen verzögern könne, wogegen wir uns vorsehen müßten, und als ich ihnen noch versprach, bei günstigem Verlauf der Reise die Portionen sofort heraufsetzen zu wollen, erklärte man sich einverstanden. Ich setzte zum Frühstück und zum Mittagessen je eine Unze Brot fest, ließ aber zum Abend das Brot wegfallen, und so hatten wir nun Vorrat für dreiundvierzig Tage.

Mittags kamen einige Kleine Tölpel, die so groß sind wie eine Taube, so nahe an uns heran, daß wir einen mit der Hand fangen konnten. Ich zerlegte ihn mitsamt den Eingeweiden in achtzehn Portionen und verteilte sie nach dem Spiel: »Wer soll das haben?« Er wurde mit Knochen und allem rein aufgegessen, wobei Seewasser als Brühe diente. Am nächsten Tag fingen wir einen Großen Tölpel, der so groß ist wie eine Ente. Der Vogel hat seinen Namen von den Seeleuten bekommen, weil er sich auf den Rahen und Masten fangen läßt. Ich ließ den Vogel zum Abendessen schlachten und das Blut drei Männern geben, die am meisten unter dem Nahrungsmangel litten. Rumpf, Eingeweide, Schnabel und Füße teilte ich in achtzehn Portionen, und dann hielten wir mit einer dazu bewilligten Portion Brot eine gute Abendmahlzeit. Morgens fingen wir noch einen Tölpel, so daß es schien, als ob die Vorsehung uns auf diese absonderliche Art zu Hilfe kommen wollte.

Mittags sahen wir treibende Baumzweige, die zum Teil noch nicht lange im Wasser gelegen hatten. Um unser Brot schmackhafter zu machen, tauchten wir es öfter in Seewasser. Ich selber brach meine Portion gewöhnlich in kleine Stücke und aß sie mit einem Löffel Wasser aus der Kokosschale, wobei ich mich sehr hütete, ein zu großes Stück auf einmal zu nehmen, so daß ich so viel Zeit bei der Mahlzeit zubrachte, als wenn ich an einem reichbesetzten Tisch gesessen hätte.

Mittwochs, den 27. Mai, hatten wir schönes, heiteres Wetter, aber unglücklicherweise konnten wir die Sonnenhitze nicht ertragen, und manche von uns fühlten eine Mattigkeit, bei der das Leben gleichgültig wird. Wir hatten jedoch das Glück, zwei Tölpel zu fangen, die in ihren Magen einige Fliegende Fische und kleine Tintenfische hatten. Ich hob dies alles für das Mittagessen auf. Da wir viel Treibholz und verschiedene Vögel sahen, hatte ich keine Bedenken mehr, den Leuten zu erklären, daß wir uns nahe den Riffs von Neu-Holland befänden und daß ich nun einen Durchlaß suchen wolle, durch den wir in ruhiges Wasser kommen würden. Soweit mir Kapitän Cooks Zeichnung der Küste in Erinnerung war, verlief sie nordwestlich, und ich freute mich, daß ich mit dem etwas südlichen Ostwind allen Gefahren ausweichen konnte.

Sobald ich mittags alles Nötige in mein Tagebuch eingetragen hatte, zerlegte ich die beiden Vögel mit ihren Eingeweiden und allem, was sie in den Kröpfen hatten, in achtzehn Portionen. Mit Vergnügen sah ich, daß jeder mit der üblichen Portion Brot und Wasser eine festliche Mahlzeit zu halten glaubte.

SECHZEHNTES KAPITEL

Fahrt durch das Große Riff. – Die Restaurations-Insel. – Feindselige Eingeborene am Ufer. – Die Sonntags-Insel. – Vergebliche Suche nach Schildkröten. – Zwei Männer völlig entkräftet. – Auf offener See. – Die Insel Timor in Sicht. – Landung in einer Bucht. – Weiter nach Kupang.

Gegen Mitternacht hörte der Mann am Steuer die Brandung, und als ich mich aufrichtete, sah ich sie kaum eine Viertelmeile entfernt. Ich steuerte nun hart am Winde nach Nordnordost, und nach zehn Minuten hörten wir nichts mehr. Bei Tagesanbruch hielt ich wieder auf die Riffe zu und bekam sie um neun Uhr zu Gesicht. Überall brach sich die See auf den Bänken, und wir steuerten mit östlichem Wind an der Brandung entlang. Dahinter sahen wir die See so ruhig, daß wir uns bereits darauf freuten, dorthin zu gelangen. Notfalls wollte ich mit dem Boot über das Riff setzen, aber wir fanden eine Seemeile weiter eine Durchfahrt mit einer starken Strömung.

Als wir uns glücklich innerhalb des Riffs in ruhigem Wasser befanden, trieb die Flut uns nach Nordwesten, und ich steuerte auch in dieser Richtung. Da ich versprochen hatte, an der ersten günstigen Stelle zu landen, schien jetzt alle vergangene Not schon fast vergessen. Wir dankten Gott für seinen gnädigen Schutz und aßen unsere armselige Mittagsportion mit großer Zufriedenheit.

Als wir innerhalb des Riffs weitersegelten, zeigte die Küste sich immer deutlicher. Sie war abwechselnd hoch und niedrig und teilweise mit Wald bestanden. Zwei Inseln, die vor uns lagen, schienen sich wenigstens als Ruheplatz zu eignen, doch als wir uns der ersten näherten, fanden wir, daß sie nur ein Haufen von Steinen war. An der

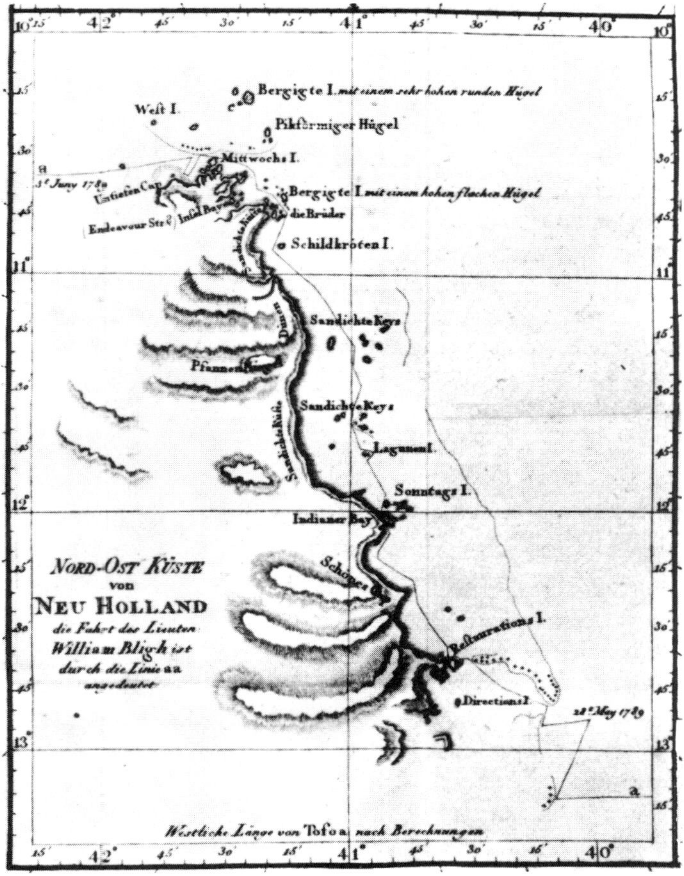

Captain Bligh's Fahrtroute an der Nordostküste von Neu-Holland (Australien)

zweiten fanden wir eine Bucht und eine zum Landen geeignete sandige Landzunge. Ich landete und suchte nach Spuren von Eingeborenen, fand aber nur einige alte Feuerstätten. Wir begannen nun gierig nach Eßbarem zu suchen, und da gerade Ebbe war, fanden wir auf den Felsen Austern. Man konnte aber nur wenige sammeln, da es bereits dunkelte. Ich willigte ein, daß die Hälfte von uns auf dem Lande, die andere Hälfte im Boot schlafen sollte. Gern hätten wir ein Feuer angezündet, aber da wir damit nicht zurechtkamen, legten wir uns zum Schlafen nieder und hatten eine ruhige, ungestörte Nacht. Bei Tagesanbruch fühlten wir uns neubelebt, und obschon alle sehr entkräftet waren, schienen sie doch zuversichtlich zu sein, daß wir alle Schwierigkeiten, die uns etwa noch begegnen könnten, überwinden würden.

Sobald ich festgestellt hatte, daß sich keine Eingeborenen in unserer Nähe aufhielten, schickte ich einen Teil der Mannschaft auf Nahrungssuche aus, während die anderen das Boot in Ordnung brachten, damit es augenblicklich in See gehen konnte, wenn es wegen eines unvorhergesehenen Zwischenfalls nötig sein sollte. Unsere Sorge galt vor allem dem Steuerruder, von dem in der Nacht eine der Ösen verlorengegangen war. Auf offener See hätte dieser Verlust wahrscheinlich unseren Untergang bedeutet, da es dann unmöglich gewesen wäre, das Boot bei schwerer See zu steuern. Zu unserem Glück fanden wir im Boot einen größeren Ring, mit dem wir das Ruder reparieren konnten.

Die ausgeschickte Mannschaft kehrte hocherfreut zurück, weil sie Austern und frisches Wasser in Überfluß gefunden hatte. Ich selbst hatte unterdessen mit Hilfe einer kleinen Lupe, die ich immer bei mir trug, ein Feuer angezündet, und noch glücklicher war der Umstand, daß sich unter den Sachen, die man ins Boot geworfen hatte, auch ein Stück Schwefel und eine Zunderbüchse befanden, so daß wir nun jederzeit Feuer anzünden konnten. Einer von meinen Leuten war sogar so umsichtig gewesen, einen kupfernen Topf mitzunehmen. Mit Brot und etwas Schweinefleisch bereiteten wir nun Geschmortes, von dem jeder ein volles Quart bekam. Nachher legten wir uns unter dem Schatten von Büschen nieder, um kurze Zeit zu schlafen.

Die Austern, die wir fanden, saßen so fest an den Felsen, daß wir große Mühe hatten, sie loszubrechen, bis wir darauf kamen, sie gleich dort aufzubrechen, wo wir sie fanden. Sie waren sehr groß und schmackhaft und waren uns von großem Nutzen. Auf dem Lande entdeckten wir eine Mulde mit Riedgras, woraus wir auf Wasser schlossen. Wir gruben mit wenig Mühe einen Brunnen, der soviel hergab, wie wir brauchten.

Ich fand einige Anzeichen dafür, daß zuweilen Eingeborene auf diese Insel kamen, denn außer Feuerstätten bemerkte ich zwei primitive Hütten, die nur an einer Seite lose bedeckt waren. Wir fanden auch einen spitzen, etwa drei Fuß langen und am Ende aufgespaltenen Stock, womit man Steine schleudern kann. Wir entdeckten auch recht deutliche Spuren eines Tieres, und Herr Nelson stimmte mit mir darin überein, daß sie von einem Känguruh waren. Die Insel ist zum Teil mit Wald bestanden, aber die Bäume sind klein, da der Boden sandig und daher für die Vegetation wenig tauglich ist. Wir fanden einige Kohlpalmen, deren Gipfel wir abschlugen. Der innere Teil davon ergab ein schmackhaftes Gemüse. Herr Nelson entdeckte auch einige Farnkrautwurzeln, und ich glaubte, daß sie, gut gerüstet, ein Ersatz für das Brot sein würden. Das waren sie aber nicht, doch dienten sie in rohem Zustande zum Löschen des Durstes, welshalb ich ein Quantum einsammeln und ins Boot schaffen ließ.

Ich hatte alle Leute gewarnt, von den Beeren und Früchten zu essen, die auf der Insel zu finden waren, aber kaum waren sie mir aus den Augen, so fielen sie gierig darüber her. Als sich nun bei einigen die Folgen der Unmäßigkeit zeigten, glaubten sie vergiftet zu sein, und auch die anderen, die mäßiger gewesen waren, gerieten nun in Angst, wie ihre Unbesonnenheit wohl auslaufen würde. Glücklicherweise aber erwies sich, daß die Beeren ohne Besorgnis gegessen werden konnten.

Auf der Insel gab es wilde Tauben, Papageien und ander Vögel; da ich aber kein Gewehr hatte, konnte ich sie nicht erlegen. Ich sah auch Bienen, Wespen und verschiedene Eidechsen. Die Sträucher mit den schwarzen Beeren saßen voll Ameisennester, die wie Spinnengewebe gemacht, aber so dicht und fest waren, daß sie keinen Regen durchließen.

Da heute der Jahrestag der Restauration (Wiedereinsetzung) König Karls II. (1660) war und da dies Wort sich auch auf unsere gegenwärtige Lage anwenden ließ, gab ich dem Eiland den Namen Restaurations-Insel. Ich hielt es nämlich für wahrscheinlich, daß Kapitän Cook sie übersehen hätte.

Sonnabends, den 20. Mai, schickte ich abermals einige Leute aus, Austern zu sammeln, und mit diesen und einigen Herzen von Kohlpalmen machten wir uns zum zweitenmal Geschmortes zum Abendessen. Ich gab jedoch kein Brot mehr aus, weil ich bedachte, daß unser Mangel noch sehr groß werden könnte. Ich hatte jetzt nur noch zwei Pfund Schweinefleisch übrig, da der Vorrat, den ich nicht wie das Brot verschließen konnte, von unklugen Leuten geplündert worden war, obschon alle dies feierlich leugneten. Daher verteilte ich den ganzen Rest zum Mittagessen, um ihnen weitere Gelegenheit zu nehmen. Während dann ein Teil der Mannschaft wieder Austern sammelte, ließ ich das Boot zum Auslaufen klarmachen und alle Wassergefäße füllen, die beinahe 60 Gallonen aufnahmen.

Am Sonntag, dem 31. Mai, kamen die Leute gleich nach Mittag mit den gefundenen Austern zurück. Ich untersuchte den Vorrat an Schiffszwieback und fand, daß er für achtunddreißig Tage reichen würde, wenn ich wie vorher je ein Lot zum Frühstück und zum Mittagessen gab. Sobald alles klar zum Auslaufen war, hielt ich die Leute zum Gebet an, und als wir uns gerade einschiffen wollten, sahen wir auf dem Festland zwanzig Eingeborene, die hin und her liefen und ein großes Geschrei erhoben. Sie waren mit einem Speer und mit einem kurzen Säbel bewaffnet und machten uns Zeichen, zu ihnen zu kommen. Auf den Gipfeln der Hügel sah ich noch die Köpfe von anderen Eingeborenen, aber ich wußte nicht, ob es ihre Weiber und Kinder oder noch andere Männer waren, die sich versteckt hielten, um uns nicht abzuschrecken. Ich hielt es für ratsam, so schnell wie möglich weiterzusegeln, ehe wir von Kanus überrascht werden könnten, wenn es hier auch nach Kapitän Cooks Bericht nur wenige geben sollte. Ich fuhr bei den Eingeborenen so nahe vorbei, wie ich nur konnte. Sie waren nackt, von schwarzer Farbe und hatten wolliges Haar. Von einer starken Flut begünstigt, fuhr ich an der hohen, waldigen Küste entlang.

Bei Tagesanbruch war ich äußerst überrascht, da ich das Land so völlig verändert sah, als sei ich in einen anderen Erdteil versetzt worden. Die Küste war niedrig und sandig und zeigte so wenig Grün, daß sie kaum für ein menschliches Wesen bewohnbar schien. Doch als wir durch den Kanal zwischen einer Insel und dem Festland fuhren, sahen wir sieben eingeborene, die schreiend auf uns zuliefen und uns Zeichen machten, an Land zu kommen. Einige von ihnen schwangen zum Zeichen der Freundschaft grüne Zweige, die Bewegungen anderer aber waren weniger freundlich. Ein Stück weiter sahen wir noch eine größere Gruppe, weshalb ich beschloß, nicht zu landen. Ich legte aber das Boot dicht an den Felsen und winkte ihnen, näher zu kommen, aber sie kamen nur auf etwa zweihundert Schritte heran.

Eine ziemlich hohe Insel lag vier Seemeilen vor uns, dort wollte ich versuchen, etwas zu finden und die Küste zu überschauen. Um acht Uhr morgens landete ich hier und schickte zwei Gruppen auf die Suche. Einige Leute fingen vor Schwäche und Müdigkeit an zu murren, sie wollten lieber kein Mittagessen haben, wenn sie es sich erst selber suchen müßten. Einer von ihnen ging sogar so weit, daß er mir mit der Miene eines Aufrührers sagte, ich sei wohl nicht mehr als er. Da ich nicht wissen konnte, wo das noch hinauslaufen würde, entschloß ich mich, solchen Widersetzlichkeiten sofort ein Ende zu machen und entweder mein Ansehen zu retten ober bei diesem Versuch zu sterben. Ich ergriff einen Hirschfänger und befahl ihm, einen anderen zu nehmen und sich zu verteidigen. Nun rief er aber, ich wolle ihn umbringen, und er fing an nachzugeben.

Dann sammelten die Gruppen alles, was sie finden konnten, vor allem Austern und Muscheln und auch einige kleine Haie, die sie in den Felslöchern fingen. An der Nordseite der Insel fanden wir zwei Tonnen Wasser, so daß wir wieder so glücklich waren, daran keinen Mangel zu leiden. Ich mußte jedoch feststellen, daß wir nur soviel zusammenbrachten, als wir verzehrten, und uns also keinen Vorrat für die Reise anlegen konnten. Ich nannte diese Insel die Sonntags-Insel.

Am Montag, dem 1. Juni, hatten wir gutes Wetter und frischen Wind. Mittags bekam jedermann volle anderthalb Quart gedämpfte Austern und Muscheln mit kleinen Bohnen verdickt, die eine Art Dolichos (Pferdebohne) waren, wie Herr Nelson uns sagte. Als wir uns satt gegessen hatten, wartete ich nur noch die Flut ab und segelte nun nach der Key (Laguneninsel), die ich im Nordwesten gesehen hatte. Als wir sie erreichten, wurde es finster, und wegen des Riffs konnte ich nicht landen, weshalb ich für die Nacht den Anker fallen ließ. Bei Tagesanbruch fuhren wir ans Ufer und zogen das Boot auf den Strand. Da ich Spuren von Schildkröten fand und auch viele Vögel sah, beschloß ich, den Tag über zu bleiben. Wir befanden uns an der nordwestlichsten von vier kleinen Keys, die von einem Riff umgeben waren. Sie hingen durch Sandbänke zusammen, die bei Ebbe weithin trockenfielen.

Ich schickte wie gewöhnlich Gruppen aus, aber unsere Hoffnung wurde betrogen, weshalb wir die Muscheln und Bohnen essen mußten, die wir von der Sonntags-Insel mitgebracht hatten. Gegen Mittag kam Herr Nelson von der östlichen Key zurück und war so entkräftet, daß ihn zwei Leute stützen mußten. Er fühlte heftige Hitze in den Eingeweiden, konnte nicht mehr sehen, hatte starken Durst und war unfähig zu gehen. Er hatte immer mehr getan, als seine Kräfte erlaubten, und er konnte die Sonnenhitze nicht ertragen. Ich stellte fest, daß er kein Fieber hatte, und nun tat der sorgfältig aufgehobene Wein seine gute Wirkung. Er bekam sehr kleine Mengen mit eingetauchtem Brot, und als wir ihn ausgezogen und unter schattige Büsche gelegt hatten, erholte er sich bald wieder. Auch der Bootsmann und der Zimmermann waren krank und klagten über Kopfschmerzen und hitzigen Magen. Andere litten schrecklich unter Verstopfung, kurz, es waren nur wenige, die nicht klagten. Sie glaubten fast alle, ihre Krankheit rühre von den Bohnen her, und einige hielten sie für giftig. Andere und ich selbst, die auch davon gegessen hatten, fühlten sich jedoch wohl, und es lief darauf hinaus, daß sie vom Genuß roher Bohnen erkrankt waren.

Bei meiner Wanderung rund um die Insel fand ich einige Kokosnußschalen, die Reste einer alten Hütte und die Panzer zweier Schildkröten, aber keine Spur von einem vierfüßigen Tier. Nachts wollten wir unser Glück, Schildkröten und Vögel zu fangen, noch einmal versuchen, zogen aber doch die Ruhe vor. Am Abend des nächsten Tages warnte ich meine Leute, ein zu großes Feuer anzuzünden. Die Herren Samuel und Peckover hatten die Aufsicht darüber, während ich selber am Strand umherging, um zu beobachten, ob man das Feuer vom Festland aus sehen könne. Plötzlich schien die ganze Insel in Flammen zu stehen. Ich lief hin und stellte fest, daß einer der Leute für sich selber ein Feuer angezündet hatte, das rundum das Gras ergriff und sich schnell ausbreitete. Diese Unvorsichtigkeit hätte sehr ernste Folgen haben können, da sie den Eingeborenen unsere Lage verriet, wir aber weder Kräfte noch Waffen genug hatten, uns einem Angriff zu widersetzen. Damit war auch die Erholung, die ich durch den Schlaf erhoffte, gänzlich dahin.

Gegen acht Uhr abends gingen die Herren Samuel und Peckover aus, um auf Schildkröten zu lauern, während sich drei Mann nach der östlichen Key begaben, um Vögel zu fangen. Alle übrigen klagten über schlechtes Befinden, ausgenommen die Herren Hayward und Elphinstone, denen ich die Wache übertrug. Um Mitternacht kamen die drei Leute zurück und brachten nur zwölf kleine Tölpel mit. Einer von ihnen hatte sich von den zwei anderen getrennt und die Vögel gestört, sonst würden sie mehr gefangen haben. Ich war darüber so empört, daß ich dem Mann eine Tracht Prügel gab. (Später hat er gestanden, daß er allein neun Vögel aufgegessen habe.) Gegen drei Uhr kehrten auch die anderen zurück, ohne trotz größter Mühe auch nur eine einzige Schildkröte gefunden zu haben. Ich wunderte mich nicht darüber, da wir ohne Zweifel durch den Lärm beim Löschen des Feuers die Tiere verscheucht hatten.

Da ich am anderen Morgen zu meiner Freude sah, daß

meine Invaliden sich durch den Nachtschlaf sehr erholt hatten, ließ ich alle in das Boot steigen und fuhr mit einem Südostwind weiter. Gegen Mittag kam ich an sechs Keys vorüber, die meist Sträucher und einige kleine Bäume trugen, während das Festland viele sandige Hügel zeigte. Einen flachen Gipfel an der Küste nannte ich den Pfannenberg. Weiter kamen wir an fünf kleinen Keys vorüber, und da wir keine Verzögerung in Kauf nehmen konnten, war es mir nicht möglich, die Wassertiefe überall festzustellen. Mittags verteilte ich sechs Vögel, und Herr Nelson bekam ein halbes Glas Wein. Er war nun so weit wiederhergestellt, daß er keine Bevorzugung mehr brauchte.

Gegen Sonnenuntergang erreichten wir eine Insel mit einer Sandbank, an der wir landen konnten. Wir zogen es aber vor, im Boot zu schlafen. Am Morgen schickte ich einige Leute aus, damit sie feststellten, was hier zu finden sei, aber alles, was sie sahen, war eine große Menge von Schildkrötenschalen an einer Stelle, wo die Eingeborenen Mahlzeiten gehalten hatten, und zwar noch vor kurzem, wie es schien. Ich gab dieser Insel den Namen Schildkröten-Insel. Wir erreichten nun eine große Bucht, worin viele hohe Inseln lagen. Ich nannte sie daher die Insel-Bay. Nördlich hiervon lagen viele Inseln, die größte nannte ich die Mittwochs-Insel. Dann gerieten wir an ein großes Riff, das anscheinend viele Keys miteinander verbindet. Wir steuerten nun nach Südwesten, und ich konnte meiner Mannschaft versichern, daß wir nun von Neu-Holland wegsegelten.

Ich kann unmöglich sagen, wie weit sich das Riff erstreckt, vielleicht ist es eine Fortsetzung der Untiefen, die die ganze Küste begleiten. Die bergigen Inseln sehe ich jedoch als von den Riffen abgesondert an, und ich bezweifle nicht, daß in ihrer Nähe gute Durchfahrten zu finden sind. Ich würde aber allen, die die Straße von Osten her durchfahren wollen, lieber empfehlen, ihren Kurs von der Küste von Neu-Guinea her zu nehmen. Ich möchte gern diese Frage genauer geklärt wissen, aber in unserer elenden Lage hätte jeder Zeitverlust die schlimmsten Folgen haben können. So mußte ich mich entschließen, ohne Verzug weiterzufahren.

Bald sahen wir eine Insel, die ein bloßer, von Tölpeln besetzter Felsen war, weshalb ich ihr den Namen Tölpel-Insel gab. Diese Insel ausgenommen, konnten wir nachmittags kein Land mehr erblicken. Gegen acht Uhr abends fuhren wir in den offenen Ozean ein. Zu meiner Freude sah ich meine Mannschaft so zuversichtlich, als hätte sie sich auf einem viel größeren Schiff nach Timor eingeschifft. Ich machte meinen Leuten nun Hoffnung, daß wir in acht bis zehn Tagen in einem sicheren Lande sein würden, bat den Himmel um seinen weiteren gnädigen Schutz, gab eine Portion Wasser zum Abend und steuerte nach Westsüdwest. Wir waren gerade sechs Tage an der Küste von Neu-Holland gewesen und hatten dort Austern und andere Muscheln, einige Vögel und Wasser gefunden. Sicher aber gereichte uns noch mehr zum Vorteil, daß wir einige Nächte einen guten Schlaf gehabt hatten. Andernfalls würden wir vielleicht dem Hunger und der völligen Erschöpfung erlegen sein. Einige von uns hätten aufgehört, sich an ein Leben zu klammern, das ihnen nichts als Not und Elend versprach. Aber auch in unserer jetzigen Lage boten wir noch ein Bild des Jammers, doch wir blieben standhaft und mutig, und die Aussicht, daß unsere Not bald ein Ende haben werde, belebte uns mit neuer Hoffnung.

Ich selber fühlte, so verwunderlich dies auch scheinen mag, weder außerordentlichen Hunger noch auch Durst. Ich begnügte mich mit meiner Portion, weil ich nun einmal wußte, daß ich nicht mehr bekommen konnte. Freitags, den 5. Juni, hatten wir schönes Wetter mit einigen Regenschauern und einem starken Passatwind aus Ostsüdost. Die Wellen schlugen trotz des guten Wetters ohne Unterlaß ins Boot, und zwei Mann mußten ständig Wasser ausschöpfen. Zum Frühstück gab es die gewöhnlichen Portionen Wasser und Brot, zum Mittagessen das gleiche und sechs Austern und abends nur Wasser. Am folgenden Sonnabend fing ich wieder einen Tölpel mit der Hand. Das Blut bekamen drei Männer, die sich am elendsten fühlten, den Vogel selbst hob ich für den nächsten Tag auf.

Bei Tagesanbruch fand ich, daß einige von den zum Trocknen aufgehängten Muscheln gestohlen waren, aber alle versicherten feierlich, daß sie nichts davon wüßten. Am Sonntag, dem 7. Juni, gab es Sturm und hohe See, die uns unaufhörlich durchnäßte. Unser Brot reichte jetzt nach meiner Berechnung noch neunzehn Tage, wenn ich es dreimal täglich austeilen würde. Da wir allem Anschein nach schneller ans Ziel gelangen würden, wagte ich es, wieder eine Portion zum Abendessen zu geben, wie ich versprochen hatte. Wir verbrachten die Nacht in Kälte und Nässe, und morgens hörte ich bittere Klagen über unseren elenden Zustand. Zu Mittag gab ich die letzten getrockneten Muscheln aus. Nach einer weiteren Nacht mit Nässe und Kälte bemerkte ich, daß Herr Ledward, der Wundarzt, und der Segelmacher Lawrence Lebogue, ein alter, harter Seemann, völlig entkräftet waren, aber ich konnte ihnen nur mit einigen Teelöffeln Wein helfen, den ich für eine solche Notwendigkeit sorgfältig aufgehoben hatte. Die meisten anderen zeigten ein immer stärkeres Schlafbedürfnis, woraus ich schließen mußte, daß auch ihre Lebensgeister fast erschöpft waren.

Am Dienstag (9. 6.) fingen wir einen kleinen Delphin, die erste Beute dieser Art, die für zwei Tage reichen mußte. Der Wundarzt bekam wieder ein wenig Wein, aber alle Hilfe, die ich sonst noch geben konnte, bestand in der

Versicherung, daß wir bei unserer gegenwärtigen schnellen Fahrt Timor in einigen Tagen erreichen würden. Wir sahen bereits ständig Rottgänse, Tölpel, Fregattvögel und Tropikvögel um uns her. Am Mittwoch (10. 6.) fühlte ich mich sehr übel, weil ich ein Stück von dem tranigen Magen des Delphins gegessen hatte, das auf meinen Anteil gekommen war. Nach einer schlimmen Nacht sah ich, daß es auch mit mehr als der Hälfte meiner Mannschaft auffallend schlechter stand.

Am nächsten Tage sahen wir an den Vögeln und an treibendem Tang, daß wir nicht mehr weit vom Lande entfernt sein konnten. Mich überraschte dies aber nicht, da zwischen Neu-Guinea und Timor verschiedene Inseln liegen. Doch hoffte ich nun jede Stunde darauf, Timor in Sicht zu bekommen, da ich befürchtete, daß einige der Männer es nicht länger aushalten würden. Eine außerordentliche Schwäche, geschwollene Beine, hohle und gespensterbleiche Gesichter, starkes Schlafbedürfnis und auffallende Geistesschwäche — alle diese Symptome schienen mir erschreckende Vorzeichen des völligen Verfalls. Der Wundarzt und Lebogue waren in einem besonders jämmerlichen Zustand, deshalb gab ich ihnen von Zeit zu Zeit einen Teelöffel voll Wein. Bei mir selber waren es, wie es mir schien, der Mut und die Hoffnung, meine Reise vollenden zu können, was mich aufrecht hielt. Aber der Bootsmann William Cole sagte mir einmal, er glaube, ich sähe schlimmer aus als irgend jemand sonst im Boot. Die Naivität, mit der er das sagte, belustigte mich, und ich hatte noch gute Laune genug, ihm ein besseres Kompliment über sein Aussehen zu machen. Mittags berechnete ich, daß wir bereits über den Meridian des östlichen Teiles von Timor hinaus sein müßten, und natürlich erregte ich damit allgemeine Freude.

Am Freitag (12. Juni) sahen wir einige Rottgänse und

andere Vögel, die uns das nahe Land anzeigten, und wir schauten eifrig danach aus, als die Sicht bei Sonnenuntergang gut wurde. Um 3 Uhr morgens entdeckten wir dann die Insel Timor. Ich kann unmöglich die Freude beschreiben, die der Anblick des ersehnten Landes in uns auslöste. Es schien ja auch kaum glaublich, daß wir mit einem offenen, so armselig ausgestatteten Boot in vierzig Tagen nach unserer Abfahrt von Tofua die Küste von Timor erreicht hatten. Wir hatten, unserer Logleine zufolge, einen Weg von 3618 Seemeilen zurückgelegt, und trotz unserer schrecklichen Not war unterwegs niemand gestorben.

Wie ich mich dunkel erinnerte, lag die holländische Niederlassung im Südwesten der Insel, deshalb steuerte ich nun an der Küste entlang. Wir freuten uns über den Anblick des Landes, konnten aber nur einige kleine Hütten entdecken, woraus wir schlossen, daß in diesem Teil der Insel keine Europäer wohnten. Die starke Brandung machte eine Landung unmöglich.

Am Samstag, dem 13. Juni, setzten wir unsere Fahrt fort. Die Küste war flach und mit Fächerpalmen bestanden. In der Nacht legte ich mit gerefftem Segel bei, damit wir nicht an einer Niederlassung vorbeifahren würden. Als wir am nächsten Morgen weiterfuhren, erreichten wir die südwestliche Landspitze, aber da es neblig war, fand ich erst später, daß dies die Insel Roti sein mußte. Ich kehrte nun zur Küste von Timor zurück und ließ dort in einer sandigen Bucht den Anker fallen. Wir sahen an verschiedenen Stellen Rauch aufsteigen und die Eingeborenen bei der Arbeit auf den Feldern. Der Steuermann und der Zimmermann drangen in mich, ich sollte ihnen erlauben, auszugehen und nach Proviant Ausschau zu halten, aber sie gaben ihre Absicht auf, als niemand mit ihnen gehen wollte.

Bei der Weiterfahrt am Sonntag (14. Juni) gerieten wir

in eine gefährlich brechende See, dann aber entdeckten wir eine große Bucht mit einem zwei bis drei Meilen breiten Eingang. Ich ließ an der Ostseite den Anker fallen. Wir sahen eine Hütte, einen Hund und einige Rinder. Nun schickte ich den Bootsmann und den Konstabler aus, die Bewohner der Hütte zu suchen. Während wir hier vor Anker lagen, fand ich, daß die Ebbe von Norden her kam, und beim Fallen des Wassers zeigte sich zwei Kabeltaulängen (etwa 440 m) vom Ufer entfernt ein Felsenriff, das sehr gefährlich werden kann, da es von der Flut ganz bedeckt wird. Am gegenüberliegenden Ufer der Bucht zeigte sich auch eine hohe Brandung, aber doch ist genug Raum und der Kanal selbst für ein Kriegsschiff breit genug. Die Bucht scheint von beträchtlichem Umfang zu sein. Der nördliche Teil, den ich jetzt vor mir hatte, war ungefähr fünf Seemeilen entfernt. Das beste Merkmal, wonach diese Bucht sich finden läßt, ist die südlich vorgelagerte Insel Roti.

Ich hatte gerade Zeit genug gehabt, diese Notizen zu machen, als ich den Bootsmann und den Konstabler zurückkommen sah. Sie brachten fünf Insulaner mit und sagten mir, sie hätten zwei Familien gefunden und seien von den Frauen mit europäischer Höflichkeit behandelt worden. Ich erfuhr von den Eingeborenen, daß der Gouverneur in einer Stadt namens Kupang wohne, die in einiger Entfernung nordöstlich liege. Ich gab einem von ihnen zu verstehen, daß er in das Boot kommen und mir Kupang zeigen möge, wobei ich andeutete, daß ich seine Dienste bezahlen wolle. Er war sofort dazu bereit und kam ins Boot.

Die Eingeborenen waren von dunkler Kupferfarbe und hatten langes schwarzes Haar. Sie kauten viel Betel und trugen um die Hüften ein viereckiges Stück Zeug, in dessen Falten ein großes Messer steckte. Sie hatten ein

Schnupftuch um den Kopf gewunden, ein anderes hing mit den vier Zipfeln an der Schulter und diente ihnen dazu, den Betel und was sie dazu brauchten mitzunehmen. Sie brachten uns einige Stücke getrocknetes Schildkrötenfleisch und einige Maiskolben. Die Schildkröte war so hart, daß man sie nicht essen konnte, ohne sie in heißem Wasser aufzuweichen, dagegen waren uns die Maiskolben sehr willkommen. Wir hätten noch mehr bekommen, wenn wir länger geblieben wären, aber da mein Lotse bereit war, fuhr ich mit allen Segeln weiter. Als die Nacht kam, legte sich der Wind, und wir mußten die Ruder zu Hilfe nehmen. Da ich aber sah, daß wir nur wenig vorankamen, ließ ich den Anker auswerfen und gab zum erstenmal eine doppelte Ration Brot und ein wenig Wein aus. Nach dem glücklichsten und süßesten Schlaf, den jemals Menschen gehabt haben, lichteten wir den Anker wieder und fuhren in ruhigem Wasser längs der Küste hin.

Wir alle bekamen jetzt neues Leben, als wir zwei Kanonenschüsse hörten. Bald darauf sahen wir ostwärts zwei Schiffe mit großen Segeln und einen Kutter vor Anker liegen. Ich bemühte mich nun, gegen den Wind zu lavieren, da wir aber bei jedem Wenden zurückfielen, sahen wir uns gezwungen, die Ruder wieder zu nehmen. Wir ruderten bis kurz vor Tagesanbruch und ankerten vor einem kleinen Fort und einer Stadt, von der unser Lotse sagte, es sei Kupang.

Unter den Sachen, die der Bootsmann beim Verlassen unseres Schiffes eilig in das Boot geworfen hatte, befand sich ein Bündel Signalflaggen. Daraus hatte ich während der Reise eine kleine Mastflagge gemacht, die ich jetzt als Notzeichen aufsteckte, denn ich wollte nicht ohne Erlaubnis an Land gehen. Bald nach Tagesanbruch rief mir ein Soldat zu, ich solle landen. Ich befolgte dies sofort und wurde dabei von einer Menge Insulaner umringt. Ich war angenehm überrascht, als ich einen englischen Matrosen antraf, der zu einem der Schiffe auf der Reede gehörte. Sein Kapitän war, wie er mir sagte, dem Range nach die zweite Person in der Stadt. Ich wünschte, zu ihm geführt zu werden, da ich hörte, daß der Gouverneur krank sei.

SIEBZEHNTES KAPITEL

Freundliche Aufnahme durch Kapitän Spiekerman. – Unterbringung im Hause des Kapitäns. – Besuch beim Gouverneur. – Gedanken über unsere Lage.

Kapitän Spiekerman nahm mich mit großer Freundlichkeit auf. Ich beschrieb ihm unsere elende Lage und bat ihn, für meine Gefährten sorgen zu lassen. Er gab Befehl, daß sie in seinem eigenen Hause untergebracht werden sollten. Dann ging er zum Gouverneur, um sich zu erkundigen, wann ich ihn besuchen könne, wozu elf Uhr angesetzt wurde.

Ich ließ nun meine Mannschaft an Land kommen, wozu einigen fast die Kräfte fehlten. Sie erreichten endlich das Haus und fanden das Frühstück mit Tee und Butterbroten für sie bereitet. Ein unbefangener Zuschauer konnte sich wohl entsetzen beim Anblick der verhungerten Gespenster, deren Augen in der Erwartung baldiger Hilfe gierig funkelten. Unsere Körper waren nichts als Haut und Knochen, unsere Glieder voller Geschwüre und unsere Kleider nichts als Lumpen. Der Gouverneur, Herr William Adrian van Este, ließ mich trotz seines schlechten Befindens vor der angesetzten Zeit zu sich kommen. Er empfing mich mit großem Wohlwollen und sagte mir, daß er es als das größte Glück seines Lebens ansähe, uns helfen zu können. Zwar sei er äußerst schwach, aber er werde Befehle geben, daß ich mit allem Nötigen versorgt werden solle. Meine Leute sollten entweder im Hospital oder auf Kapitän Spiekermans Schiff untergebracht werden. Zu seinem Leidwesen sei das mir zugewiesene Haus das einzige unbewohnte in Kupang, und die wenigen Familien der Stadt seien nicht in der Lage, jemanden aufzunehmen. Nach dieser Unterredung wurde mir eine schöne Mahlzeit vorgesetzt.

Als ich wieder zu meinen Leuten kam, fand ich, daß ihnen alle Hilfe zuteil geworden war. Der Wundarzt hatte ihre Geschwüre verbunden, nachdem sie ihre Körper gereinigt hatten, und man hatte ihnen auch verschiedene Kleidungsstücke gegeben. Ich ließ mich nun zu dem mir bestimmten Hause führen, und als ich es besichtigt hatte, entschloß ich mich, alle meine Leute bei mir wohnen zu lassen. Ein Zimmer nahm ich für mich selbst, das andere gab ich dem Steuermann, dem Wundarzt, Herrn Nelson und dem Konstabler, den Boden bewohnten die übrigen Offiziere und ein Hinterzimmer die Matrosen. Der Saal gehörte allen Offizieren zugleich, die Matrosen konnten sich auf der Galerie aufhalten.

Ich gab dem Gouverneur hiervon Nachricht, worauf er Stühle, Bänke, Tische, Betten und andere Möbel heranschaffen ließ. Da ich hörte, daß der Gouverneur an einer unheilbaren Krankheit litt und nur für Augenblicke fähig war, etwas zu tun, wandte ich mich mit allen meinen Anliegen fortan an Herrn Timotheus Wanjon, der sein Schwiegersohn und der nächste im Range war. Der vorhin erwähnte Matrose hatte mich also nicht richtig informiert.

Zu Mittag wurde für uns ein sehr gutes Mahl zubereitet, bei dem auch wohl andere, die an Überfluß gewöhnt waren, zuviel gegessen hätten. Warnungen richteten da nur wenig aus, aber meine größte Besorgnis war, daß meine Leute zuviel Obst essen könnten. Nachdem ich bei dieser reichlichen Mahlzeit zugeschaut hatte, ging ich zu Herrn Wanjon, der mich zu Tisch gebeten hatte. Ich hatte aber wenig Neigung zum Essen und Trinken und fühlte wohl, daß vor allen Dingen Schlaf und Ruhe zu meiner Wiederherstellung nötig seien. Ich begab mich deshalb auf mein Zimmer, aber statt zu schlafen, überdachte ich unsere ausgestandenen Leiden und das völlige Scheitern meiner Unternehmung. Vor allem aber dankte ich dem allmächtigen Gott, daß er uns die Kraft gegeben hatte, so große Not zu ertragen, und daß er mich dazu erwählt hatte, achtzehn Menschenleben zu retten.

In einer bedrängten Lage zeigen sich gewöhnlich Umstände, die besonders schwer auf dem Befehlshaber lasten. Es war nicht meine geringste Not, daß ich ständig um Vergrößerung der Rationen gebeten wurde und dies immer wieder abschlagen mußte. Ich durfte nicht von dem Vertrag abgehen, den wir beim Antritt unserer Fahrt gemacht hatten. Die Folge solcher Strenge war, daß wir bei unserer Ankunft in Kupang noch für elf Tage Proviant hatten, wenn auch in den bisherigen kleinen Portionen. Wenn wir die Insel Timor verfehlt hätten, wären wir noch bis Java gekommen. Ohne mich hätten die Leute auch in ihrer Ungeduld die Küste von Timor angesteuert, sobald sie in Sicht gekommen war, ohne zu bedenken, wie gefährlich es sein konnte, so weit entfernt von europäischen Niederlassungen unter den Eingeborenen zu landen.

Der Vorrat an Lebensmitteln, den wir vom Schiff mitgenommen hatten, wäre in fünf Tagen aufgezehrt gewesen, wenn uns die Not nicht damit wirtschaften gelehrt hätte. Die Aufrührer müssen angenommen haben, es gäbe für uns keinen anderen Zufluchtsort als die Freundschaftlichen Inseln (Tonga-Inseln), denn sicher glaubten sie nicht, daß wir mit unserer mangelhaften Ausrüstung den Versuch machen könnten, nach Hause zu kommen, noch weniger werden sie geglaubt haben, daß die Nachricht von ihrem Verbrechen nach ihrem Vaterland kommen würde.

Wenn ich bedenke, wie auf Tofua unser Leben nur dadurch gerettet worden ist, daß die Insulaner ihren Angriff aufschoben, ferner, daß wir hungernd und durchnäßt über 1200 große Seemeilen zurückgelegt haben, daß unser

Boot bei all den Stürmen nicht gesunken ist, daß nicht ein einziger von uns durch Krankheit aufgerieben wurde, daß wir das Glück hatten, an den feindlichen Eingeborenen anderer Länder vorbeizukommen und zuletzt die besten hilfsbereiten Menschen anzutreffen – wenn ich alle diese wunderbaren Errettungen bedenke, dann finde ich Kraft genug, mit Ergebung und Gelassenheit das Mißlingen einer Unternehmung zu ertragen, deren Erfolg mir so sehr am Herzen lag.

ACHTZEHNTES KAPITEL

Plan der Weiterreise. – Kauf eines Schoners. – Besuch beim König. – Tod und Begräbnis unseres Botanikers Nelson.

Der Gouverneur und die anderen Herren zu Kupang leisteten uns mit echtem Mitgefühl die tätigste Hilfe, deren Wirkung sich bald in unserer wiederkehrenden Gesundheit zeigte. Ich überreichte dem Gouverneur einen Bericht über den Verlust des Schiffes »Bounty« und dazu im Namen unserer Majestät das Ersuchen, allen holländischen Niederlassungen den Befehl zuzustellen, das Schiff anzuhalten, falls es irgendwo zum Vorschein kommen sollte. Ich übergab ihm dabei auch eine vollständige Namenliste der Aufrührer.

Bei einer unserer Zusammenkünfte ersuchte ich den Gouverneur um die Erlaubnis, unseren Botaniker Nelson nach Pflanzen suchen zu lassen. Der Gouverneur willigte sofort ein und erklärte dazu, ein solches Unternehmen sei sehr wichtig, da das Land einen Überfluß an seltenen und heilkräftigen Pflanzen habe. Leider kam uns die Erlaubnis nicht zustatten, da Nelson sich seit der Abreise von Neuholland äußerst matt und schwach fühlte und sich gerade jetzt eine Erkältung zugezogen hatte.

Um unsere Abreise mit der Oktoberflotte von Batavia nach Europa rechtzeitig zu sichern, ließ ich öffentlich bekanntmachen, daß ich ein Fahrzeug mieten wolle, um damit nach Batavia zu reisen. Darauf erhielt ich verschiedene Angebote, und ich kaufte schließlich einen auf der Reede liegenden Schoner von 34 Fuß Länge für 1000 Reichstaler, um ihn unter dem Namen des Königlichen Schoners »Resource« auszurüsten. Um das Schiff gegen Seeräuber verteidigen zu können, lieh mir Herr Wanjon vier Drehbrassen, vierzehn Flinten und Munition, die ich in Batavia wieder abliefern sollte.

Am 20. August nahm ich Abschied von den gastfreien Einwohnern von Kupang und begab mich an Bord. Diese Niederlassung wurde im Jahre 1630 angelegt und ist die einzige, die den Holländern auf Timor gehört. An der Nordseite von Timor liegt eine portugiesische Niederlassung. Die Erzeugnisse der Insel bestehen hauptsächlich aus Sandelholz und Wachs. Die Bienen nisten im Gebüsch und in den Zweigen der Bäume, denen die Eingeborenen sich nie ohne Feuer nähern. Sie füllen den Honig in steinerne Töpfe und schmelzen das Wachs zu drei Fuß langen und zwölf Zoll dicken Klumpen. Die Eingeborenen sind von recht trägem Charakter, was die Chinesen sich zunutze gemacht haben. Fast den gesamten Handel betreiben sie mit kleinen Booten von zehn bis dreißig Tonnen Last. Auf dem Markt wird nur wenig Handel getrieben. Ich habe einen Mann gesehen, der vom Lande zwei Kartoffeln zum Markt brachte, sie für zwei Deut verkaufte, dafür etwas Betel zum Kauen erhandelte und sich den Rest des Tages in der Stadt umhertrieb. Die Bewohner des Innern der Insel sind stark und rüstig, aber wegen ihrer Unreinlichkeit einigen schmutzigen Krankheiten unterworfen.

Das Oberhaupt oder den König der Eingeborenen nennen die Holländer den Kaiser. Ich fand Gelegenheit, ihm einen Besuch abzustatten. Er empfing mich sehr höflich und ließ mir allerhand Erfrischungen vorsetzen, wovon einige seiner Vornehmen ihr Teil mitbekamen. Der König trug ein gewürfeltes Kleid mit einem aus Seide und Gold gewirkten Gürtel, ein grobes leinenes Kamisol und um den Kopf ein grobes Schnupftuch. Nach der Mahlzeit schenkte er mir eine Metallscheibe mit einem einziselierten Stern. Da man mir gesagt hatte, daß Arrak das Beste für ihn sei, hatte ich mich auf das passende Gegengeschenk eingerichtet. Diese Leute verdünnen ihr starkes Getränk niemals mit Wasser und haben so viel Übung im Trinken, daß sie eine große Portion Branntwein zu sich nehmen können, ohne einen Rausch davon zu bekommen.

Die Holländer haben sich einige Mühe gegeben, das Christentum unter den Eingeborenen zu verbreiten. Wenn man aber die Stadt und ihre nähere Umgebung abrechnet, haben sie keine großen Fortschritte gemacht. Der jetzige König hat bei der Taufe den Namen Bernhard bekommen, aber sein eigentlicher Name ist Baktschi Bannock. Die Bibel ist ins Malayische übersetzt, und in der Kirche zu Kupang hält ein malayischer Geistlicher den Gottesdienst in der Landessprache.

Der Brotfruchtbaum wächst auf Timor ebensogut wie auf Tahiti, doch wiegen die Früchte um die Hälfte mehr als eine tahitische von gleicher Größe. Man ißt sie hier nicht als Brot, sondern mit Milch und Zucker. Der Gouverneur schenkte mir einige schöne junge Stämme, die ich aber wegen Raummangels auf dem Postschiff in Batavia zurücklassen mußte. Ich konnte jedoch einige Sämereien mitnehmen, besonders von dem Bergreis, der auf trockenem Boden wächst und der später weiter nach Westindien versandt worden ist.

Am 20. Juli starb Herr David Nelson an einem Wundfieber, und ich beklagte den Tod dieses braven Mannes sehr. Am 21. Juli bestatteten wir ihn. Die Leiche wurde von zwölf schwarzgekleideten Soldaten getragen, denen ein Geistlicher vorausging. Dann folgte ich mit dem Vizegouverneur, darauf einige Herren aus der Stadt und die Offiziere der im Hafen liegenden Schiffe, zuletzt meine Offiziere und die Mannschaft. Wir beerdigten den Toten auf dem Friedhof der Europäer hinter der Kapelle. Herr Nelson hatte mit mir zum zweitenmal eine Reise nach der

Südsee unternommen, denn er war von Sir Joseph Banks schon mit Kapitän Cook auf dessen letzte mitgeschickt worden, um Pflanzen, Sämereien u. a. zu sammeln. Jetzt, als er so manche Schwierigkeiten überwunden hatte und mit uns gerettet zu sein schien, wurde er von der Erde abberufen.

NEUNZEHNTES KAPITEL

Reise von Timor nach Batavia.

Wir steuerten von Kupang bei heiterem Wetter mit einem leichten Südostwind und sahen am 22. August bei Tagesanbruch die Insel Flores nordwärts liegen. Wir steuerten an der Südseite dieser Insel entlang, die zwei hohe pikähnliche Berge trägt, wovon der westliche ein Vulkan ist. Dann fuhren wir an der Südseite von Flores weiter, dann durch die Sumba-Straße und längs der Nordküste von Sumbawa. In der Nacht zum 31. August ruderten einige Prauen (kleine malayische Fahrzeuge) um uns her, weshalb wir die ganze Nacht unter Waffen blieben. Am Sonntag, dem 6. September, erreichten wir das nordöstliche Ende von Java, steuerten längs der Küste nach Westen und gingen bei Pasuruan, einer holländischen Niederlassung, vor Anker. Wir lagen eine halbe Seemeile vom Lande vor einer Flußmündung. Das Wasser war hier so seicht, daß größere Schiffe drei bis vier Meilen vom Lande entfernt ankern mußten. Sobald wir vor Anker lagen, fuhr ich in meinem Boot an Land. Die Ufer des Flusses sind schlammig und mit Mangroven bestanden, zwischen denen wir Schweine umherlaufen sahen. Viele lagen auch tot im Schlamm und verbreiteten einen solchen Gestank, daß ich herzlich bereute, hier geankert zu haben. Als wir jedoch eine Meile flußaufwärts gefahren waren, fanden wir uns in einer anmutigen Gegend und stiegen bei einem kleinen Fort an Land. Der Kommandant, Herr Adrian van Ryn, empfing uns sehr freundlich. Mit dem zurückgehenden Boot brachte ich einen kleinen Büffelochsen und andere Lebensmittel an Bord. Ich mietete auch einen Lotsen, der uns nach Surabaja führen sollte.

Am folgenden Tag gingen wir gegen Mittag unter Segel und ankerten am 12. September auf der Reede von Surabaja. Hier lagen sieben größere Schiffe mit viereckigen Segeln und verschiedene kleinere Fahrzeuge vor Anker. Es war für uns zu spät geworden, noch an Land zu gehen. Noch vor Tagesanbruch am folgenden Morgen legten sich drei Wachtboote in unsere Nähe, und ich erhielt Bescheid, kein Boot an Land zu schicken. Der Kommandant der Wachtboote erklärte mir, daß dieses Verbot allen Schiffen bei ihrer ersten Ankunft auferlegt werde. Um neun Uhr erhielt ich aber bereits die Erlaubnis, und die Wachtboote verließen uns. Der Gouverneur, Herr Anton Barkay, und der Truppenkommandant, Herr von Bose, empfingen mich sehr freundlich, bewirteten mich und empfahlen mir, bis zum 16. September hierzubleiben, da dann mehrere Schiffe abgehen würden, in deren Gesellschaft ich vor den Seeräubern sicher sei.

Surabaja ist einer der anmutigsten Orte, die ich je gesehen habe. Die Stadt liegt am Ufer eines Flusses, anderthalb Seemeilen von der See entfernt. Der Fluß ist für Schiffe bis zu hundert Tonnen Last schiffbar. Die Chinesen, die hier viel Handel treiben, wohnen auf der anderen Flußseite. Die Herren Barkay und Bose nahmen mich mit zu zwei vornehmen Javanern. Sie waren von einer zahlreichen, mit Piken bewaffneten Wache umgeben. Man unterhielt uns mit einem Konzert, das mit Gongs, Trommeln und Saiteninstrumenten bestritten wurde.

Am 17. September gingen wir mit drei Prauen unter Segel. Wir segelten westwärts längs der Küste und ankerten auf der Reede von Semarang. Hier mündete ein Fluß ähnlich wie in Pasuruan mit niedrigen, schlammigen Ufern, an denen tote Tiere umherlagen. Eine Kutsche brachte mich zum Gouverneur, der mir erlaubte, unseren Proviant zu ergänzen und einen neuen Hauptmast anzuschaffen, da der unsrige einen Riß bekommen hatte. Semarang ist nächst Batavia der wichtigste Ort, den die Holländer auf Java besitzen. Man findet hier ein gut eingerichtetes Hospital, eine Schule, in der hauptsächlich Mathematikunterricht erteilt wird, und auch ein Theater. Die Lebensmittel sind sehr billig, ein Pfund Rindfleisch kostet zehn Deut (5 Kreuzer) und ein Huhn zwölf Deut. Der Wundarzt des Hospitals versorgte uns ohne Bezahlung mit Arzneien.

Am 26. September segelten wir von hier ab in Begleitung einer Galeere mit sechs Drehbrassen, die uns auf Befehl des Gouverneurs bis Batavia begleiten sollte. Am 1. Oktober gingen wir auf der Reede von Batavia vor Anker. Wir trafen hier ein holländisches Kriegsschiff, zwanzig holländische Ostindienfahrer und viele kleinere Fahrzeuge an.

ZWANZIGSTES KAPITEL

Ereignisse in Batavia und Rückreise von da nach England.

Um vier Uhr nachmittags ging ich an Land und stieg bei einem am Fluß gelegenen Hause aus, wo Fremde allemal anhalten und sich melden müssen. Von hier führte mich ein malayischer Herr in seinem Wagen zum Sabandar, Herrn Engelhard, dessen Haus nicht weit von den Schiffen lag. Der Sabandar ist der Beauftragte, mit dem alle Fremden ihre Geschäfte verhandeln müssen. Ich begab mich in seiner Begleitung zum Generalgouverneur, der mich sehr freundlich empfing. Nachdem ich Sr. Exzellenz meine Lage dargelegt hatte, bat ich ihn, für meine Leute zu sorgen und uns die Überfahrt nach Europa in einem der ersten abgehenden Schiffe zu gestatten. Weiter hielt ich um die Erlaubnis an, den Schoner und das Boot verkaufen zu dürfen. Der Generalgouverneur erklärte mir, daß dies alles bewilligt werden sollte. Darauf ging ich mit dem Sabandar zurück, der alle unsere Wünsche notierte, um sie am folgenden Tage in Form einer ordentlichen Bittschrift dem Rate von Indien vorzulegen.

Am nächsten Morgen fand ich mich mit dem Sabandar in der Ratsversammlung ein, wo alle meine Bitten bewilligt wurden. In der Nacht hatte ich im Hotel starkes Kopfweh bekommen, das sich noch verstärkte und von heftigem Fieber begleitet wurde, als ich jetzt in das heiße, stickige Quartier zurückkehrte. Der Sabandar rief den Oberwundarzt des Hospitals, Herrn Aansorp, zu mir, durch dessen ärztliche Kunst das Fieber in weniger als vierundzwanzig Stunden sehr vermindert wurde, jedoch behielt ich noch immer die heftigsten Kopfschmerzen. Um Luft schöpfen zu können, mietete ich einen Wagen, der

Eine Straße in Batavia

täglich drei Dollars kostete. Der Generalgouverneur ließ mich schließlich im Hause des Oberhospitalarztes Sparling unterbringen, das beim Krankenhaus auf dem Lande lag. Einer von meinen Leuten, der Schiffskoch Thomas Hall, lag an einer Dysenterie nieder, weshalb ich für ihn die Erlaubnis erwirkte, daß er in das auf dem Lande gelegene Krankenhaus gebracht wurde.

Als ich in das Haus des Herrn Sparling, das vier Meilen von der Stadt liegt, umgezogen war, fühlte ich allein schon vom Unterschied der Luft so große Erleichterung, daß ich noch am gleichen Abend meinen Arzt bei einem Besuch des Generalgouverneurs begleiten konnte. Hier fanden wir viele Damen in malayischer Tracht, von denen einige sehr reich mit Juwelen geschmückt waren. Mehrere

Herren luden mich in ihr Landhaus ein, wo ich bis zur Wiederherstellung meiner Gesundheit bleiben sollte.

Donnerstag, den 8. Oktober. Da sich meine Unpäßlichkeit sich verschlimmerte, riet mir Herr Sparling, Batavia so schnell wie möglich zu verlassen, und er stellte meine Lage dem Generalgouverneur vor. Se. Exzellenz ließ mir sagen, daß es keine Möglichkeit gebe, meine Mannschaft nach Europa reisen zu lassen, als wenn man sie auf mehrere Schiffe verteile. Da nun eine Trennung unvermeidlich war, entschloß ich mich, am 16. Oktober mit dem Postschiff abzureisen. Man teilte mir mit, daß nur noch zwei von meinen Leuten auf dem Schiffe Platz fänden, doch möge ich überzeugt sein, daß die Zurückbleibenden bei der ersten Gelegenheit nachfolgen würden.

Am Freitag, dem 9. Oktober, kam das englische Schiff »General Elliot« unter Kapitän Lloyd auf der Reede an. Am Sonnabend wurde der Schoner »Resource« öffentlich versteigert. Es ist in Batavia üblich, hoch anzufangen und mit dem Preise herunterzugehen, bis jemand bietet, und der zuerst Bietende ist der Käufer. Das Schiff wurde demzufolge zuerst für 2000 Reichstaler ausgeboten, aber zu meinem Verdruß wollte niemand eher bieten, als bis der Auktionator auf 250 Reichstaler heruntergegangen war. Für diesen Preis wurde es an einen Engländer verkauft, einen Kapitän John Eddie, der ein von Bengalen hier angekommenes Schiff befehligte. Das große Boot wurde ebenfalls verkauft, obschon ich es wegen des Dienstes, den es uns geleistet hatte, sicherlich nicht getan haben würde, wenn ich es hätte mitnehmen können. Der Koch Thomas Hall starb an diesem Tage.

Mit dem Kapitän des Postschiffes buchte ich die Reise nach Europa für mich, meinen Schreiber John Samuel und einen Diener, Der Sabandar sagte mir, es sei erforderlich, daß meine Offiziere und die Mannschaft vor einem Notar über den Verlust des Schiffes vernommen würden, da der Gouverneur und der Rat sonst keine gesetzliche Autorität hätten, es anzuhalten, wenn es in einer holländischen Niederlassung angetroffen würde. Demzufolge wurden sie verhört und legten nachher von dem Gouverneur und dem Rat den Eid ab.

Meine Offiziere beklagten sich bei mir über die hohen Rechnungen einiger Handwerker. Ich legte dem Sabandar ihre Beschwerden vor, der dann eine Rechnung über 51 Taler für fünf Hüte auf 30 Taler und verschiedene andere Artikel entsprechend herabsetzte. Die Zahlungen laufen in Batavia durchweg in Papiergeld. Um diese Zeit hatte es aber einen Verlust von 28 Prozent. Außerdem war der Wert des Dukaten sehr unterschiedlich, in Holland galt er 63, in Batavia aber 80 Stüver, was einem Verlust von 21,5 Prozent bei Wechseln gleichkommt. Wenn also jemand Wechsel von Batavia nach Europa überweist, so verlieren diese 49,5 Prozent. Wer hier Rechnungen zu bezahlen hat und gute Wechsel auf Europa ausstellen kann, erspart viel, wenn er seine Wechsel bei Privatpersonen unterzubringen sucht, die gern 20 Prozent Prämie dafür geben. Ich machte diese Entdeckung zu spät, um davon profitieren zu können.

Zwischen Ende Oktober und Anfang des nächsten Jahres darf kein holländisches Schiff von Batavia nach Europa absegeln, da es in die bei der Insel Mauritius herrschenden Orkane geraten kann, die dort im Dezember und Januar häufig auftreten. Der Gouverneur erteilte mir die Erlaubnis, alle meine Leute im Hospital unterzubringen, womit sie auch zufrieden waren. Die Offiziere blieben jedoch auf eigenen Wunsch in der Stadt. Der Tag der Abreise des Postschiffes nahte heran, deshalb schloß ich meine Rechnung mit dem Sabandar ab und ließ nur noch die Rechnung über die Verpflegung offen, die Herr Fryer, unser Obersteuermann, vor seiner Abreise begleichen sollte. Ihm erteilte ich auch die Vollmacht, der Mannschaft und den Offizieren eine Monatslöhnung auszuzahlen, damit sie sich für die Heimreise einkleiden konnten.

Ich hatte mir viele Mühe gegeben, von Timor aus in sechs großen Zubern einige Pflanzen mitzunehmen. Diese Bäumchen würden, so glaubte ich, wenigstens am Kap der Guten Hoffnung willkommen sein, falls ich sie nicht weiter mitnehmen könnte. Zu meinem großen Leidwesen mußte ich sie aber sämtlich in Batavia zurücklassen. Nach diesem Versuch läßt sich nichts über den Erfolg einer Verpflanzung von Brotfrucht und anderen Gewächsen sagen.

Freitags, den 16. Oktober, ging ich vor Sonnenaufgang an Bord des Postschiffes »Vlydte«, das unter Führung des Kapitäns Peter Couvret nach Middelburg bestimmt war. Mit mir schifften sich der Schreiber John Samuel und der Matrose (und Koch) John Smith ein. Der Generalgouverneur versprach mir noch einmal, daß meine übrigen Leute mit den ersten Schiffen abgehen und so wenig wie möglich voneinander getrennt werden sollten. Um sieben Uhr lichtete das Schiff die Anker und ging unter Segel. Am 18. Oktober sprachen wir mit der amerikanischen Brigantine »Rambler«, die von Boston nach Batavia unterwegs war. Nachdem wir die Sundastraße hinter uns gelassen hatten, steuerten wir nördlich von den Kokos-Inseln. Kapitän Couvret sagte mir, daß sie reich mit Kokospalmen bestanden seien. Boote können dort gut landen, aber für Schiffe gibt es keinen Ankergrund.

Am 16. Dezember, nachmittags, gingen wir in der Tafelbai vor Anker. Ich begab mich am folgenden Morgen an Land und machte dem Herrn Gouverneur van der Graaf meine Aufwartung, wobei ich höflich und freundschaftlich empfangen wurde. Während meines Aufenthaltes am Kap trafen noch folgende Schiffe ein: eine französische Fregatte mit vierzig Kanonen, ein Ostindienfahrer und eine Brigantine der gleichen Nationalität, zwei französische Schiffe mit Sklaven, die von Mozambique nach Westindien fuhren, ein holländisches Postschiff aus Europa, das vier Monate unterwegs gewesen war, und die »Harpyie«, ein auf den südlichen Walfang ausgeschicktes Schiff, das 500 Fässer (je 163 l) Walrat und 400 Fässer Robbenöl und anderen Tran an Bord hatte.

Nach einer Verordnung der Holländischen Ostindischen Compagnie darf niemand, der von Batavia nach Europa reist, das Schiff verlassen, ehe er den Zielhafen erreicht hat. Ich hätte also mit dem Postschiff nach Holland reisen müssen, da ich in Batavia versäumt hatte, den Befehl des Gouverneurs an den Kapitän meines Schiffes zu erwirken, mich an der Kanalküste abzusetzen. Ich wandte mich nun an den Gouverneur van der Graaf, der sogleich den nötigen Befehl an den Kapitän herausgehen ließ.

Ich hinterließ am Kap einen Brief an den Gouverneur Philipps in Port Jackson (bei Sydney), der ihm mit erster Gelegenheit zugeschickt werden sollte. Darin erteilte ich ihm einen kurzen Reisebericht und legte eine Liste der Meuterer bei. Von Batavia aus hatte ich bereits an Lord Cornwallis (Generalgouverneur in Ostindien) geschrieben, so daß man in allen Gegenden Indiens auf den Empfang der Aufrührer vorbereitet war.

Wir gingen am 2. Januar 1790 in Gesellschaft der französischen Fregatte »Asträa« unter Segel. Am folgenden Morgen hatten wir beides, Schiff und Land, aus den Augen verloren. Am 15. Januar fuhren wir an St. Helena vorüber, und am 21. Januar sichteten wir die Ascension-Insel. Am 13. März sichteten wir die Landspitze Portland (Halbinsel im Kanal), und am Abend des 14. März verließ ich das Postschiff und wurde in einem Boot von der Insel Wight in Portsmouth an Land gesetzt.

Meine Offiziere und Leute, die ich in Batavia zurücklassen mußte, wurden mit den nächsten Schiffen als Passagiere nach Europa geschickt. Bei unserer Trennung schienen sie alle gesund zu sein, aber sie lebten nicht alle lange genug, um Batavia verlassen zu können. Der Steuermannsmaat Elphinstone und der Matrose Peter Lenkletter starben zwei Wochen nach meiner Abreise. Sie waren durch die Strapazen, die sie erlitten hatten, zu sehr geschwächt, um das ungesunde Klima in Batavia ertragen zu können. Die übrigen kamen mit holländischen Schiffen glücklich nach England zurück, mit Ausnahme von Robert Lamb, der unterwegs starb, und des Wundarztes Thomas Ledward, von dem man noch nichts gehört hat.

Es war also der Wille des Höchsten, daß von neunzehn Menschen, die von den Aufrührern in das Boot getrieben worden waren, zwölf die Strapazen und Gefahren der Reise überstehen und die Rückkehr in ihr Heimatland erleben sollten.

Reise um die Welt

IN DER

KÖNIGLICHEN FREGATTE »PANDORA«

WÄHREND DER JAHRE 1790, 1791 UND 1792

UNTER FÜHRUNG

des Captain Edwards

Nebst

Entdeckungen in der Südsee

und einer
Nachricht von dem vielen Ungemach, welches die Mannschaft durch Schiffbruch und Hunger auf einem Wege von elfhundert Englischen Meilen zwischen der Endeavour-Straße und der Insel Timor im offenen Boot erduldet.

Beschrieben von

DR. GEORGE HAMILTON

Wundarzt des Schiffes

ERSTES KAPITEL

Fahrt nach Tahiti und Aufenthalt daselbst.

Die Regierung faßte den Entschluß, die Meuterer des vormaligen Königlichen Schiffes »Bounty« zur Verantwortung zu ziehen, außerdem die Endeavour-Straße (zwischen Australien und Neu-Guinea) aufnehmen zu lassen, damit die

Abreise der Fregatte

Fahrt nach der Botany-Bay (Sydney) erleichtert würde. Daher erhielt Kapitän Edwards am 10. August 1790 zu Chatham das Kommando der Fregatte »Pandora« mit vierundzwanzig Kanonen und hundertsechzig Mann.

Damals wurde gerade eine große Flotte ausgerüstet, wodurch die sorgfältige Auswahl der Schiffsleute sehr behindert war. Schon hier schlichen sich durch infizierte Kleider Krankheiten bei uns ein, die wir beim Antritt der Reise entdeckten und als große Belastung empfanden.

Als alles Notwendige beisammen und auch Schiffsbaumaterial zur Ausbesserung der »Bounty« an Bord genommen war, gingen wir nach Sheerness (an der Themsemündung) hinunter, begrüßten den Admiral Dalrymple mit Salutschüssen, ebenso im Vorbeisegeln vor den Downs (Kreidehügeln) Sir Richard King. Bei Portsmouth sahen wir die Unionsflagge von Lord Howes Hauptmast wehen und unter ihm die stolzeste Flotte, die je auf dem Britischen Meer gewesen ist. (Lord Howe war Oberbefehlshaber der Kanalflotte in den französischen Revolutionskriegen.)

Hier erhielt die Besatzung ihren Sold auf sechs Monate im voraus, und als wir die letzten Verhaltungsbefehle bekommen hatten, lichteten wir die Anker und stachen in See. Der Wind stieß günstig in unsere Segel, aber unsere »Pandora« schien ihre bösen Einflüsse über uns ausschütten zu wollen, denn ein bösartiges Fieber brach unter uns aus, das in wenigen Tagen fünfunddreißig Mann aufs Krankenlager warf, wovon unglücklicherweise der Wundarztgehilfe Innes einer der ersten war. Unsere Lage wurde besonders dadurch verschlimmert, daß wir uns mit engstem Raum behelfen mußten, da das Schiff, die Kajüten der Offiziere und des Kapitäns nicht ausgenommen, bis an die Luken mit Schiffsbedarf und Proviant angefüllt war, und wir mußten erst wie Kornwürmer ein Loch in unseren

Brotvorrat gegessen haben, ehe wir Raum genug hatten, uns auszustrecken. Der Kapitän tat zwar alles, die Lage der Kranken zu bessern, aber gegen Unmögliches hilft kein guter Wille.

In solcher Lage bemerkten wir auf der Breite von Madeira ein Schiff, das gerade auf uns zusegelte. Wir schlossen aus seinem Aussehen und Verhalten, daß es ein Kriegsschiff sein müsse, und machten unser Schiff gefechtsklar. Vor unserer Abreise von England war dort viel von einem Kriege mit Spanien die Rede gewesen. Kaum hatten wir aber unsere Kanonenluken geöffnet, so hatten wir das Schiff zur Seite und erfuhren, daß es das Königliche Schiff »Shark« war, das den Admiral Cornish zurückholen sollte, der einige Tage vor uns von Spithead nach Westindien gesegelt war.

Bald zeigte der Pik von Teneriffa sein bis über die Wolken getürmtes Haupt, und zwei Tage später gingen wir auf der Reede von Santa Cruz vor Anker, begrüßten aber das Fort nicht, weil der Kommandant keinen Befehl hatte, den Gruß zu erwidern. Bald darauf kam der Hafenmeister an Bord und sagte, man habe sich sehr gefürchtet, einen unfreundlichen Besuch von den Engländern zu bekommen, und man freue sich um so mehr, daß jetzt zwischen den Höfen von Madrid und St. James alles beigelegt sei.

Es gibt wohl keine schönere Bucht als die von Santa Cruz. Mitten in der weiten Bai erhebt sich die von Hügeln umgebene Stadt, während sich dahinter das majestätische Gebirge des Piko erhebt, bald in Wolken gehüllt, bald wieder frei. Alle am Strand liegenden Hügel sind rings um die Bucht mit Batterien und Schanzen besetzt. Die Einwohner sind höflich, aber zurückhaltend. Man erkennt an ihren mißtrauischen Gesichtern, daß ein Inquisitionsgericht auf der Insel besteht. Die Soldaten werden schlecht gekleidet, und überhaupt herrschen hier Armut und Aberglaube.

Man hat hier vor kurzem die Reben verbessert, so daß der Wein jetzt gut ist, und unser Weinlieferant Rooney ist ein ehrlicher Mann. Wir nahmen hier frisches Wasser ein und versorgten uns mit Zitronen, Orangen, Pomeranzen, Pisangs, kurz mit allen Früchten, die die Insel bietet, und setzten unsere Reise fort.

Das Fieber wurde jetzt ziemlich allgemein, fast jeder von uns bekam es, und viele wurden zum zweitenmal davon befallen, als wir uns dem Äquator näherten. Die Admiralität hatte uns aber mit allem reichlich versorgt, was für die Gesundheit des Seemanns erforderlich ist, so daß die Gefahr glücklicher vorüberging, als sich erwarten ließ. Besonders gute Wirkung hatten Tee und Zucker, die bei dieser Gelegenheit den Matrosen zum erstenmal verordnet

Tracht der Bewohner der Kanarischen Inseln

wurden. Wer krank ist, ekelt sich vor jeder Fleischspeise, und er kann fast allein von Tee leben.

Die Luft wurde jetzt unerträglich heiß. Ich versuchte deshalb mit Herrn Whites neuem Ventilator, die faule Luft von den unteren Schlafstellen der Leute abzuziehen, merkte aber nur wenig Wirkung. Der Apparat war wohl gut, doch das Schiff zu voll. Wenn man aber eine lederne Röhre wie eine Spritze an den Ventilator setzen könnte, würde der Nutzen größer sein, besonders auf Leichtern, in denen viele gewaltsam angeworbene Matrosen beisammen liegen, oder auf Linienschiffen, wenn man die unteren Klappen auf See nicht öffnen darf. Dann stellt sich oft das Kerkerfieber nebst anderen Nöten ein.

Wir sahen viele Wasserhosen um das Schiff, auf die wir einige Kanonenschüsse abgaben. Ohne weitere Vorfälle sichteten wir endlich am 28. Dezember die Küste von Brasilien, und zwei Tage später begrüßten wir die Festung Rio de Janeiro mit fünfzehn Schüssen, die sofort erwidert wurden. Als wir vor Anker lagen, kam ein Offizier an Bord und meldete dem Kapitän, daß nach Landessitte eine Anzahl Soldaten auf das Schiff gelegt würden. Das aber wurde als unvereinbar mit der Würde der englischen Flagge abgelehnt, und Kapitän Edwards weigerte sich auch, dem Vicekönig seine Aufwartung zu machen, wenn ein Portugiese mit in sein Boot genommen werden müsse. Man gab ihm auch darin nach, und als der Höflichkeitsbesuch beim Vicekönig stattgefunden hatte, gab er den britischen Offizieren Wagen und Pferde aus seinem Stall. Der Erste Wundarzt, Herr le Font, der geläufig Englisch sprach, führte uns durch die wichtigsten Straßen der Stadt und auch zu dem mit viel Aufwand und Geschmack angelegten öffentlichen Garten. Er ist mit einer Terrasse umgeben, von der aus man die See überschaut und die die Vornehmen der Stadt zu ihren Spaziergängen aufsuchen.

In verschiedenen Teilen des Gartens sind schöne Orangenbüsche und hohe Sommerlauben angelegt worden, unter denen sich wohl tausend Menschen aufhalten können. Hier begehen die gutwilligen Schönen ihre nächtlichen Feste, aber nicht ohne Gefahr für ihre Liebhaber, denn Dolche sind allgemein im Gebrauch, und Morde kommen häufig vor. Die Männer sind so eifersüchtig wie die Frauen galant. Als der französische Weltumsegler Bougainville hier anlegte, büßte sein Schiffsprediger hier mit dem Leben. Seitdem werden sowohl fremde Offiziere als auch Gemeine von einem hiesigen Offizier oder Soldaten begleitet. Man bewacht jeden Schritt des Fremden, und ein einheimischer Kaufmann darf ihm nichts überlassen, bis der Preis der Ware von einem Polizeibeamten festgesetzt worden ist.

Das Mutterland legt dem Handel der hiesigen Kolonie sehr enge Fesseln an. Die Natur ist freigebig, aber die Einwohner dürfen ihre Schätze nicht nutzen, um wohlhabend zu werden, und daher auch ihre Neigung, zu Empörern zu werden. Sie übereilten sich aber damit, und man entdeckte gerade während unserer Anwesenheit eine Empörung, und viele der vornehmsten Einwohner wurden in Gefängnisse geworfen und scharf bewacht. Um nun die Kolonisten künftig im Zaum zu halten, wurde ein Regiment Negersklaven aufgestellt, die sehr gern bereit sein werden, gegen ihre ehemaligen Herren die Waffen zu gebrauchen. Sollte aber jemals eine Revolution in Südamerika stattfinden, die doch früher oder später ausbrechen muß, so würden unsere Entdeckungen in der Südsee für eine britische Kolonie recht gut gelegen sein.

Alle öffentlichen Arbeiten werden hier von Sklaven in Ketten geleistet. Um ihr schlecht gelohntes Tagwerk zu erleichtern, singen oder rezitieren sie dabei ihre Klagelieder, und die Ketten klirren dazu.

Die Stadt ist groß und hat regelmäßige Straßen mit steinernen Häusern, dazu einige Kirchen, Mönchs- und Nonnenklöster. Wie in der Altstadt von Edinburgh wohnen hier oft viele Familien in einem Hause, und hier wie dort entsteht daraus der Nachteil, daß Reinlichkeit nicht ihre Tugend ist.

Beiläufig muß ich noch erwähnen, daß meine Tischgenossen, die Leutnants Corner und Hayward, sich große Mühe gaben, Pflanzen mitzunehmen, die auf Tahiti oder anderen Inseln Nutzen bringen könnten. (Leutnant Hayward hatte als Seekadett die Reise der »Bounty« mitgemacht und war mit Kapitän Bligh nach England zurückgekehrt.)

Wir nahmen endlich Abschied von unseren neugewonnenen Freunden, und zwar nicht ohne Betrübnis, da wir jetzt auf unbestimmte Zeit die Gesellschaft zivilisierter Menschen verließen. Am Morgen des 8. Januar 1791 gingen wir unter Segel. Auf der Fahrt an der brasilianischen Küste entlang sahen wir mehrere Walfische und Schiffe, die sich mit dem Walfang befaßten. Wir hatten nunmehr kaltes Wetter, und das Schiffsvolk wurde nach und nach wieder gesund. Dann hatten wir das Glück, die stürmische Gegend von Kap Hoorn zu durchschiffen, ohne daß uns etwas zustieß. Als wir weiterfuhren, wurde die Witterung äußerst günstig, und unsere ausgesuchte Verpflegung tat eine wunderbare Wirkung auf die Gesundheit und Leistungsfähigkeit der Genesenden.

Ich bitte meine Leser um Erlaubnis, hier eine kleine Abschweifung über die Gesunderhaltung der Seefahrer machen zu dürfen. Die Sache ist wichtig, und Erfahrung, die auch ich gemacht habe, ist die einzige Lehrmeisterin. Während unserer Reise blieb das Sauerkraut völlig unverdorben. Oft zogen wir es, als Salat mit Weinessig zurechtgemacht, den am Ufer gepflückten frischen Pflanzen vor. Ein Faß mit diesem wirksamen Mittel gegen den Skorbut stand dem Schiffsvolk zu beliebigem Genuß immer offen, und es zeigte sich meiner Überzeugung nach als die gesundeste Pflanzenkost. Dick eingekochte Malzwürze lieferte ein vorzügliches Getränk und, mit etwas Hopfen versetzt, auch im heißesten Klima ein so gutes Bier, wie wir es sonst nur in England bekommen hatten.

Auch Kokosnüsse brachten uns großen Nutzen. Sie nehmen wenig Raum ein, nähren gut, und die Leute essen sie gern. Als im Jahre 1783 der Krieg in Westindien zu Ende ging, wurden Leute, die während der ganzen Zeit nur Gesalzenes gegessen hatten, durch den Genuß von Kokosnüssen wieder gesund und kräftig. An Bord des »Agamemnon« waren fünfhundert Mann, die während des Krieges nur von eingesalzenen Vorräten gelebt hatten, als sie aber Kokosnüsse bekamen, wurde bis zur Ausschiffung der Mannschaft nicht ein einziger mehr krank. Es ist tatsächlich die einzige Nahrung, die auf See wirklich nährt, denn was läßt sich von Rind- oder Schweinefleisch erwarten, das ein oder zwei Jahre in Salz gelegen hat!

Von Zeit zu Zeit mahlten wir Weizen in einer Grobmühle, vermischten ihn mit braunem Zucker und bereiteten ihn so zu einer Speise, die den Leuten sehr gut schmeckte. Auch frisches Brot bekam den Kranken besonders gut. Weizenmehl hält sich übrigens viel länger als Zwieback und leidet nicht so viel durch Wasser, weil es eine Rinde bekommt, die den inneren Teil schützt. Außerdem nahm es weniger Raum ein.

Wir teilten unser Schiffsvolk in drei Wachen ein und hatten davon einen doppelten Vorteil. Einmal gewann die Mannschaft längere Zeit zum Schlafen und Kleidertrocknen, ehe sie wieder an die Reihe kam, zweitens waren immer nur wenige Leute an Deck, und die Neulinge an Bord mußten sich anstrengen, den Schiffsdienst zu lernen.

Die Luft wurde jetzt gemäßigt und angenehm. Unglücklicherweise bekamen wir im Heck unseres Schiffes ein Leck, wodurch Wasser in das Brotmagazin eindrang und viel Schaden anrichtete, so daß wir 1515 Pfund Brot über Bord werfen mußten und vieles außerdem nur als Viehfutter gebrauchen konnten.

Wir sahen viele Blaue Sturmvögel (Halobaena caerulea) umherfliegen, und am 4. März sichteten wir die Osterinsel. Jetzt setzten wir unsere Esse instand, und die Schmiede gingen geschäftig daran, Messer und andere Eisenwaren für den Handel mit den Wilden anzufertigen. Am 16. März entdeckten wir ein Atoll von drei bis vier Meilen Umfang, das mit Bäumen bewachsen, aber ohne Bewohner

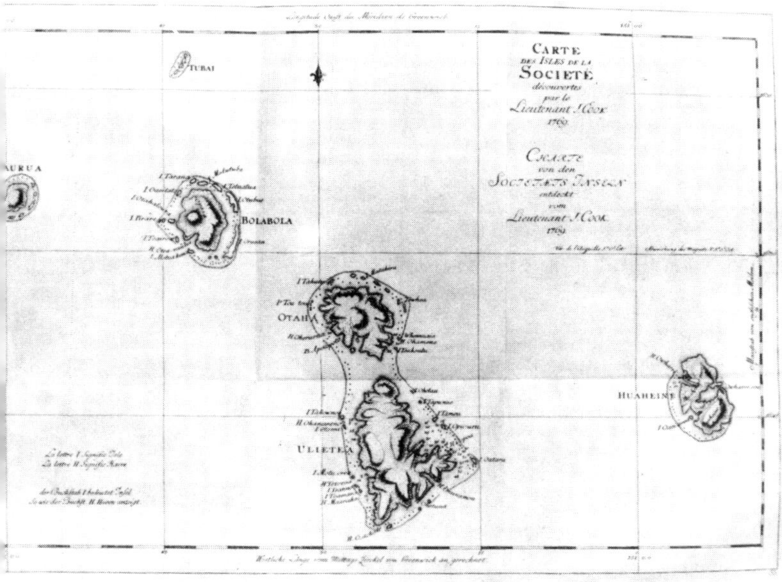

Die Inseln unter dem Winde (Ulietea = Raiatea)
Teilkarte der Gesellschaftsinseln von Captain
James Cook (1769)

war. Wir nannten es Lord Ducie zu Ehren Ducies Eiland. Am nächsten Tage sichteten wir eine fünf bis sechs Meilen lange Insel und zwei Tage später wieder eine von der gleichen Beschaffenheit. Wir nannten sie Hoods- und Carifords-Inseln.

Am 22. März segelten wir an Maitea vorüber, und am 23. morgens liefen wir in die Matawaibucht ein. Noch in der Morgendämmerung ruderte ein Eingeborener in seinem Kanu heran, kam an Bord unseres Schiffes, umarmte uns und war außer sich vor Freude. Von ihm erfuhren wir, daß sich einige Meuterer noch auf der Insel aufhielten, daß aber Herr Christian und neun Mann schon längst mit der »Bounty« von Tahiti weitergesegelt seien und den Eingeborenen vorgeredet hätten, Kapitän Bligh habe sich auf der Insel Aitutaki niedergelassen, wo sich auch Kapitän Cook befinde. Maßlos verwundert war der Eingeborene, als er Leutnant Hayward wiedererkannte, der sich zunächst versteckt gehalten hatte.

Um elf Uhr fuhren die Leutnants Corner und Hayward mit sechsundzwanzig Mann in zwei Booten ab, um die Aufrührer im nordwestlichen Teil der Insel (Tittaha) zu suchen. Gleich nach unserer Ankunft kam Joseph Coleman, der Büchsenmeister der »Bounty«, zu uns an Bord, und bald darauf folgten die beiden Midshipmen (Seekadetten) Peter Haywood und George Stewart. Um drei Uhr kam Richard Skinner (Matrose) vom Lande an Bord. Am 25. kehrten die Boote zurück, nachdem sie die Aufrührer am Ufer gejagt und ihnen ihr Boot abgenommen hatten. Die Meuterer selbst waren in die Berge geflohen, um bei Tumatoroa, dem Eri von Papara, Schutz zu suchen, der der eigentliche König von Tahiti war und, wenn wir nicht gekommen wären, mit Hilfe der Meuterer Krieg gegen den König Otu geführt haben würde.

Am 27. März schickten wir mit unserer Pinasse eine

Flasche Rum an den König Otu, der sich mit seinen beiden Gemahlinnen zu Tiarabu (der kleineren Halbinsel von Tahiti) befand, und baten um die Ehre eines Besuches. Die Flasche Rum beseitigte alle Bedenken, und schon am folgenden Tage besuchte uns die königliche Familie, in deren Gefolge sich auch Hitihiti befand, ein Eri, den Kapitän Cook besonders erwähnt. Beim ersten Besuch erlaubt ihnen die Etikette nicht, irgendein Geschenk anzunehmen, wodurch sie allerdings nichts einbüßen, da sie hinterher einen großen Teil ihres Gefolges schicken, um Geschenke für sie zu erbetteln.

Der König ist ein großer, gutgebauter Mann, etwa sechs Fuß drei Zoll groß, gutmütig und freundlich. Seine Gemahlin Iddia, ein robustes, gemein aussehendes Weib von etwa dreißig Jahren, bemühte sich fortwährend, unsere Bräuche zu lernen und nachzuahmen. Sie schätzte den Tee gleich sehr, als sie hörte, daß die englischen Frauen ihn tränken. Die andere Gemahlin oder Beischläferin, Aeridy, ist ein hübsches, etwa sechzehnjähriges Mädchen. Alle drei schlafen immer beisammen und leben in vollkommener Eintracht.

Leutnant Corner, der früher Offizier im Landdienst gewesen war, erhielt Befehl, sogleich mit einem Kommando landeinwärts zu gehen und den Aufrührern womöglich den Weg zu den Bergen abzuschneiden. Er landete am nächsten Morgen auf Kap Venus. Die Vornehmsten der Insel begleiteten ihn als Führer, und eine Menge Insulaner trugen ihm das Gepäck über die Hügel nach. Diese Hilfe war um so nötiger, als er einen reißenden Strom, der vom Gebirge herabfällt und sich zur Küste schlängelt, auf seinem Zuge sechzehnmal durchwaten mußte.

Als die Truppe sich ausruhte, bat Leutnant Corner einen Eingeborenen, etwas zu essen heranzuschaffen. Der Insulaner erwiderte, es sei fertiges Essen in der Nähe.

Dann lief er zu einem nahe gelegenen Tempel oder gottesdienstlichen Ort, wo die Tahitier ihrem Gott täglich Speiseopfer bringen, und kam in vollem Lauf mit einem gerösteten Ferkel zurück. Der Leutnant wunderte sich über solchen Mangel an Ehrerbietung, aber der Eingeborene sagte gelassen, es sei viel mehr da, als ihr Gott essen könne.

Dann gelangte der Trupp zu dem Landsitz eines großen Eris, der sich sehr gastfreundlich zeigte. Nach dem Essen führte er den Offizier zu dem Marae seines verstorbenen Vaters. Herr Corner hielt es für angebracht, den Toten besonders zu ehren. Er ließ deshalb seine Leute aufmarschieren und drei Salven über den Toten feuern, der in seinen schönsten neuen Kleidern dalag. Aber unglücklicherweise steckte die brennende Patrone einer Muskete die papierne Kleidung des toten Herrn in Brand. Der Sohn

Tupapau (Totenbahre) eines vornehmen Tahitiers

geriet darüber in größte Bestürzung, da nach den Gesetzen des Landes ein Sohn, dem der Leichnam seines Vaters gestohlen oder vernichtet wird, alle seine Titel und Besitzungen verliert, die nun an den nächsten Erben fallen.

Zu dieser Zeit führte Leutnant Hayward ein Kommando zu Wasser und wurde von einigen Häuptlingen begleitet, unter ihnen befand sich Hitihiti, der mit Kapitän Cook in England gewesen war und nach der Rückkehr von seinen Landsleuten als Lügner und Aufschneider verlacht wurde, weil er unter anderem behauptete, er habe festes Wasser (Eis) gesehen. Weiter begleitete den Leutnant Hayward ein Engländer, namens Brown, der von einem amerikanischen Schiff ausgesetzt worden war, weil er an Bord keine Ruhe halten konnte. Sonst war er ein heller, scharfsinniger Kopf, der uns sowohl bei dieser Expedition als auch auf der späteren Reise nützliche Dienste geleistet hat. Er hatte über ein Jahr lang unter den Tahitiern gelebt und sich ihre Sitten und ihre Lebensweise ganz zu eigen gemacht, so daß er sogar rohen Fisch aß und geröstetes Schweinefleisch in eine Kokosschale mit Seewasser tauchte, wie die Insulaner zu tun pflegen, statt das Fleisch zu salzen. Er hatte allen Umgang und jede Gemeinschaft mit den Schiffsleuten der »Bounty« vermieden, weshalb er sich genötigt sah, die Landessprache zu erlernen.

Kapitän Edwards ließ kein Mittel unversucht, die Freundschaft Tumatoroas, des Eri im oberen Distrikt der Insel, zu gewinnen. Er sandte ihm beträchtliche Geschenke, die den Eri denn auch bewogen, es mit uns zu halten. Damit verloren die Aufrührer alle Hoffnung auf eine sichere Zuflucht. Die Eingeborenen bedrängten sie vom Rücken her, Leutnant Hayward rückte mit seiner Truppe von vorn gegen sie vor. In der Nacht hatten sie in einer Waldhütte Schutz gesucht, aber Brown entdeckte sie hier. Er kroch zu ihnen heran, als sie schliefen, und erkannte durch

Befühlen ihrer Fußzehen, daß sie keine Eingeborenen waren. Bei Menschen, die keine Schuhe tragen, sind die Zehen nämlich auseinandergebreitet.

Tags darauf griff Leutnant Hayward sie an, aber sie legten ihre Waffen nieder, ohne sich zur Wehr zu setzen. Man band ihnen die Hände auf den Rücken und brachte sie unter starker Bewachung zum Boot. Während der ganzen Verfolgung kamen nur zwei Eingeborene um. Der eine wurde zwei Nächte vor der Gefangennahme der Meuterer von einer unserer Schildwachen erschossen, nachdem ihr die Eingeborenen bereits zweimal die Muskete aus der Hand geschlagen hatten. Als der Erschossene niederstürzte, eilten seine Freunde herbei und trugen den Leichnam fort. Den anderen erschossen die Meuterer, als sie sich vor den Angriffen der Eingeborenen mit ihrem Boot auf einen Fluß gerettet hatten. Das Weib oder die Dirne eines Aufrührers wurde von einem Stein getroffen, worüber ihr Mann so zornig wurde, daß er den Angreifer sofort zu Boden streckte.

Man erbaute nun ein Gefängnis auf dem Schiffsdeck, damit die Aufrührer in sicherem Gewahrsam und von dem übrigen Schiffsvolk getrennt waren, aber doch freie Luft genießen konnten, womit man ihnen den besten Platz auf dem Schiff einräumte. Sie wurden wie die übrige Mannschaft mit Speise, Getränk und allem versorgt, was man uns außer dem Gewöhnlichen so reichlich mitgegeben hatte. Den Dienstvorschriften nach sollen zwar Gefangene nur zwei Drittel der gewöhnlichen Portion bekommen, aber Kapitän Edwards hatte Mitleid mit ihrer unglücklichen und unvermeidlich langen Gefangenschaft.

Oripaia, der Bruder des Königs, ein scharfsinniger und kluger Eri, machte die Entdeckung, daß sich einige Eingeborene verschworen hatten, unsere Ankertaue zu kappen, sobald sich ein heftiger Wind auf der See erheben sollte.

Eine junge Tahitierin, die Geschenke von Tapazeug bringt

Solch ein Anschlag war um so eher zu befürchten, da viele der Gefangenen Töchter von angesehenen Eris zu Frauen hatten. Ein solcher Schwiegervater, der sich Stewart nannte, besaß besonders viel Land an der Matawaibucht und hatte nach Landessitte den Namen seines Freundes und Schwiegersohnes George Stewart, der zur »Bounty« gehörte, angenommen.

Der König Otu, seine beiden Brüder und andere Eris schienen sich sehr um unsere Sicherheit zu sorgen. Sie hielten bei den Gefangenen Nachtwache und gaben besonders auf unsere Ankertaue acht. Die Weiber der Gefangenen besuchten täglich das Schiff und brachten ihre Kinder mit, denen wir erlaubten, ihre unglücklichen Väter zu sehen. Es war ein rührender Anblick, als die armen Menschen in Ketten über ihre zarten Sprößlinge weinten. Solange wir hier lagen, versorgten ihre Weiber sie mit allem, was das Land hervorbringt, und bewiesen ihnen große Treue und Zuneigung.

Tags darauf kam der König mit seinen beiden Frauen, mit dem Gefolge und einem Musikkorps vorauf an Bord, um einen Staatsbesuch abzustatten. Die Damen hatten sechzig oder siebzig Ellen tahitisches Zeug um sich geschlagen und waren dadurch so dick und schwerfällig geworden, daß wir sie wie Hornvieh mit Tauen auf das Schiff winden mußten. Sie überreichten dem Kapitän ein Geschenk von Schweinen, Kokosnüssen, Pisangs, Tahitischen Äpfeln und mancherlei fertig zubereiteten Gerichten.

Sobald sie an Bord waren, half der Kapitän ihnen von ihrer Last, und zwar dadurch, daß er ihre Gewandung um seine Hüften rollte, eine Höflichkeitsbezeigung, zu der hier jedermann verpflichtet ist, wenn ihm ein Stück Zeug geschenkt wird. Medua, die Gemahlin Oripaias, verliebte sich in den mit Tressen besetzten Rock des Kapitäns, und dieser war so galant, ihn der schönen Prinzessin auf der Stelle anzuziehen, und sie kam sich in dem neuen Aufputz nicht wenig vor. Ich muß noch ein anderes Beispiel für die Putzsucht dieser Dame anführen: Einem alten Brauch gemäß wurden alle roten Federn, die man auftreiben konnte, dem Gott des Landes dargebracht. Sie aber glaubte, rote Federn müßten sie wohl ebensogut kleiden wie die Gottheit. Sie ließ deshalb für sich allerlei Putzwerk daraus machen, damit der Altar hier nicht ebenso wie in anderen Ländern alles Gute für sich behalten sollte.

Am folgenden Tage wurde für uns auf Kap Venus eine Hiwa veranstaltet. Als wir hierzu an Land gingen, empfing uns ein Musikkorps und ging vor uns her bis zu dem Ort, wo der König uns mit seinem Hofstaat erwartete. Die Eris machten uns Platz, und das Schauspiel fing damit an, daß zwei Männer in unanständigen, wollüstigen Stellungen und fürchterlichen Verzerrungen des Mundes miteinander wetteiferten. Als ihre Rolle ausgespielt war, wurden zwei Frauenzimmer in geschmackvoller Kleidung, wie Kapitän Cook sie in seinen Reiseberichten beschrieben hat, nach einigen Zeremonien hereingeführt. Solange die Frauenzimmer uns ihr Gesicht zukehrten, sah etwas, das einem Hahnenschwanz glich und wie ein Fächer um ihre Hüften lief, recht gut aus. Als sie sich aber wendeten und uns den Rücken zukehrten, um die wunderbare Beweglichkeit ihrer Hüften zur Schau zu stellen, hatten wir einen Anblick, der sich besser denken als beschreiben läßt. Nach einer halben Stunde hatten sich die armen Dinger in einen fürchterlichen Taumel gedreht, und sie schlossen ihre Vorstellung damit, daß sie uns etwas zu sehen gaben, was man eigentlich nur durch Gefühl erkennen soll. In solchem Naturzustand gingen sie von ihrer Schaubühne bis zu der Erhöhung, auf der wir saßen. Als sie dann dicht vor uns standen, erhoben wir uns und machten ihnen Komplimente.

Diese Geschicklichkeit gilt hierzulande recht viel, so daß

Mädchen aus den entlegensten Gegenden an den Hof kommen, um die Hiwa zu erlernen, so wie bei uns die Herren vom Lande ihre Töchter in die Residenz schicken, um sie dort erziehen zu lassen.

Man kann diese Insel wohl mit Recht das Cythere (Land der Aphrodite) der südlichen Hemisphäre nennen. Die Tahitierinnen sind nicht nur schön und reizend, sondern auch in den Geheimnissen der Liebesgöttin höchst eifrig und erfahren. Hier wird das Eden und Arkadien der Dichter zur buchstäblichen Wahrheit. Hier gibt die Erde ohne Mühen Nahrung und Kleidung. Die Bäume sind mit den saftigsten Früchten beladen, der Teppich der Natur ist mit wohlriechenden Blumen durchwirkt, und überall sind Schöne bereit, liebevoll ihre Arme zu öffnen.

Ein Eingeborener dieses Landes teilt alles mit seinem Freunde, und seine Freundschaft erstreckt sich über die ganze Welt. Gern gibt er die letzte Hälfte seines Brotes dem, der zuerst kommt, und die übrige Hälfte bis zum letzten Bissen denen, die nach dem ersten kommen. Diese Gastfreiheit kennt keinen Unterschied des Standes. Der König und der Bettler helfen einander wechselseitig aus.

Die Engländer gelten in der übrigen Welt, vielleicht nicht ganz ohne Ursache, als großmütige, mildtätige Menschen. Die Tahitier aber konnten nicht umhin, uns den verächtlichsten Namen ihrer Sprache zu geben, nämlich Piripiri, das heißt Knauser.

Wer Taio oder Freund eines Mannes wird, der muß ihm seine Achtung dadurch beweisen, daß er sein Weib liebkost. Diesen Brauch kannte ich nicht und beleidigte daher, ohne es zu wissen, den Eri Matuara von Eimeo, dem ich als Freund zugeführt worden war. Seine Majestät taten sehr kalt gegen mich, weil ich Höchstdero Gemahlin vernachlässigte, und ließen mich schließlich durch unseren Dolmetscher Brown erinnern, meiner Pflicht besser nachzukommen. Da ich nun meine Schuldigkeit zu tun versprach, war alles schnell beigelegt. Mir aber war gar nicht wohl dabei zumute, denn einmal war ich kein junger Mann mehr und schon seit acht Tagen im Lande, ferner war die Dame eine vornehme Frau, Schwester des tahitischen Königs Otu, und in ihrer Jugend zwar sehr schön gewesen, jetzt aber durch viele Erfahrungen ziemlich mitgenommen. Aber Matuaras Wunsch mußte erfüllt werden, und nun wurden wir wieder Freunde. Er war ein sehr häuslicher Mann, der seine Frau und seine Kinder liebte, daher wurde er jetzt nachdenklich über die Sorge, daß seine Gattin ein gescheckte Kind zur Welt bringen könnte, obgleich sie bereits im sechsten Monat ihrer Schwangerschaft war.

Ein anderes Beispiel zeigt die Macht der Freundschaft unter den Eingeborenen noch deutlicher. Charles Churchill, der Haupträdelsführer der Meuterer, wurde nach seiner Ankunft mit der »Bounty« der Taio oder Freund eines Eri aus den oberen Gegenden der Insel. Bald darauf starb der Eri kinderlos, und sein Titel fiel mit allen Besitzungen nach dem Gesetz der Taioschaft an Churchill. Dieser bekam aber Streit mit Matthew Thompson, einem Matrosen der »Bounty«, und wurde erschossen. Sogleich standen alle Eingeborenen auf, rächten den Tod ihres Oberhauptes Churchill und brachten Thompson um. Sie zeigten uns seinen gespaltenen Schädel.

Hitihiti war uns mit Leib und Seele ergeben, aber er weigerte sich lange, uns auf unserem Zuge gegen die Meuterer zu führen, weil er einen Freund unter diesen Leuten verraten müßte.

Die Eingeborenen stahlen jetzt weit weniger als zu der Zeit, als Kapitän Cook sie besuchte, und wenn wir uns wegen entwendeter Dinge an die Obrigkeit wandten, so bekamen wir sie sogleich zurück, denn hier gehören wie bei jeder guten Polizei in der Welt Dieb und Richter zu einer Bande.

Zuweilen wurden die Verbrecher leicht bestraft, indem wir ihnen die Haare abschnitten. Ein schönes junges Mädchen, das mit einem unserer jungen Herren auf der Sternwarte wohnte, schlich sich des Nachts aus seinem Bett und stahl ihm sein ganzes Leinenzeug. Zur Strafe schor man ihr eine von ihren Augenbrauen und die Hälfte ihres Haares ab. Sie lief sofort in die Wälder, kehrte aber ein- oder zweimal täglich zurück, um in einen Spiegel zu schauen. Sah sie sich dann immer noch entstellt, so fing sie an zu schreien und lief in die Wälder zurück, um keinem Menschen zu begegnen.

Wo die Natur alles so üppig gedeihen läßt, bleibt den Menschen nur wenig zu tun. Wäre dies aber nötig, so würde es den Eingeborenen an Geschick dazu nicht fehlen. Jetzt haben die Insulaner leider fast alles zerstört, was Sir Joseph Banks (Teilnehmer der 1. Reise des Kapitäns Cook) für sie angelegt hat, einige Pampelmusenbäume ausgenommen. Auch Tabak und Baumwolle sind der Verwüstung entgangen, und es ärgert sie nicht wenig, daß sie beides nicht wegtilgen können. Hätten sie aber nur einen ganz einfachen Handwebstuhl, wie die Bewohner von Java ihn gebrauchen, so könnte die Baumwolle ihnen bald Vorteile bringen. Kapitän Cook brachte von Nomuka, einer der Freundschaftlichen Inseln, die Verfertigung von Matten zu ihnen, und heute übertreffen sie die mitgebrachten Muster. Überall auf der Insel wächst auch ohne alle Pflege vortreffliches Zuckerrohr, woraus sich Zucker und Rum gewinnen ließe. Tatsächlich machte Joseph Coleman, der Büchsenschmied der »Bounty«, den Versuch mit einem Destillierkessel, der ihm auch gelang. Er fürchtete aber die Wirkungen des Rumtrinkens sowohl bei den Engländern wie bei den Eingeborenen, daher brach er seine Versuche ab und zertrümmerte den Kessel.

Kapitän Bligh hat Indisches Korn (Mais) gepflanzt, wovon viel zu erhoffen ist. Sobald wir unsere wichtigsten Angelegenheiten erledigt hatten, legten unsere Offiziere einen Garten an, zogen einen Graben rundherum und pflanzten Zitronen, Orangen, Lemonen, Ananas und Kaffee, aber auch weniger edle Gewächse, wie Zwiebeln, Lattich (Salat), Erbsen, Kohl und was sonst in die Küche gehört.

Damit es dieser Pflanzung nicht erginge wie der von Sir Joseph Banks angelegten, wandte Kapitän Edwards einen Kunstgriff an, um den Eris die Zitronen und Pomeranzen schmackhaft zu machen: er tauchte sie erst in Zucker, ehe er sie ihnen gab. Auch die Herren Cooper und Hayward bemühten sich, die Eris zu bereden, daß sie sich unseres Gartens annehmen und für die Pflanzen sorgen möchten. Man hatte aber taube Ohren und sagte: »Das alles mag für euch recht gut sein, wir aber besitzen bereits in Überfluß, was wir brauchen, und wollen gar nicht mehr.« Als die Leutnants ihnen aber erklärten, wir würden ihnen Beile, Messer und rotes Tuch dafür geben, wenn sie uns bei unserer Wiederkehr mit den von uns gepflanzten Früchten reichlich versorgen könnten, zeigten sie sich unserem Wunsch geneigter, und ich zweifle nicht, daß künftige Seefahrer die Früchte unseres Fleißes genießen werden.

Die Brotfrucht ist zwar eins der wohlschmeckendsten und nahrhaftesten Nahrungsmittel der Erde, aber bei ihr können die Menschen doch leicht in Schwierigkeiten geraten. In dieser Inselwelt, deren Bewohner auf den verschiedensten Kulturstufen stehen, vom freundlichen, gebildeten Tahitier bis zum wilden, kannibalischen Fidschier, zieht oftmals ein Krieg Verwüstung und Hungersnot nach sich. Schält man die Rinde der Brotfruchtbäume ab, so kann einem ganzen Lande für vier oder fünf Jahre der Ertrag genommen werden, denn so viel Zeit brauchen die jungen Bäume, bis sie Früchte tragen. Von Mais, Weizen und Erbsen aber, die wir dort aussäten, könnten die Eingeborenen in Kriegszeiten Magazine auf den Gipfeln ihrer Berge anlegen.

Wie leicht es ist, den Brotbaum auszurotten, wissen die Tahitier aus eigener Erfahrung. Die Küstengewässer einer benachbarten Insel haben großen Reichtum an ausgezeichneten Fischen. Da nun die Tahitier zu träge sind, selber Fische zu fangen, vernichteten sie alle Brotbäume auf der kleinen Insel, so daß die Bewohner nun gezwungen waren, Boote mit Fischen nach Tahiti zu schicken, um sie gegen Brotfrucht einzutauschen. Die Tahitier glauben übrigens, wer nichts als Fisch esse, müsse schön werden, weshalb sie auch Mädchen und junge Burschen, zu denen sie unerlaubte Zuneigung empfinden, auf jene kleine Insel schicken.

Über die Religion dieses Landes kann ich keine rechte Auskunft geben. Die Tahitier wissen freilich nichts von heidnischer Mythologie oder christlich-theologischer Spitzfindigkeit, nähern sich aber beiden. Wie bei anderen unterentwickelten Völkern findet auch bei ihnen eine Vergötterung eines Menschen statt, so daß ihr König heilig und unverletzbar ist. Seine Majestät sind zwar ein stämmiger, breitschultriger Mann, aber doch müssen drei baumstarke Kammerherren für das Vergnügen der Königin sorgen, wenn ihr Gemahl einen Becher zuviel getrunken hat. Bei all dem aber werden die königlichen Kinder zu Nachkommen der unsterblichen Götter erklärt, und der älteste Sohn wird der Obhut des obersten Priesters übergeben. Der Gott des Landes gilt als allgegenwärtig. Die heiligen Geheimnisse sind nur den Priestern, dem König, den Prinzen und den mächtigen Eris bekannt. Das gemeine Volk taugt nur zu Opfern und als Zuschauermenge.

Einer unserer Herren äußerte einmal dem obersten Priester gegenüber, er wünsche ihnen den Gott zu nehmen, auf dessen Altären so viele Menschenopfer dargebracht werden müßten. Der würdige Priester aber erwiderte, dieser Gott habe Verwandte auf den anderen Inseln, die sofort an seine Stelle treten würden. Bei allen wichtigen Vorfällen sendet jeder Bezirk ein männliches Opfer, und da es vierzig Bezirke gibt, sind es ebenso viele Schlachtopfer. Bei den großen Verlusten durch Opfer und Kriege könnte die Zahl der Frauen leicht überhandnehmen, deshalb verlangt ein Gesetz, jedes zweite Mädchen zu töten. Da der Mann immer der Geburtshelfer seiner Frau ist, so folgt er diesem Gesetz, sobald er das Geschlecht des Kindes erkannt hat.

Von einem so sanftmütigen Volk wie die Tahitier läßt sich kaum etwas Hervorragendes in der Kriegskunst erwarten. Ihre Kriegskanus sind sehr groß und haben eine Plattform, auf der wohl hundertfünfzig bis zweihundert Männer stehen können. Aber selbst die Gestalt der Schiffsschnäbel an ihren Kriegskanus beweist, daß ihnen die Regionen der Venus besser bekannt sind als die des Mars, denn jedes Kriegsboot trägt das Symbol des Gottes der Gärten (Priapus), das die Insulanerinnen immer mit großem Vergnügen und lautem Lachen sehen.

Diese kriegführenden Völker pflegen ihre Friedensschlüsse damit zu besiegeln, daß die Sieger den Besiegten eine Anzahl ihrer Frauen zum Beilager senden, um ihr neues Bündnis durch ein festeres Band als Briefe und Siegel zu sichern. Einmal erlitt Tahiti das Schicksal, durch ein Volk besiegt zu werden, dessen Frauen für sie zuviel Männliches hatten. Die Tahitier konnten nun, da sie an die Liebeständeleien ihrer Frauen gewöhnt waren, die Fremden nicht lieben. Darauf zogen diese mit aller Wut getäuschter Weiberhoffnung heimwärts, und der Krieg brach mit verdoppelter Grausamkeit von neuem wieder aus.

Bogen und Pfeile sind den Tahitiern bekannt, aber sie werden nur als Spielzeug gebraucht. Schleuder und Speer sind ihre Wurfgeschosse. Jetzt haben sie auch etwa zwanzig Flinten und dazu etwa zweihundert Ladungen Pulver und Blei. Sie können eine Muskete zerlegen und wieder zusammensetzen, sind gute Schützen, nehmen ihre Schußwaffen gut in acht und wissen wohl, wie sehr sie dadurch den benachbarten Völkern überlegen sind.

Bei der Herstellung und beim Drucken ihrer Stoffe zeigen die Frauen viel Geschick und Geschmack. Viele ihrer bunten und gestreiften Muster waren genauso, wie man sie bei unserer Abreise in England trug. Sie drucken den Stoff mit Blättern, die in verschiedene Farben getaucht werden. Die feinsten Stoffe sind so dünn und durchsichtig wie Japanpapier, das gröbste Zeug ist so derbe und dauerhaft wie unser Baumwollzeug. Aber Nässe kann keines vertragen, deshalb sind die Stoffe recht unbequem und kostbar. Man legt sie gewöhnlich ballenweise zusammen, zwei Ellen breit und zwanzig bis dreißig lang. Wir bekamen wohl tausend Ellen als Geschenk an Bord geschickt.

Ihre Anstandsformen scheinen sich beim ersten Blick gegen das schöne Geschlecht zu richten, dem kein Fleisch und in Gegenwart der Männer überhaupt nicht zu essen erlaubt ist. Sooft der König naht, entblößt sich jedes Frauenzimmer außer der Königin und ihrer Verwandten bis auf die Mitte ihres Leibes und bleibt in diesem Zustand, solange er da ist. Betritt der König das Haus eines Weibes, so wird es niedergerissen. Der König darf sein Essen und sein Getränk nicht eigenhändig zum Munde führen. Das machte uns bei seinen Besuchen viel Mühe, denn seine Majestät ließen nicht nach, bis der letzte Tropfen der Flasche ausgeleert war, die ihm vorgesetzt worden war.

Die Häuser der Tahitier bestehen gewöhnlich aus drei Räumen. In den inneren begibt sich der Hausherr, wenn er seine Awa getrunken hat. Während seiner Ruhestunde herrscht tiefe Stille, denn wenn er plötzlich geweckt werden sollte, wären heftiges Erbrechen und anhaltende Übelkeit die Folge. Bleibt er aber ungestört, so bewirkt das genossene Getränk in ihm verliebte Träume und den heftigen Wunsch nach ihrer Erfüllung. Im nächstgelegenen Zimmer wartet seine Gattin mit Ungeduld, den Augenblick zu nutzen, in dem ihr Gemahl erwachen wird. Das geschieht ganz allmählich, und ihre Liebkosungen, die jeden Teil seines Körpers zärtlich umfangen, bis seine geträumte Wollust zur Wirklichkeit wird, rufen ihn aus Elysium zurück. Später begeben sie sich miteinander in das Bad, um frische Kräfte zur Erneuerung ähnlicher Freuden zu sammeln. Im Ablauf solcher Zerstreuungen vergehen die Stunden allmählich, und der Abend endet mit Tanz und Spiel, die von der Panspfeife, der Flöte und der Hiwatrommel begleitet werden.

Wie glücklich wären diese Menschen, wenn nie ein Europäer sie besucht hätte! Zu unserer Schande muß ich es sagen, daß Krankheiten und Schießpulver die einzigen Gaben sind, womit wir ihre Gastfreiheit und Freundschaft vergolten haben. Die Zerstörungen der Lustseuche zeigten sich an manchem Verstümmelten unter ihnen, während der Tod dem Elend vieler anderer ein Ende gemacht hatte.

Seit einiger Zeit hat auch eine Art Schwindsucht viele Insulaner hinweggerafft. Sie nennen sie die Britische Krankheit, weil sie erst nach der Ankunft der Engländer aufgetreten ist. Wer daran erkrankt ist, wird von seinen Landsleuten fortgewiesen, weil sie das Leiden für ansteckend halten. In allen alten Häusern findet man deshalb solche Jammergestalten, denen niemand zu Hilfe kommt. Sie sterben, wie man sagt, gewöhnlich nach zehn bis zwölf Monaten. Die Krankheit ist übrigens, wie ich glaube, in vielen Fällen eine Folge der Lustseuche. Die Menschlichkeit

Musik und Tanz im Hause eines Eri auf Raiatea

fordert von uns, solchem Elend abzuhelfen und einen Wundarzt herzuschicken, der auf der Insel bliebe.

Die Insulaner brachten uns so große Mengen Proviant an Bord, daß unser Zahlmeister Bentham jedem Mann täglich vier Pfund frisches Schweinefleisch zuteilen konnte. Außerdem wurde noch eine Menge von einigen tausend Pfund eingesalzen, dazu kamen Ziegen, Geflügel und anderer Bedarf. Wenn wir noch eine Woche länger bleiben würden, so versprach man uns, sollten von einer Nachbarinsel einige Kühe herbeigeschafft werden. Kapitän Cook hatte nämlich auf Tahiti einen Hengst, eine Stute, eine Kuh, ein Kalb und einen Bullen zurückgelassen. Infolge eines Mißverständnisses schlachteten die Eingeborenen ein Pferd statt einer Kuh, sie fanden das Fleisch zäh und ungenießbar und zogen den Schluß, eins dieser großen Tiere schmecke so schlecht wie das andere. Hätte man sich auch einige Mühe gegeben, ihre Abneigung gegen die Milch zu überwinden, und hätte man ihnen gezeigt, auf wie viele Art sie zubereitet werden kann, so würden sie das Hornvieh besser in acht genommen haben. Nun bestanden sie darauf, Milch sei Harn, doch als ich ihnen eine Frau zeigte, die ihrem Kind die Brust gab, schienen sie ihren Irrtum einzusehen. Wir haben ihnen eine Gans und einen Gänserich überlassen, was ihren größten Beifall fand. Übrigens überwand Iddia ihre törichte Abneigung gegen die Milch und trank sie zuletzt in ihrem Tee sehr gern.

Vor unserer Abreise gaben wir auch Webers Ölgemälde des Kapitäns Cook zurück, das man dem Kapitän Edwards bei unserer Landung anvertraut hatte. Die Tahitier achteten das Bild sehr, und es soll mich nicht wundern, wenn sie diesem Gemälde über kurz oder lang göttliche Ehren erweisen. Noch immer glauben sie, Kapitän Cook lebe, und jetzt sind sie um so mehr davon überzeugt, da sie unseren Zahlmeister Bentham, ihren guten Bekannten von Cooks Reise her, wiedergesehen hatten. Er verstand sogar einige Brocken Tahitisch mit ihnen zu reden.

Unsere Offiziere bewiesen, daß sie Menschenfreunde waren. Sie verzichteten auf ihre Kajüten und gaben ihre Bequemlichkeit auf, um überall Kisten mit Brotfruchtpflanzen aufzustellen, damit der menschenfreundliche Plan unserer Regierung nicht durch den Verlust des Schiffes »Bounty« zunichte gemacht würde.

König Otu und seine Gemahlin Iddia kamen an Bord und drangen heftig in den Kapitän Edwards, sie mit nach England zu nehmen. Die Nebenfrau Aeridy brachte den gleichen Wunsch vor, aber großmütiger als jene für alle drei. Oripaia und die anderen Eris wollten den König jedoch nicht ziehen lassen, weil ein Krieg nahe bevorstand.

Das Schiff war mit Kokosnüssen und anderen Früchten, mit Ferkeln, Ziegen und Hühnern angefüllt, soviel die Decks und Boote nur fassen konnten. Fast alle Kanus der Insel schwammen um unser Schiff, und die darin saßen, trauerten wie um den Tod eines nahen Verwandten. Sie entblößten ihren Leib, zerrissen ihre Kopfhaut mit Muschelschalen, bestrichen Brust und Schultern mit dem herabrinnenden Blut, und wenn das Blut zu stocken anfing, schnitten sie sich unter lautem Jammern neue Wunden.

Otu nahm zuletzt Abschied von uns, dabei weinte er heftig und bat uns, beim König Georg seiner zu gedenken. Wir ließen unseren Schoner in See und übergaben ihn dem Befehl der Herren Oliver, Schiffersmaat, Renouard, Seekadett, und James Dodds, Quartiermeister, außerdem kamen sechs Matrosen an Bord. Er war gedeckt, gut gebaut und ungefähr so groß wie ein Boot von Gravesend (an der Themse). (Der Schoner war von einigen Leuten der »Bounty« unter Leitung des Bootsmannsmaats Morrison erbaut worden.)

ZWEITES KAPITEL

Reise von Tahiti nach Nomuka.

Mit günstigem Wind segelten wir am Abend des 8. Mai an der Insel Eimeo vorüber, die in der Nachbarschaft von Tahiti gelegen ist und von Otus Schwager Matuara beherrscht wird. Sie gewährt mit ihren hohen Hügeln einen malerischen Anblick und hat einen Umfang von etwa zwölf englischen Meilen. Vor kurzem wurde sie von einem Nachbarvolk in einen Krieg verwickelt, und Matuara lieh sich von seinem Freund und Bundesgenossen eine Muskete. Als der Friede geschlossen war, forderte Otu seine Muskete zurück, aber Matuara erklärte, als Mann von Ehre wolle er sie wohl zurückgeben, als Eri von Eimeo aber verbiete ihm die Liebe zu seinen Untertanen, diese Forderung zu erfüllen. Diese eine Muskete und ein paar Patronen machen ihn zu einem mächtigen Manne, und sie sollen einmal das Witwengehalt für seine Gemahlin werden.

Am nächsten Morgen erreichten wir Huahine und schickten unsere Boote in einer Bucht an Land. Der Eri Hitihiti hatte um die Erlaubnis gebeten, uns bis Aitutaki begleiten zu dürfen. Er ging nun mit den Offizieren an Land, um Erkundigungen nach den Aufrührern einzuziehen, aber alle Nachforschungen waren vergeblich.

Hier erfuhren wir von dem Schicksal Omais, des tahitischen Eingeborenen, der mit Kapitän Cook in England war. Bei seiner Rückkehr hierher war er reich genug, jede schöne Frau der Insel zu gewinnen, so wurde er schließlich ein Opfer der Liebesgöttin, als er zwei Jahre später an der Lustseuche starb. Sein Haus und sein Garten sind noch erhalten, aber seine Muskete erregte nach seinem Tode einen Krieg und gelangte schließlich in die Hände eines Eingeborenen von Raiatea.

Am 10. Mai untersuchten wir Raiatea und Tahaa und tauschten Geschenke mit den Eingeborenen, erhielten aber auch hier keine Nachricht über die Meuterer.

Am 11. Mai untersuchten wir Borabora, dessen König Tatahu uns mit seinem Besuch beehrte. Die Bewohner dieser Insel sind kriegerischer als die aller anderen Gesellschaftsinseln, und aus Furcht vor ihrer Wildheit schmeicheln die Tahitier und die übrigen Nachbarn ihnen sehr. Sie rühmen sich denn auch selbstbewußt ihrer Herkunft, wenn man ihnen anderswo begegnet. Ihren Körper tätowieren sie auf eine besondere Weise, die häufig auf anderen Inseln nachgeahmt wird. An einigen Insulanern sahen wir mit Befremden, daß sie sogar die Eichel ihres Zeugungsgliedes tätowiert hatten. Wenn unsere Leute sich weit weniger empfindliche Teile, wie Arme, Beine oder Brust, tätowieren ließen, blieben sie von den peinigenden Schmerzen oft wochenlang lahm.

Tatabu versicherte uns, es gebe keine Weißen weder auf Tubuai, einer kleinen Insel nördlich von Borabora, die unter seiner Gerichtsbarkeit steht, noch auf Maurua, einer anderen Insel, die man westlich von Borabora erblickt. Das gleiche sagte er von der Insel Mopeha. Hier ging Hitihiti an Land, betrank sich mit einigen seiner alten Freunde, schlief darüber ein und konnte nun nicht mit uns fahren. Am 12. Mai verließen wir Maurua, und am 13. Mai kamen die Gesellschaftsinseln außer Sicht.

Einer der Gefangenen bat unseren Kapitän um Gehör und berichtete ihm, welchen Weg Christian habe einschlagen wollen. Darauf richteten wir unseren Lauf nach der östlichen Küste von Aitutaki, einer von Kapitän Bligh entdeckten Insel, und sichteten sie am 19. Mai. Unter Bedekkung des Schoners schickten wir ein Boot an Land, um die

Seetüchtiges Doppelkanu bei Raiatea

Insel zu untersuchen, fanden aber, daß die »Bounty« unmöglich dort gewesen sein konnte. Die Eingeborenen versicherten uns auch, sie hätten keine weißen Leute gesehen. Sie waren sehr schüchtern, und wir konnten sie nicht überreden, an Bord zu kommen. Einer von ihnen erinnerte sich, den Leutnant Hayward auf der »Bounty« gesehen zu haben. Hier tauschten wir einen vortrefflich gearbeiteten Speer ein, der neun Fuß lang und wie ein gotischer Kirchturm mit erhabenem Zierat geschnitzt war. Daran muß ein Insulaner sein ganzes Leben gearbeitet haben, denn sie arbeiten mit steinernen Werkzeugen.

Die Eingeborenen beiderlei Geschlechts sind unbekleidet und tragen nur einen Gürtel aus bunten Blättern. Die Männer legen außerdem einen Ringkragen von der Form und Größe um, wie unsere Offiziere ihn tragen. Er ist aus Perlmuttschalen gearbeitet und mit einer Schnur aus Menschenhaaren oder Kokosfasern befestigt. Diese Schnur ist an jeder Seite des Kragens zu einer Rosette zusammengedreht gleich der Schleife unserer europäischen Militärstutzer.

Der Befehlshaber des Schoners wurde gewarnt, vor einem Überfall auf der Hut zu sein, und für den Fall einer Trennung setzte man einen Treffpunkt an. Am 22. Mai erreichten wir die Palmerston-Inseln. Der Schoner bekam ein Zeichen, die Boote zu decken. In ziemlich großer Entfernung sahen wir einige Eingeborene auf der Lagune in der Mitte des Atolls. Als Leutnant Corner und seine Leute an Land gestiegen waren, entdeckten sie eine Segelstange und einige Balken, die mit »Bounty« gezeichnet waren und auf denen die breite Pfeilspitze stand (als Zeichen königlich-britischen Eigentums). Als wir dies auf dem Schiff erfuhren, gaben wir unseren Leuten am Ufer Zeichen, sie sollten mit Vorsicht weiter vorgehen und sich vor einem Überfall hüten. Herr Rickards, der Gehilfe des Obersteuermanns, setzte sich in einen Kutter und umschiffte die Insel.

Die Leutnants Corner und Hayward schwammen mit Korkwesten zu verschiedenen kleinen Inseln, da aber die Brandung recht hoch ging, gerieten sie oft in Gefahr und konnten an manchen Stellen nicht herankommen. Wären sie nicht erfahrene Schwimmer gewesen, so würde sie dies Unternehmen das Leben gekostet haben. Gegen ein Uhr mittags kam der Seekadett Sival in einer Jolle zum Schiff zurück und brachte verschiedene sonderbar bemalte Kanus mit, die eine Menschen-, Fisch- oder Tiergestalt darstellten. Da der Seekadett nicht recht ausgeführt hatte, was ihm befohlen war, mußte er sofort umkehren, aber das Boot kam nicht wieder zurück. Wenige Minuten später, als er unser Schiff verlassen hatte, wurde die Luft dick, und es erhob sich ein frischer Wind, so daß wir auch durch unsere Ferngläser nicht erkennen konnten, ob er das Ufer erreicht hatte oder nicht.

So wehte der Wind die ganze Nacht hindurch und hinderte unsere Landsleute, die Insel zu verlassen. Sie hatten den Tag über alle Inseln sorgfältig abgesucht, weil sie aus der gefundenen Segelstange und den Balken der »Bounty« alle Ursache hatten zu glauben, daß die Meuterer sich dort befänden. Endlich waren sie ermüdet vom Schwimmen und Laufen, wobei sie den ganzen Tag nichts gegessen hatten, daher sahen sie sich abends nach Eßbarem um, fanden aber nichts als die Riesenmuschel. Eine Schale davon benutzten sie als Kessel, um einige dieser Leckerbissen darin zu kochen. Bekanntlich gibt es so große Riesenmuscheln, daß drei Männer sie nicht schleppen können. Sie aßen einige Kokosnüsse dazu, stellten Wachen aus und legten sich schlafen. Eine große Kokosnuß hatten sie auf dem Feuer vergessen. Sie dehnte sich in der Hitze so aus, daß die Schale mit großem Krachen zersprang. Sie hatten den ganzen Tag über aus jedem Busch Flintenschüsse befürchtet, daher sprangen sie sämtlich auf, ergriffen ihre Waffen und brauchten einige Zeit, bis sie begriffen, daß sie gar nicht angegriffen worden waren.

Am Morgen kehrten die Boote zurück, und es tat uns sehr leid, von ihnen zu vernehmen, daß sie von der Jolle nichts gesehen hatten. Der Schoner erhielt einen neuen Vorrat an Lebensmitteln und Munition und den Befehl, nach der Jolle zu suchen. Jetzt kam Leutnant Corner in einem Kanu an Bord, das nicht viel größer als ein Fleischertrog war. Man ließ den Kutter noch einmal die Riffe absuchen, allein man entdeckte nichts. Darauf segelten wir in der gestrigen Windrichtung, in der Hoffnung, das Boot zu finden, liefen einen Tag lang mit dem Wind und lavierten dann wieder zu den Inseln zurück, doch das Boot war nirgends zu entdecken. Gegen Abend kam der Schoner in Sicht, und wir durchsuchten die Inseln noch einmal vergebens. Nun gaben wir alle Hoffnung auf und setzten unsere Reise fort.

Hier entstehen unaufhörlich neue Inseln im Meer. Die Korallen, die überall in der Südsee wachsen, erheben sich von der Tiefe bis an die Oberfläche und bilden zuerst ein Laguneneiland (Atoll). Dann verdunstet das Wasser in der Lagune durch die Sonnenhitze, und endlich entsteht festes Land. In diesem Zustand bliebe es ewig unfruchtbar, wenn es nicht auf den Nachbarinseln Kokosbäume gäbe, deren Frucht durch eine harte Schale geschützt ist und deshalb selbst nach einem Jahre Treibens auf der See noch die Kraft hat, Wurzeln zu schlagen und auf solchen neuen Inseln emporzuwachsen. Die abfallenden Blätter erzeugen einen grünenden Boden, auf dem die Seevögel gern nisten, die mit ihrem Mist auch Samenkörner von allerlei Pflanzen absetzen und auf diese Weise den ganzen Reichtum der Pflanzenwelt hierher tragen. Und wenn die Natur ihren Bau vollendet hat, findet sich auch der Mensch ein.

Südseeinsulaner werden öfter von einem Sturm überrascht und auf fremde, mitunter auch unbewohnte Inseln verschlagen, deshalb gehen sie selten auf eine gewagte Unternehmung in See, ohne in ihrem Kanu eine Frau und eine trächtige Sau mit einzuschiffen. Werden sie dann auf eine unbewohnte Insel verschlagen, so können sie sich dort niederlassen.

Vielleicht benutzt die Vorsehung jetzt ein Verbrechen, um dadurch der Tugend zu dienen. Sicher hat der unglückliche Christian sich in einem unbedachten Augenblick verleiten lassen, seine Pflichten gegen König und Vaterland zu vergessen, da er aber sonst gute Eigenschaften und anerkennenswerte Fähigkeiten besitzt, so darf man hoffen, daß er — wenn er so glücklich sein sollte, den Händen der Gerechtigkeit zu entgehen — seine Talente anwendet, um die rohen Wilden in Menschen zu verwandeln. Dann erhebt sich vielleicht in Zukunft ein britisches Ilion im Süden, strahlt in den Tugenden des englischen Volkes und verbreitet die christliche Sittenlehre unter den Ungläubigen. Christian hat vierzehn schöne Weiber von Tahiti mitgenommen, so daß an seiner Absicht, eine unbekannte Insel zu bevölkern, kaum zu zweifeln ist.

Am 6. Juni entdeckten wir eine Insel, die wir Herzog-von-York-Insel nannten. Die Leutnants Corner und Hayward wurden in beiden Jollen abgeschickt, sie zu untersuchen, wobei der Schoner ihre Fahrt deckte. Von Bord aus sahen wir einige Hütten, deshalb gaben wir den Gelandeten ein Zeichen, auf der Hut zu sein.

Bald nach ihrer Landung entdeckten sie die hölzerne Ankerboje eines Schiffes. Als sie die Hütten durchsuchten, fanden sie Netze und anderes Fischergerät darin. An einer Bucht entdeckte man Gerüste und andere Anlagen zum

Bau von Kanus, weshalb wir vermuten, daß benachbarte Eingeborene diese Insel nur zur Zeit des Fischfangs aufsuchen. Unsere Leute hängten in den Hütten einige Messer, Spiegel und andere Dinge auf, damit die Eingeborenen bei ihrer Rückkehr sähen, daß die Insel besucht worden war.

Am 12. Juni entdeckten wir eine andere Insel, die wir Herzog-von-Clarence-Insel nannten. Die Leutnants Corner und Hayward mußten den Strand untersuchen, um einen Landeplatz ausfindig zu machen. Dabei kamen sie einigen Kanus mit Eingeborenen ziemlich nahe, die ihnen Friedenszeichen machten, aber zu furchtsam waren, sich weiter mit uns einzulassen. Hier fand man auch Maraes oder Begräbnisplätze, woraus sich schließen ließ, daß die Insel ständig bewohnt sei. Einige Kokosbäume waren der Länge nach ausgehöhlt, um als Wasserbehälter zu dienen.

Am 18. Juni entdeckten wir eine weit größere Insel, und da zu hoffen war, daß diese Entdeckung in der Folge für Großbritannien wichtig werden könnte, nannten wir sie zu Ehren des Ersten Lords der Admiralität Chatam-Insel (vermutlich eine der Samoa-Inseln). Sie ist doppelt so groß wie Tahiti, und ihre Bewohner sind kräftig und kriegerisch. Sie zeigten uns einen großen Fluß, der sich in eine breite Bucht ergießt, wo wir einen guten Ankerplatz fanden. Wir tauschten den ganzen Tag Waren und Lebensmittel mit den Eingeborenen, fanden aber keinen der Aufrührer und segelten weiter.

Am 21. Juni entdeckten wir eine große, etwa vierzig Meilen lange Insel, die von den Eingeborenen Tutuila (Samoa-Inseln) genannt wird. Sie ist überall mit hohen Bäumen bewachsen, deren Laub dem Eichenlaub ähnelt. Einige vornehme Eingeborene hatten ihre Haut gelb gefärbt, weshalb wir sie zunächst für krank hielten. Beide Geschlechter gehen unbekleidet bis auf einen Gürtel von gefärbten Blättern. Die Weiber schmücken ihr Haar mit Kränzen aus wohlriechenden Blumen und tragen Blumenketten um die Hände und um den Hals.

Als sie an Bord kamen, zitterten sie zuerst vor Angst, Feuerwaffen waren ihnen gänzlich unbekannt, weil sie noch kein europäisches Schiff gesehen hatten. Sie zeigten immer wieder ihre Unterwürfigkeit und staunten über alles, was sie sahen. Sie brachten uns einige vortreffliche Puddings, die mit viel Gewürz angerichtet waren und besser schmeckten als die besten Kümmelbiskuits. Wir tauschten von ihnen viele Seltenheiten ein, unter anderem brachten sie uns Vögel mit glänzendem Gefieder, davon einige Pfauenarten und verschiedene Papageien.

Unter den vielen Frauen befand sich eine von außerordentlicher Schönheit, sechs Fuß groß und vortrefflich gewachsen. Sie ging nackt, ihrer Nacktheit unbewußt, und gewann dadurch noch an Reizen. »Was sollte ihr der fremde Schmuck der Kleidung? Die Schönheit nicht beachtend, war sie die Schönheit selbst«, wie der Dichter sagt. Vielen wässerte der Mund nach ihr, aber Kapitän Edwards hatte mit Menschenliebe und Klugheit befohlen, daß kein Frauenzimmer hinuntergeführt werden dürfe, da unsere Gesundheit sich nach den tahitischen Vorfällen noch nicht ganz wieder erholt hatte. Das Frauenzimmer mußte sich damit begnügen, die große Kajüte zu betrachten. Als es Abend wurde, begaben sich alle Weiber an Land, die Männer aber fingen an, uns zur Last zu fallen und zu stehlen. Sie nahmen jedes Eisenstückchen mit, das ihnen zwischen die Finger geriet, und dem dritten Leutnant stahlen sie eine Uniform aus seiner Kajüte.

Da der Wind nun frisch in die Segel stieß, waren wir gezwungen, uns weiter vom Lande zu entfernen. Die Eingeborenen waren so eifrig an Bord mit dem Handel beschäftigt, daß sie fast ihre Kanus aus den Augen verloren hatten, ehe sie die Bewegung des Schiffes bemerkten. Nun stürzten sich alle wie ein Schwarm wilder Gänse ins Wasser. Ein Mann aber hängte sich an die Ruderkette, weil er glaubte, das Schiff aufhalten zu können, und ließ sich eine Meile weit mitziehen.

Um fünf Uhr abends trennten wir uns unglücklicherweise von unserem Schoner und verloren ihn aus dem Gesicht. Wir steckten Wassermännchen an, brannten auch grobes und leichtes Geschütz ab, aber alles vergebens, da die Luft dick und stürmisch wurde. Am 23. und 24. Juni kreuzten wir in der Gegend umher, wo wir uns getrennt hatten. Wir hatten noch Wasser und Proviant an Deck, was alles der Schoner am nächsten Tage an Bord nehmen sollte. Am Tage vorher war glücklicherweise abgemacht worden, im Falle einer Trennung nach Nomuka zu segeln und dort auf uns zu warten. Er hatte ein kleines Fäßchen mit Salz und ein anderes mit Nägeln und anderen Eisenwaren an Bord, womit Tauschhandel getrieben werden konnte, ferner ein Verzeichnis der Inseln, bei denen wir anlegen wollten. Das Deck des Schoners war übrigens mit einem Enternetz umgeben, um das Entern zu erschweren, und auch mit verschiedenen siebenrohrigen Feuerorgeln und Musketen versehen.

Als wir wieder ostwärts segelten, sichteten wir ein anderes Eiland, das wir als eine der von Bougainville entdeckten Navigators-Inseln erkannten. Am 28. morgens sichteten wir die von Kapitän Cook entdeckten Haapai-Inseln und gegen Mittag die östlich von Nomuka gelegene Inselgruppe (Tonga-Inseln).

Am 29. Juni gingen wir auf der Reede von Nomuka vor Anker. Gleich nach unserer Ankunft mieteten wir ein großes Kanu mit Segeln und schickten darauf den Leutnant Hayward mit einem Matrosen nach den Haapai- und Fidschi-Inseln, um sich nach der »Bounty« und unserem

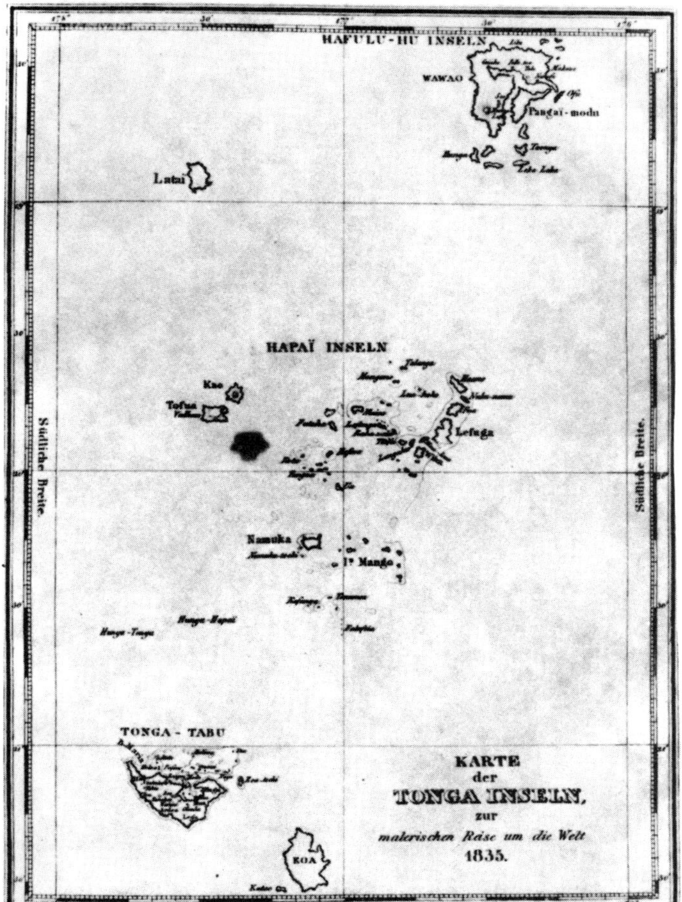

Karte der Tonga-Inseln mit Tongatabu und Tofua

Schoner zu erkundigen, er kehrte aber ohne Ergebnis zurück. Allerdings fand er eine Axt, die Kapitän Cook zurückgelassen hatte, und tauschte auf verschiedenen Inseln Schweine, eingemachte Yams und anderen Bedarf ein.

Die Eingeborenen auf Nomuka sind die schlimmsten Räuber der Südsee, und bei aller Achtung Kapitän Cook gegenüber glaube ich, daß diesen Inseln der Name Freundschaftsinseln keineswegs gebührt. Das beweist das Verhalten der Eingeborenen gegen ihn, gegen uns und gegen Kapitän Blighs unglückliches Boot in der Mörderbucht.

Ich ging eines Abends mit einigen Offizieren am Ufer spazieren, aber wir waren so vorsichtig, Pistolen mitzunehmen. Die Eingeborenen drängten sich verdächtig um uns herum, doch als wir ihnen unsere Waffen vorhielten, wichen sie zurück. Bald stieß unser Kapitän zu uns, gefolgt von seinem Bedienten, der einen Sack mit Nägeln und anderem Kram trug. Der Kapitän nahm ihm den Sack ab und schickte ihn zu dem Boot, um etwas zu bestellen. Darauf folgte die Menge dem Bedienten, zog ihn, sobald wir ihn nicht mehr sehen konnten, völlig nackt aus, und raubte seine Kleider und was er sonst noch besaß, bis auf einen Schuh, mit dem er seine Blöße bedeckte. Darüber kam Leutnant Hayward von seiner Fahrt zurück, und er rief nach der Wache, um die Räuber einzufangen. Wir sahen die Eingeborenen davonlaufen und hinter Bäumen verschwinden, woraus wir schlossen, daß Unheil drohte. Dann erblickten wir auch den großen Iren, der in der einen Hand seinen vollen Schuh, in der anderen aber ein Bajonett trug, völlig nackt war und vor Wut gegen die Eingeborenen schäumte. Da aber die Nacht einbrach, mußten wir an Bord gehen, ohne dem armen Teufel seine Kleidungsstücke wiederbeschaffen zu können.

Tags darauf beehrte uns Tatafi, Häuptling von Nomuka, mit seinem Besuch. Er stammte in gerader Linie aus dem Geschlecht, das die Insel beherrschte, als Tasman, der holländische Weltumsegler, sie entdeckte (1643). Mit Tahiti verglichen, kann man sagen, daß Nomuka auf der zweiten Stufe der gesellschaftlichen Entwicklung steht. Das Land ist rarer und das Eigentum daher genauer bestimmt, und jeder Besitz ist mit einer schönen Einfriedung versehen. Die Straßen und Wege haben zu beiden Seiten eine Einfassung, und zu den Häusern führen mit Kies bedeckte Gänge, die von regelmäßig gepflanzten Bäumen beschattet werden. Häufig ist dieser Gang mit Ananas eingefaßt. Die Herren Hayward und Corner zeigten ihnen mit gewohnter Geduld, wie man Ananas fortpflanzt. Die Eingeborenen begriffen dies sofort und nahmen jeden Rat zum Anbau ihrer Früchte dankbar an. Ihre Pampelmusen sind schmackhafter als die westindischen, und nunmehr haben wir auch Orangen bei ihnen eingeführt, die schnell fortkommen werden.

Die Frauen dieses Landes sind außerordentlich schön. Freilich fehlt ihnen die weibliche Sanftheit der Tahitierinnen, dagegen ersetzt ihre Lebhaftigkeit und der feurige Ausdruck ihres Gesichts, was ihnen an dem Charme jener Insulanerinnen abgeht.

Das europäische Kinderspiel, eine Kugel in einer kleinen Schale aufzufangen, ist die Lieblingsbeschäftigung der Insulanerinnen. Es dient ihnen dazu, ihre Gewandtheit und zugleich ihre Reize zu zeigen, die sie den Männern so geschickt vor Augen führen wie unsere feinen Damen, wenn sie Knötchen schlagen oder eine andere weibliche Handarbeit üben.

Unser Handel ging sehr flott vonstatten. Man brachte uns viele Schweine und mehrere tausend Pfund Yamswurzeln. Wir fanden, daß das hiesige Schweinefleisch leichter Salz annahm und sich besser pökeln ließ als das tahitische.

Es wurden auch viele schöne Mädchen von ihren Müttern als Ware an Bord gebracht, aber zu übermäßigen Preisen angeboten, da sie eine große Axt dafür verlangten. Nachdem sie drei Tage lang feil gestanden hatten, fiel endlich ihre Jungfernschaft vor einem alten Schermesser, einer Schere oder einem großen Nagel. Dieser Handel wurde schließlich so weit getrieben, daß er unser Deck in eine Schaubühne der unanständigsten Vertraulichkeiten verwandelte. Die gefühllosen Mütter hatten kein Erbarmen mit den Schmerzen und Qualen ihrer armen Töchter, sondern ergötzten sich daran wie an einem großen Spaß.

Man schickte ein Kommando an Land, um Brennholz zu beschaffen und Gras für die Schafe zu mähen. Sie bekamen aber keinen Halm ohne Bezahlung. Ebenso erging es unseren Leuten, die Wasser holten, und obschon eine Wache zu ihrem Schutz unter Gewehr stand, wurden sie doch immer wieder von den Eingeborenen gestört und bestohlen. Einer von ihnen schlich sich hinter Leutnant Corner und schlug mit einer Keule nach ihm, die glücklicherweise seinen Kopf verfehlte und ihn nur im Nacken traf. Der Eingeborene nutzte die Benommenheit des Leutnants und nahm ihm sein Schnupftuch weg. Herr Corner erholte sich aber, ehe der Dieb verschwand, legte auf ihn an und schoß ihn nieder.

Da König Tatafi gerade dabei war, den Tribut von den ihm untertänigen Inseln einzuheimsen, fuhr er mit unserer Fregatte nach Tofua. Vor unserer Abreise hinterließen wir eine Nachricht für Herrn Oliver, den Befehlshaber des Schoners, falls dieser vor unserer Rückkehr ankommen sollte. In der Nacht, als wir unterwegs waren, gewährte uns der feuerspeiende Berg auf Tofua ein großartiges Schauspiel. Am Morgen fuhren dann zwei Kanus ans Ufer, um die Ankunft der großmächtigen Oberhäupter Tatafi und Tubau anzukündigen, die dann, um sich mehr Ansehen zu geben, in der Barkasse der »Pandora« an Land gingen. Die zinspflichtigen Häuptlinge fuhren dem König in ihren Kanus entgegen und huldigten ihm, ehe er das Ufer erreichte. Sie näherten sich der Barkasse, legten ihr Haupt auf die Seitenwand des Kanus, und Tatafi setzte ihnen nach Landesbrauch seinen Fuß auf den Kopf. Als er an Land gestiegen war, verteilte er alles, was wir ihm geschenkt hatten, an seine Untertanen und bewies damit die Freigebigkeit eines großen Fürsten.

Unter den Eingeborenen befanden sich einige, die sich wild und grausam gegen Kapitän Blighs Bootsbesatzung gezeigt hatten. Sie erkannten Leutnant Hayward sehr wohl und schienen sich vor ihm zu fürchten. Kapitän Edwards zeigte auch dem König Tatfi gegenüber sein Mißfallen über jenen Vorfall, aber man durfte jetzt nur freundschaftliche Wege mit diesen Eingeborenen einschlagen, da zu befürchten war, daß ihnen unser Schoner in die Hände fallen können.

DRITTES KAPITEL

Abreise von Nomuka. Untergang der »Pandora«.

Der Wind erlaubte uns nicht, Tongatabu anzulaufen, deshalb segelten wir weiter nach Katua und den Navigators-Inseln (Samoa-Inseln) und suchten die östlichsten dieser Inseln zu erreichen. Am 12. Juli entdeckten wir eine Inselgruppe im Nordwesten, da uns aber der Wind begünstigte, entschlossen wir uns, sie erst auf der Rückkehr zu den Freundschafts-Inseln zu besuchen. Am 14. Juli sahen wir drei Inseln, die wir für die von Bougainville entdeckten Navigators-Inseln hielten. Die größte heißt bei den Eingeborenen Tumalua. Wir fuhren sehr nahe daran vorüber und konnten die Bewohner nur durch wiederholte Einladungen bewegen, zu uns an Bord zu kommen. Am 15. Juli fanden wir ein anderes Eiland, das schon beschriebene Tutuila. Hier fanden wir einige Knöpfe und Kleidungsstücke französischer Seefahrer, die zweifellos von den Eingeborenen ermordet worden sind. (Kapitän Langle von der Expedition Lapérouse wurde hier 1787 mit neunzehn Mann erschlagen.)

Am 26. Juli liefen wir an Eua vorbei, entdeckten aber nicht, was wir suchten, nahmen auf Tongatabu einigen Vorrat auf und gingen am 29. Juli abermals auf der Reede von Nomuka vor Anker. Leider erfuhren wir, daß der Schoner nicht angekommen sei. Was hier diesmal vorfiel, war den Ereignissen unseres ersten Besuches so ähnlich, daß ich, um sittsame Ohren zu schonen und wollüstige nicht zu übersättigen, mich mit der Trockenheit des Schiffstagebuches ausdrücken will: desgleichen.

Da wir weiter nach Westen geraten waren, als wir beabsichtigt hatten, nahmen wir jetzt Ostkurs nach der Wallis-Insel, die wir am folgenden Tag erreichten. Wir beschenkten wie gewöhnlich die Eingeborenen im ersten Kanu, das zu uns kam, aber die Leute begingen einen Diebstahl und scheuten sich wiederzukommen. Ihre Backenknochen waren sehr zerschlagen und eingedrückt, einige hatten auch ihre kleinen Finger abgeschnitten.

Eine Frau von den Tonga-Inseln

Jetzt segelten wir weiter und wollten auf dem Wege, den Carteret und Bligh genommen hatten, zwischen Spiritu Santo (Neue Hebriden) und Santa Cruz nach Westen segeln. Am 8. August sahen wir Land und fuhren längs einer Insel hin, die wir Grenvilles-Insel zu Ehren des Lords Grenville nannten. Die Eingeborenen nennen sie Rotuma. Wir sahen eine Menge Häuser und viele Berge, die bis oben hinauf bearbeitet waren, wahrscheinlich weil die Menge der Bewohner sehr groß ist.

Die Insulaner fuhren mit einer Flotte von Kanus vom Lande ab, stützten sich auf ihre Ruder und stießen verschiedene Male ihr Kriegsgeschrei aus. Sie waren mit Keulen bewaffnet und wollten uns angreifen, aber der Anblick unseres Kriegsschiffes erfüllte sie mit Verwunderung und Furcht. Sie erschraken heftig beim Knall eines Musketenschusses, und das Abfeuern einer Kanone hätte sie bestimmt verjagt. Sie waren in feindseliger Absicht gekommen, deshalb hatten sie ihre Weiber zurückgelassen.

Sie trugen Halsketten, Armbänder und Gürtel aus weißen Muschelschalen. Auf allen Teilen ihres Körpers waren Menschen, Hunde, Fische und Vögel abgebildet, so daß jeder dieser Männer zu einer beweglichen Tierschau wurde. Die Kunst zu stehlen schienen sie gut gelernt zu haben, und sie besaßen ungewöhnliche Kraft. Einer von ihnen wurde ertappt, als er mit Gestohlenem durchgehen wollte. Fünf unserer stärksten Männer umklammerten ihn und hielten ihn an seinen langen schwarzen Haaren fest, doch er überwältigte sie alle und sprang mit seiner Beute über Bord.

Am 11. August segelten wir über ein Korallenriff hinweg und hatten nur elf Faden Wassertiefe. Unsere Angst war groß, aber in fünf Minuten kamen wir hinüber, und bald darauf fanden wir mit dem Senkblei keinen Grund mehr. Wir nannten die Stelle das Riff der Pandora. Am 17. August entdeckten wir um Mitternacht zu beiden Seiten des Schiffes Klippen und hatten gerade noch Zeit, ihnen auszuweichen. Da wir unsere Rettung der Wachsamkeit eines gewissen Wells verdankten, der am Vorderschiff Wache hatte, nannten wir die Riffe Wells Untiefe. Eine solche, mit knapper Not überstandene Gefahr zeigt, wie notwendig es ist, nur in Gesellschaft eines zweiten Schiffes zu segeln. Als der Tag anbrach, untersuchten wir die Lage und fanden, daß wir zwischen zwei Riffen gesegelt waren. Wir liefen um ihre nordwestliche Spitze und sahen Land, das wir für die Luisiade hielten. Das vorgelagerte Kap nannten wir Rodney, ein anderes, in der Nähe gelegenes Kap Hood.

Hinter Kap Hood scheint das Land niedriger zu sein, es fällt nach Nordwesten ab und bildet eine tiefe Bai. Ob es mit Neu-Guinea zusammenhängt, blieb uns zweifelhaft. Am 25. August sahen wir Felsen und zogen unsere Segel ein. Im Süden war nicht durchzukommen, also wendeten wir nach Westen, wo die See offen zu sein schien. Da uns aber bald darauf eine Insel und ein Riff die Durchfahrt sperrten, lavierten wir in der Nacht mit wenig Segeln bis zum Morgen. Dann entdeckten wir vier Inseln, die wir Murray-Inseln nannten. Dann liefen wir an einem Riff entlang und glaubten eine Durchfahrt gefunden zu haben. Leutnant Corner erhielt den Befehl, zu untersuchen, ob das Schiff hindurchfahren konnte. Ehe er ins Boot ging, bestieg er den Hauptmast, um sich genau umzusehen. Dann hielten wir es für notwendig, ihm eine Axt, etwas Brennholz, Proviant, Wasser und einen Kompaß mitzugeben.

Seit einiger Zeit hatten wir bei Nacht immer beigelegt, weil Bougainville diesen Meeresteil als äußerst gefährlich beschrieben hat, und in der Tat war unsere Seefahrt auch die gewagteste, die jemals unternommen worden ist. Um fünf Uhr nachmittags bekamen wir vom Boot ein Zeichen, daß es einen Weg durch das Riff gefunden hätte. Da es aber Abend wurde und wir sichergehen wollten, gaben wir dem Boot ein Zeichen, zum Schiff zurückzukommen. Es wurde schnell finster, und wir dachten an unser doppeltes Unglück, das uns unseren Schoner und die Jolle geraubt hatte, weshalb wir alle Mittel aufboten, unser Boot heranzuholen.

Wir zündeten Wassermänenr an und schossen Flinten ab, worauf die Bootbesatzung auch antwortete. Und da wir das Mündungsfeuer sehen konnten, hatten wir allen Grund, es bald an Bord zu erwarten. Als wir jetzt das Senkblei warfen, fanden wir mit hundertzehn Faden keinen Grund, bis wir endlich um sieben Uhr abends mit fünfzig Faden Grund erreichten. Jetzt sahen wir das Boot unter dem Achterschiff und legten bei, damit das Schiff nicht weitertriebe. Wir zogen die Bramsegel ein, ehe wir aber die Taue aufgehißt und die Segel eingeholt hatten, stieß das Schiff auf ein Felsenriff, und in diesem Augenblick war auch das Boot an Bord. Wir setzten alle Segel bei, um loszukommen, als dies aber nicht gelingen wollte, wurden sie aufgerollt und die Boote heruntergelassen, um einen Anker auszuwerfen. Ehe das aber geschehen konnte, berichtete der Zimmermann, daß das Wasser im Schiff in fünf Minuten achtzehn Zoll steige, und eine Viertelstunde später stand es schon neun Fuß hoch im Schiffsraum.

Sogleich fing alles an zu pumpen und durch die Luken auszuleeren. Man nahm auch einigen Gefangenen die Ketten ab und stellte sie an die Pumpen. In dieser Not erhob sich ein heftiger Wind und schlug das Schiff so hart gegen die Felsen, daß wir jeden Augenblick erwarteten, es würde zertrümmert. Die Nacht war finster und stürmisch, und die schwarzen Schrecken des Todes umgaben uns zwischen Felsen und Brandung. Gegen zehn Uhr hob sich das Schiff über das Riff, und wir warfen in fünfzehn Faden Tiefe den Anker. Es wurde befohlen, die Kanonen über Bord zu werfen, und wer nicht bei den Pumpen unentbehrlich war, arbeitete daran, ein Bramsegel unter den Kiel des Schiffs zu ziehen, um möglicherweise das Leck abzudichten. Um unser Unglück vollkommen zu machen, ging in diesem Augenblick eine Pumpe zu Bruch, und das Wasser nahm schnell überhand. Jetzt ließen wir das Bramsegel fahren, und jedermann pumpte oder schöpfte Wasser aus. Nur ein einziges Boot durfte uns nahe kommen, weil die Brandung um uns her zu stark war. Wir kämpften gegen das Wasser zwischen Tod und Leben, denn wenn das Schiff vor Tagesanbruch unterging, würde nicht ein Mann von uns gerettet werden.

Plötzlich neigte sich das Schiff zur Seite, und einige Kanonen, die man über Bord werfen wollte, rollten quer über das Deck und drückten einen unserer Männer tot. Zu gleicher Zeit fiel eine Bramstenge herunter und erschlug einen anderen. Allmählich ermatteten die Männer an den Pumpen, und es wurde Zeit, ihnen eine Stärkung zu reichen. Glücklicherweise stand an Deck ein Faß Starkbier, das wir zu Nomuka gebraut hatten. Wir zapften es an und gaben jedem der Reihe nach zu trinken. Damit erreichten wir mehr als mit Branntwein, denn es stärkte die Leute, ohne sie zu berauschen. Jeder von ihnen benahm sich unerschrocken und folgsam, und keiner verließ seinen Posten. Wir suchten sie mit der fragwürdigen Hoffnung aufzumuntern, daß es bald Tag sein werde.

Eine halbe Stunde vor Tagesanbruch hielten die Offiziere einen Schiffsrat. Da das Schiff immer tiefer sank, waren sie der einstimmigen Meinung, daß für seine Erhaltung nichts mehr getan werden könne und alles daranzusetzen sei, das Schiffsvolk zu retten. Daher wurden alle Segelstangen, Masten, Hühnerkörbe und was überhaupt auf dem Wasser schwimmt, gelöst und über Bord geworfen, damit man sich daran klammern konnte, auch nahm man den Gefangenen die Eisen ab. Das Wasser drang jetzt schneller durch die Kanonenpforten, als die Pumpen es hinausschaffen konnten, und doch wich nicht ein Mann von seinem Posten.

Plötzlich legte das Schiff sich mit einem Ruck auf die Seite. Ein Offizier rief dem Kapitän zu, der auf dem Achterdeck stand: »Der Buganker ist unter Wasser! Das Schiff sinkt! Gott helfe uns!« Damit sprang er über Bord, und der Kapitän sprang ihm nach. Als die Leute nach der Leeseite krochen, tat das Schiff seinen letzten Ruck und versank. Das Schiffsvolk hatte gerade noch Zeit, über Bord zu springen, und erhob ein fürchterliches Geschrei. Der Jammer der Ertrinkenden erstarb aber nach und nach. Die Boote nahmen die Überlebenden auf.

Endlich dämmerte der Morgen, und die Sonne ging auf. Eine vier Meilen entfernt liegende, etwa dreißig Schritt lange Sandinsel nahm uns auf. Als alle Boote wieder zusammen waren, musterten wir, was uns geblieben war, und wir stellten fest, daß fünfunddreißig Mann und vier Gefangene ertrunken waren. Als wir ein wenig zu Kräften kamen, zogen wir zuerst unsere Boote auf den Strand und bestellten eine Wache für die Gefangenen. Glücklicherweise waren eine kleine Tonne Wasser, ein Fäßchen Wein, etwas Zwieback und einige Flinten mit Patronentaschen in das Boot geworfen worden. Jetzt peinigte uns die Sonnenhitze und auch ihr Widerschein vom Sande, und wir hatten entsetzlichen Durst, weil wir Salzwasser geschluckt hatten, da wir meist sehr lange schwimmen mußten, ehe man uns auffischen konnte. Aber trotzdem wurde uns am ersten Tage kein Wasser zugestanden, da wir berechnet hatten, daß jeder von uns sechzehn geschätzte Tage lang nur täglich zwei kleine Weingläser voll Wasser bekommen dürfe.

Zu unserem Glück fanden wir in einem Boot eine Säge und einen Hammer, so daß wir jetzt in der Lage waren, ein beschädigtes Boot auszubessern, die Seiten aller Boote mit aufrechtstehenden Brettern zu versehen und dahinter Segeltuch zu spannen, damit die Wellen nicht hereinschlagen konnten. Aus den Segeln der Boote machten wir uns Zelte, und als es dunkel wurde, stellten wir Wachen aus und legten uns schlafen. In der Nacht störte uns das unruhige Verhalten eines gewissen Connell. Wir schöpften Verdacht, daß er unseren Wein gestohlen und sich betrunken hätte, aber bei näherer Untersuchung fanden wir, daß der entsetzliche Durst ihn verleitet hatte, Seewasser zu trinken. Davon wurde er wahnsinnig und starb während unserer weiteren Reise.

Am nächsten Morgen wurde Herr George Passmore, der Obersteuermann, mit einem Boot abgeschickt, um bei dem Wrack des Schiffes nach Trümmern zu suchen und zu schauen, ob nicht etwas im Wasser triebe, was wir in unserer jetzigen Not wohl gebrauchen könnten. Er kehrte nach zwei Stunden zurück und brachte eine Katze mit, die sich auf die Spitze des Hauptmastes gerettet hatte, ferner ein von ihm abgehauenes Stück des Mastes und etwa fünfzehn Fuß von der Blitzableiterkette, die wir, da sie aus Kupfer war, zerstückelten und zu Nägeln für unsere Boote brauchten.

Wir kochten einige Riesenmuscheln und schnitten sie in Stücke, falls jemand Lust hätte, davon zu essen. Aber unser Durst war zu groß, als daß wir noch etwas genießen mochten, was ihn nur noch verschlimmerte. Heute abend bekam jeder ein Weinglas voll Wasser. Es fand sich auch eine Tüte Tee, und die Offiziere gaben ihren Anteil Wasser her und tranken im Zelt des Kapitäns den Tee mit ihm. Jeder von uns nahm einen Eßlöffel voll, den er darauf seinem Nachbarn gab. So feuchteten wir allmählich unseren Mund an und fühlten uns sehr erquickt.

VIERTES KAPITEL

Reise von den Trümmern des Schiffes bis zur Insel Timor.

Als am folgenden Morgen alles fertig war, ging unser kleines Geschwader in See, nachdem jedem Boot vorher die Lage der Insel Timor mitgegeben war, die 1100 englische Meilen (etwa 1700 km) entfernt war.

Wir segelten in folgender Ordnung:

In der Pinasse: Kapitän Edwards, Leutnant Hayward, Steuermannsmaat Rickards, Konstabler Packer, Schiffsschreiber Edmonds, drei Gefangene, sechzehn Gemeine.

Im großen Boot: Leutnant Corner, Zahlmeister Bentham, Schiffszimmermann Montgomery, Steuermannsmaat Bowling, Seekadett Mac Kendrick, zwei Gefangene, vierundzwanzig Gemeine.

In der roten Jolle: Leutnant Larkan, Wundarzt George Hamilton, Steuermannsmaat Reynolds, Seekadett Matson, zwei Gefangene, achtzehn Gemeine.

In der blauen Jolle: Obersteuermann Passmore, Bootsmann Cuningham, Wundarztgehilfe James Innes, Fenwick und Pycroft, Seekadetten, drei Gefangene, fünfzehn Gemeine.

Jedes Boot hatte eine hölzerne Waagschale, und jeder Mann bekam täglich so viel Brot, wie eine Flintenkugel wiegt. Der größte Teil unserer Lebensmittel befand sich im großen Boot, daher mußten wir beisammen bleiben, teils um leben, teils um uns verteidigen zu können. Bei Nacht legten wir uns mit Tauen aneinander, bei Tagesanbruch warfen wir die Taue wieder los.

Um acht Uhr morgens mußten die beiden Jollen vorausfahren, um die Küste von Neu-Süd-Wales (Australien) zu peilen und eine Stelle zu suchen, wo wir Wasser einnehmen könnten. Man hatte uns das Land als sehr wasserarm beschrieben, aber in einer Bucht fanden wir dicht am Ufer gutes Quellwasser. Hier füllten wir unseren Bauch, einen Teekessel und zwei Flaschen. Die Pinasse und das große Boot waren zu weit voraus und konnten die Zeichen nicht sehen, die wir ihnen machten, um sie von unserem Erfolg zu unterrichten. Wir eilten ihnen daher mit allen Segeln nach. Die Küste sieht sehr unfruchtbar aus, aber nach der Beschaffenheit des Bodens kann man auf Erzreichtum schließen.

Als wir rings um die Bucht fuhren, stießen zwei Kanus vom Lande ab, in denen je drei Schwarze saßen, die kräftig ruderten, um uns zu erreichen. Sie richteten sich auf, winkten und gaben uns durch Zeichen zu verstehen, daß wir zu ihnen kommen sollten. Sie waren ganz nackt und sahen sehr wild aus. Da wir aber von den Eingeborenen dieses Landes nicht viel Gutes gehört hatten, hielten wir es für klüger, sie zu meiden.

Nach zwei Stunden erreichten wir die Pinasse und das große Boot, die unseretwegen beigelegt hatten. Um zehn Uhr nachts ängstigte uns der Schrei: »Klippen voraus!« Wir waren zwischen Felsenriffe geraten, und es läßt sich schwer begreifen, wie wir bei unserem völlig entkräfteten Zustand wieder herauskamen. Von allen Seiten umringte uns die Gefahr – Scylla und Charybdis –, so daß sich unsere schreckliche Lage besser fühlen als beschreiben läßt.

Endlich kamen wir an eine bewohnte Insel, wo wir frisches Wasser zu finden hofften. Bei unserer Annäherung drängten sich die Eingeborenen scharenweise am Ufer. Sie waren pechschwarz und unbekleidet, Männer wie Weiber, sogar ohne Gürtel. Wir machten ihnen Zeichen, daß es uns an Wasser fehle, und sie verstanden uns recht gut, denn für ein Messer und einige Knöpfe, die wir von unseren Röcken trennten, brachten sie uns eine Wanne Wasser. Wir leerten sie in einer Minute und schickten die Schwarzen zurück, um sie noch einmal füllen zu lassen. Aber sie setzten die Wanne ans Ufer und gaben uns Zeichen, daß wir sie dort abholen sollten. Wir hüteten uns aber, das zu tun, denn wir sahen Weiber und Kinder hin und her laufen und den Männern Bogen und Pfeile heranschleppen. Bald darauf schickten sie uns auch wirklich einen Pfeilregen zu. Glücklicherweise wurde niemand von uns verwundet, aber ein Pfeil fuhr zwischen dem Kapitän und dem dritten Leutnant hindurch in eine dicke eichene Planke des Bootes und blieb darin stecken. Wir feuerten eine Salve aus unseren Flinten, und sie ergriffen die Flucht, doch fiel keiner von ihnen. Wir aber verloren alle Hoffnung, uns dort erquicken zu können.

Hier verdient angemerkt zu werden, daß die Regierung auf die Sandinseln, die hier liegen, Bäume pflanzen lassen sollte, damit sie gut zu unterscheiden sind. So ließen sich viele Schwierigkeiten vermeiden, mit denen Kapitän Cook zu kämpfen hatte. Besonders tauglich wäre dazu die Kokospalme, aber auch die Fichte, weil sie hoch wird und von weitem in die Augen fällt. Die Strömungen sind hier sehr stark, da die Endeavour-Straße so nahe liegt.

Von den feindseligen Wilden steuerten wir nach anderen Inseln, die in Sicht kamen, und schickten einige Bewaffnete ans Ufer, denen wir befahlen, sich nicht zu weit zu entfernen. Sie kamen ohne Ergebnis zurück. Eine Insel nannten wir Pflaumen-Insel, weil dort eine säuerliche, pflaumenähnliche Frucht wuchs, die jedoch ungenießbar war.

Am Abend steuerten wir Inseln an, die wir für die Prince-of-Wales-Inseln hielten (am Kap York). Morgens warfen wir Anker an einer Insel, und da die Nacht sehr finster und dies das letzte Land war, wo wir Hilfe erwarten konnten, legten wir uns sämtlich schlafen, um unsere völlig erschöpften Lebensgeister zu stärken.

Morgens hörten wir das Geheul von Wölfen, die uns in der Nacht aufgespürt hatten. Bei Tagesanbruch wurde Leutnant Corner mit einigen Leuten ausgeschickt, Wasser zu holen. Als er sich näherte, flohen die Raubtiere und erfüllten die Wälder mit ihrem schrecklichen Geheul. An Land fanden wir einen Fußsteig, der in eine Mulde führte, worin wir Wasser vermuteten, und kaum hatten wir vier oder fünf Fuß tief gegraben, da sahen wir zu unserem großen Vergnügen eine Quelle emporsprudeln. Sofort schickten wir einen Boten ans Ufer, um den anderen unseren Erfolg mitzuteilen.

Als wir an der Küste weitergingen, entdeckten wir eine Grabstätte oder vielmehr einen Haufen Knochen, darunter zwei Menschenschädel, einige große Tierknochen und mehrere Schildkrötenschalen. Sie waren wie ein Grab aufeinandergetürmt, und ein langes Ruder lag waagerecht darüber, an jedem Ende auf eine Astgabel gestützt. In der Nähe fanden wir Spuren von einem kürzlich angelegten Feuer. Die Erde war ringsumher niedergestampft, und verschiedene Fußwege führten dorthin, woraus sich schließen ließ, daß hier häufig Feste oder Opfer gefeiert wurden.

Nachdem wir unsere ausgedörrten Leiber so mit Wasser angefüllt hatten, daß sie wie Schläuche anschwollen, fühlten wir nun den Hunger, ein neues, bisher fremd gebliebenes Elendsgefühl, da der Durst solange vorgeherrscht hatte. Einige unserer umherstreifenden Leute fanden am Ufer ein paar Austern, dazu aßen sie die sauren Pflaumen, die sie bereits kannten. Andere fanden Beeren, und da ich sie auch im Kot von Vögeln gefunden hatte, erlaubte ich den Leuten, sie zu essen. Wir vermieden es aber, Vögel zu schießen, damit der Knall nicht die Eingeborenen herbeilocken könnte. Wir füllten nun alle Gefäße und schließlich auch die Stiefel des Zimmermanns mit Wasser.

Am 2. September ging unser kleines Geschwader wieder

unter Segel, und abends sahen wir im Nordwesten eine Insel mit einem hohen Berge, die wir Hawkesburys Insel nannten. In ihrer Nähe fiel das Wasser bis auf drei Faden, wir wendeten aber nach Südwesten und hatten bald wieder sechs Faden Tiefe. Wir sahen verschiedene große Schildkröten, konnten aber keine fangen.

Jetzt kamen wir (durch die Endeavour-Straße) in das große Indische Meer und hatten eine Reise von tausend englischen Meilen in unseren offenen Booten vor uns. Als wir vom Lande abstießen, brach die See heftig auf uns ein und drohte unsere kleine Flotte zu vernichten. Zu unserer Sicherheit legten wir uns wieder mit Tauen aneinander, aber die hochgehende See zerriß ein neues Bugsierseil. Wir gerieten in Panik, denn es war finstere Nacht, und wir drohten uns gegenseitig zu zertrümmern. Wir zogen das Seil von neuem, aber die See zerriß es wieder, und wir mußten uns den Wellen überlassen. Die Boote gerieten auseinander, aber bei Tagesanbruch trafen wir wieder zusammen. Mittags erblickten wir einige merkwürdige schwarz und gelb gestreifte Seeschlangen.

In der Nacht vom 5. auf den 6. September ging die See sehr hoch und zerriß das Tau verschiedene Male. Die Dielen der Boote wurden gepreßt, und durch die Fugen drang viel Wasser ein. Wir durften die Boote nicht mehr mit Tauen aneinander befestigen, da sie gänzlich aus den Fugen gehen würden. Die Mannschaft in der Pinasse fing einen Tölpel. Die Leute sogen ihm reihum das Blut aus und teilten ihn in vierundzwanzig Portionen.

Die Männer, die am Steuerruder saßen, bekamen oft einen Sonnenstich, da sie nicht wie die anderen ihre Hemden in die See tauchen und über den Kopf hängen konnten. Die meisten von uns hatten beim Schiffbruch ihre Hüte verloren. Das Verfahren, den Körper mit Salzwasser anzufeuchten, ist allerdings für längere Dauer nicht ratsam, da das bittere Seewasser auf die inneren Säfte einwirkt, und das so sehr, daß wir zuletzt den Speichel in unserem eigenen Munde nicht mehr ertragen konnten.

Jetzt wogen wir unsere kleinen Rationen nicht mehr ab, denn unser Mund war so dürr, daß nur wenige zu essen versuchten, und was einer nicht mochte, kam allen zugute. Alte Leute litten weit mehr als junge, wovon wir ein Beispiel an einem jungen Burschen, einem Seekadetten, sahen, der seinen zweitägigen Anteil Wasser gegen eine eintägige Portion Brot tauschte.

Je länger das Elend dauerte, desto bösartiger wurden die Leute. Im Boot des Kapitäns fing ein Gefangener an zu beten, und die Mannschaft hörte ihm aufmerksam und anscheinend auch mit Andacht zu. Der Kapitän war aber besorgt, der Mensch könnte nicht den rechten Glauben haben, und er wollte auch nicht, daß jener sich dieses Amt anmaße, und betete daher lieber selbst. Am 9. September schwammen viele Nautilus-Fische um uns her, deren Haftschalen wir dazu benutzten, unser zugemessenes Wasser hineinzugießen. So hatten wir Zeit, unsere Finger hineinzutauchen und den Mund nach und nach zu befeuchten.

Jetzt sahen wir verschiedene Schwärme von Vögeln dem Lande zufliegen. Am 13. September sichtete einer der Männer wirklich Land, und wir belohnten den Entdecker mit einem Glase Wasser. Aber als ob unser Jammer noch nicht groß genug gewesen wäre, legte sich der Wind völlig. Die Boote trennten sich nun, weil jedes nach dem Lande strebte. Am nächsten Morgen kamen wir dem Ufer ziemlich nahe, stießen aber auf eine fürchterliche Brandung. Zwei unserer Leute banden sich Flaschen an den Hals, sprangen über Bord und schwammen durch die Brandung. Dann gingen sie einige Meilen am Ufer entlang, bis ein großer Fluß sie aufhielt. Sie kehrten zurück und gaben uns durch Zeichen zu verstehen, daß die Erkundung nicht gelungen sei. Wir fuhren so nahe wie möglich heran und nahmen beide wieder auf.

Wir steuerten längs der Küste weiter und sahen gegen zwölf Uhr mit großer Freude, daß vor uns die rote Jolle in eine Strommündung steuerte. Wir hatten einen englischen Wimpel an unserem Mast, damit die anderen Boote uns in Sicht behalten konnten. Die Brandung ging entsetzlich hoch, und an der Mündung des Stromes lagen viele gefährliche Sandbänke, doch teilten wir jetzt den letzten Rest Wasser, und jeder erhielt etwa eine halbe Flasche voll, die in einem Augenblick hinuntergestürzt war. Mit frischem Mut wagten wir nun das letzte, um endlich den ersehnten Hafen zu erreichen. Gern gestehe ich hier, wieviel wir dem unerschrockenen Mut und der Geschicklichkeit des Steuermannsgehilfen Reynolds verdankten, der uns über alle Riffe hinweg wohlbehalten ans Ufer brachte. Die Mannschaft der blauen Jolle, die schon seit zwei oder drei Stunden am Ufer war, half uns beim Landen. Eine Quelle nahe bei der Bucht gab uns frisches Wasser. Sobald wir unseren Magen gefüllt hatten, stellten wir Wachen bei den Gefangenen auf und legten uns ins Gras, um einige Stunden zu schlafen.

Nachmittags kam ein vornehmer Chinese, von einigen Landesbewohnern begleitet, in einem Kahn auf dem Strom, um uns zu sehen. Wir gingen dem alten, ehrwürdigen Mann bis ans Ufer entgegen und versuchten, ihm unsere Notlage begreiflich zu machen. Zwar verstand er weder Französisch noch Englisch, worin wir ihn anredeten, aber das Elend stand so deutlich in unseren Zügen, daß wir keiner Worte bedurften. Die Tränen, die seine Wangen hinabflossen, überzeugten uns von seiner Teilnahme. Er gab uns durch Zeichen zu verstehen, man würde uns ohne jede Vergütung mit Pferden versorgen und nach der etwa siebzig englische Meilen entfernten holländischen Niederlassung Kupang bringen, die wir von Anfang an zu unserem Sammelplatz bestimmt hatten. Wir mußten dies jedoch höflich ablehnen, da es mit unserer Pflicht, die Gefangenen zu bewachen, unvereinbar war. So verabschiedete der Chinese sich denn von uns, nachdem er versprochen hatte, uns mit Lebensmitteln zu versorgen.

Bald darauf kamen eine Menge Landesbewohner mit Hühnern, Ferkeln, Milch und Brot. Glücklicherweise hatte der Wundarztgehilfe Innes noch einige Silbermünzen in der Tasche, die sie über ihren Probierstein strichen, um die Echtheit zu prüfen, für unsere Goldstücke (Guineen) aber wollten sie nichts verkaufen. Unsere Knöpfe halfen uns jedoch aus der Not, und man gab uns für einige davon so viele Lebensmittel, die wir für ebenso viele Guineen nicht bekommen hätten. Einer unserer Zimmergesellen aber verdarb uns in seinem Hunger den ganzen Markt, denn er gab eine von ihm bei der Strandung aufgegriffene Offiziersjacke mit allen Knöpfen für zwei Hühner, die er für ein paar Knöpfe bekommen hätte.

Nun waren wir eifrig beschäftigt, die Hühner zu braten und das Schweinefleisch zu kochen, und abends hielten wir unsere erste Mahlzeit mit großem Appetit. Als wir uns so rings um das Feuer gütlich taten, hörten wir im Gebüsch ein wildes Tier brüllen. Einige von uns, die schon in Ostindien gewesen waren, behaupteten, es sei ein Schakal, und daraus schlossen wir, daß auch der Löwe nicht weit sein könne. Einer meinte dazu im Scherz, welch köstliches Mahl wir für den Löwen sein würden, anderen aber gefiel dieser Ton nicht. Die Unterhaltung wurde ziemlich schwermütig, und die Furcht wirkte ansteckend, weil wir schon vorher mit Wilden und Bestien zu tun gehabt hatten und unsere Körper durch Hunger und Wachen arg geschwächt waren. Kapitän Bligh und andere hatten uns gewarnt, auf der Insel Timor nur in Kupang zu landen, da die Insulaner bösartig und wild seien.

Sie pflegen, was wir erst später erfuhren, ihre schwere Arbeit, wie das Dreschen von Reis, wegen der großen Tageshitze bei Nacht zu verrichten, und das ganze, etwa zwei Meilen entfernte Dorf sang dazu ein einstimmiges Lied. Da sie uns besonders viel für einige Patronen geboten hatten, deuteten wir dieses Lied als einen Kriegsgesang und schlossen daraus, die Eingeborenen würden jetzt kommen und uns abnehmen, was sie durch Kauf nicht bekommen hatten. Unsere völlige Erschöpfung ließ uns aber schließlich doch in einen tiefen Schlaf fallen. Der erste Leutnant und der Obersteuermann bewachten die Gefangenen in den Booten, die der Sicherheit halber mitten im Strom lagen. Wir anderen streckten die Füße gegen das Feuer und schliefen ein.

In der Morgendämmerung weckte uns der Obersteuermann mit dem Jägerruf. Einige von uns, die plötzlich aufwachten, hielten dies für das Kriegsgeschrei der Wilden. Uns alle überfiel der Schrecken mitten im Schlaf, und wir konnten uns nicht gleich ermuntern. Die meisten krochen auf allen vieren ans Ufer und baten um Gnade, bis sie mit den Händen ins Wasser gerieten und davon wach wurden. Die aber zuerst davongelaufen waren, waren nicht die letzten, die anderen feige Memmen zu schelten.

Am nächsten Tage fuhren wir mit einem Boot etwa vier Meilen stromaufwärts bis zu einer Stadt, wo wir Proviant für unsere Seereise einkaufen wollten. Als wir in die Stadt gingen, ritt der König heraus, von zwanzig gutbewaffneten und berittenen Leibgardisten begleitet. Er sah höchst kaltblütig auf uns herab und würdigte uns kaum eines Blickes.

Als wir ein Ferkel erhandelten und gut bezahlten, bot uns der Verkäufer auch seine junge Tochter an, aber niemand von uns schien Lust dazu zu haben, da wir weit unentbehrlichere Dinge brauchten. Um ein Uhr fuhren wir mit der Flut nach Kupang. Wir segelten an der Küste entlang, bis es finster war, und legten uns in eine Bucht, um nicht in der Nacht am Hafen vorüberzutreiben.

Nach einiger Zeit bemerkten wir Licht, und als wir riefen, kamen Eingeborene mit Fackeln ans Ufer, wateten zu uns und boten uns ihre Dienste an. Sie versorgten uns mit Feuer, und wir bereiteten unser Essen, damit wir nicht am nächsten Tage mit Landen und Kochen zuviel Zeit verlieren würden.

Bei Tagesanbruch setzten wir unsere Fahrt fort und landeten um fünf Uhr nachmittags bei Kupang. Der Gouverneur, Mynheer Vanion (Kapitän Bligh nennt ihn Wanjon) empfing uns freundschaftlich und gastfrei. Der Vice-Gouverneur, Mynheer Fry, war gleichfalls sehr freundlich und gefällig. Er gewährte uns jede Unterstützung und erteilte die nötigen Befehle zur Erleichterung unserer Lage.

Am nächsten Tage, den wir für Sonntag, den 17. September, hielten, wollten wir in die Kirche gehen, um dem Himmel für unsere wunderbare Rettung zu danken. Unser frommes Vorhaben schlug aber fehl, denn es war Montag, der 18. September. Wir hatten bei unserer Fahrt westwärts um die Erde einen Tag verloren.

FÜNFTES KAPITEL

Aufenthalt zu Kupang. Reise nach Batavia usw. Ankunft in England.

Wegen der gesunden Luft auf Timor begeben sich Kranke und Gebrechliche aus Batavia und anderen Orten gern hierher. Die Insel Timor ist fruchtbar, ihr Handel besteht hauptsächlich in Wachs, Honig und Sandelholz, aber sämtliche Einkünfte erreichen nicht das, was die Ostindische Gesellschaft für diese Besitzung aufwenden muß. Früher, besaß sie das Handelsmonopol für Sandelholz, das in allen Tempeln, Moscheen und Bethäusern des Morgenlandes gebraucht wird, besonders bei den Chinesen, die ein Stäbchen aus diesem Holz Tag und Nacht vor den Hausgöttern brennen lassen. Durch die außerordentliche Erweiterung unserer Gebiete in Ostindien haben wir nun selber ein großes Vorkommen von Sandelbäumen erhalten und dürfen den Holländern dies Holz nicht mehr abkaufen.

Trotz der vielen Einschränkungen, denen die hiesigen Einwohner bei ihrem Handel unterworfen sind, werden sie doch schnell reich. Die Chinesen kehren dann in ihr Heimatland zurück. Außer den Erzeugnissen des Landes und europäischen Waren werden auch Kriegsgefangene verkauft, die dann als Sklaven nach Batavia geschafft werden, während man Eingeborene von Batavia hierher schickt. So läßt man sie klugerweise nicht vor ihren Landsleuten das Joch der Sklaverei tragen.

Wir sahen während unseres Aufenthaltes in Kupang ein Beispiel solcher Seelenverkäuferei. Ein kleiner Fürst, der mit einem hiesigen Kaufmann handelte, hatte einige Taler zuwenig. Also blickte er sich auf der Straße um, erblickte einen älteren Mann, legte mit Beistand seines Gefolges

Hand an ihn, schleppte ihn als Sklaven fort und beglich auf diese Weise seine Rechnung. Angenehmer war für einen Engländer die Feststellung, daß in diesem fernsten Winkel der Welt in den Kramläden Steingut und Metallarbeiten aus Birmingham feilgeboten wurden.

Wir blieben fünf Wochen, die der Gouverneur Mynheer Vanion uns so angenehm wie möglich zu machen suchte. Jeden Mittag aßen wir an seiner Tafel, und abends gab es Spiel und Tanz. Dieser ehrenhafte Holländer hat nun schon zum drittenmal schiffbrüchigen Engländern Gastfreundschaft erwiesen.

Etwa zwei Wochen vor unserer Ankunft landete hier ein Boot mit acht Männern, einer Frau und zwei Kindern. Sie gaben sich für den Superkargo, Besatzungsmitglieder und Passagiere eines englischen Schiffes, aus, das in diesem Seegebiet gescheitert sei. Das Haus des Gouverneurs, wie immer die Zuflucht der Schiffbrüchigen, nahm sie auf. Sie stellten Anweisungen auf die englische Regierung aus, und man versorgte sie mit allem, was ihnen fehlte.

Der Kapitän eines holländischen Ostindienfahrers, der die Ankunft unseres Kapitäns Edwards und unserer glücklichen Boote erfuhr, lief mit der frohen Nachricht zu ihnen: »Euer Kapitän ist angekommen!« »Was, Kapitän!« rief einer von ihnen erschrocken aus. »Hol ihn der Teufel! Wir haben keinen Kapitän!« Dabei hatten sie erzählt, ihr Kapitän und die übrige Schiffsmannschaft seien auf der See in einem anderen Boot von ihnen abgekommen. Ihre jetzige Erklärung machte sie deshalb verdächtig, man nahm sie fest und brachte sie in die Festung. Einer der Männer und die Frau flüchteten in die Wälder, wurden aber bald ergriffen. Nun gestanden sie, daß sie englische Deportierte und aus der Kolonie an der Botany-Bay (bei Sydney) geflohen seien. Von einem holländischen Schiff, das dort vor Anker lag, hatten sie einen Quadranten, eine

Botany Bay Australien

Seekarte und einige Gewehre mit Munition bekommen. Ihr Anführer war der Fischer des Gouverneurs, dessen Verbannung zu Ende war. Er war ein guter Matrose und ziemlich seekundig. Sie fuhren längs der Küste von Neu-Süd-Wales und zogen bei Nacht ihr Boot ans Ufer, wenn es die Feindseligkeit der wilden Landesbewohner erlaubte. Sie hatten dabei an verschiedenen Stellen sehr gute Kohlenlager entdeckt, die bisher unbekannt waren.

Unsere Leute kamen jetzt allmählich wieder zu Kräften, und Kapitän Dadleberg, der den Ostindienfahrer »Rembang« kommandierte, betrieb eifrig die Ausrüstung seines Schiffes, das uns nach Batavia bringen sollte. Während dieser Zeit wurde Balthasar, der König von Kupang, mit großem Gepränge begraben. Alle Europäer waren dazu eingeladen. Sechs Monate hatten die Vorbereitungen zu diesem Feste gedauert, an dem ein Kaiser und fünfundzwanzig Könige mit ihrem Gefolge teilnahmen. Als der Leichnam ins Grab gesenkt worden war, feuerten die Soldaten der Ostindischen Compagnie drei Salven ab, und gleich darauf wurden viertausend Menschen mit Speisen und Getränken bewirtet.

Die holländischen und englischen Offiziere wurden eingeladen, sich neben dem Kaiser und den Königen niederzulassen. Der erste Trinkspruch wurde auf die verstorbene Majestät ausgebracht. Dann trank man auf die Gesundheit von Mynheer Cumpany, wobei eine Salve abgefeuert wurde und Raketen in die Luft stiegen. Auf unsere neugierige Frage, warum man die Ostindische Compagnie »Mynheer« tituliere, erklärte man uns, die Eingeborenen müßten glauben, Mynheer Cumpany sei ein großmächtiger König, weil sie sich einem solchen Herrn lieber unterwürfen als einer Gesellschaft von Kaufleuten.

Die erste feierliche Handlung des jungen Königs bestand darin, daß er einen vollen Becher austrank, in dem Branntwein und Schießpulver mit der Spitze eines Schwertes zusammengerührt worden war. Als er nun mit der königlichen Würde bekleidet war, ging er mit großem Gepränge zum Gouverneur, um ihm seine Ehrfurcht zu bezeigen. Voran zogen Spielleute und fliegende Fahnen, und alles drängte sich heran, den jungen König zu sehen. In der Menge war auch ein gefangener König in Ketten, der unserem Schmied die Blasebälge trat, während dieser die Schienen und Fesseln für unsere Gefangenen schmiedete. Ein trauriges Bild von dem wechselnden Sonnenschein des Glücks und der Veränderlichkeit menschlicher Größe!

Aus Staatsklugheit versorgen die Holländer die kleinen Fürsten mit allem möglichen Kriegsbedarf, und während diese mit ihren kriegerischen Konflikten untereinander beschäftigt sind, dehnen die Ausländer ihre Macht immer weiter aus. Außerdem versorgen diese Kriege die Sklavenhändler mit Gefangenen von beiden Seiten. Allerdings vereinigten sich auch vor einiger Zeit die Landesfürsten gegen den gemeinsamen Feind, so daß der Holländer sich, wenn auch vorübergehend, in seine Zitadelle zurückziehen mußte.

Hier ist es Landessitte, morgens und abends im Fluß zu baden, und wir taten desgleichen, sobald wir zu Kräften gekommen waren. Allerdings konnte man sich plötzlich einem Alligator oder einer kammtragenden Schlange gegenüber sehen. Es wird berichtet, daß die Alligatoren Männer und Kinder gefressen haben, die an seichten Stellen badeten. Der Gouverneur, Mynheer Vanion, erzählte uns von einem Jagdabenteuer. Als er durch eine seichte Stelle des Flusses ritt, schnappte ein Alligator seinen schwarzen Burschen weg. Er stieg aber sofort vom Pferde, riß dem Alligator den Burschen aus dem Rachen und tötete den Räuber.

Am 6. Oktober gingen wir an Bord des holländischen

Ostindienfahrers »Rembang« und nahmen die Gefangenen mit. Als wir an der Insel Flores entlangfuhren, erhob sich ein fürchterlicher Sturm. In wenigen Minuten waren alle Segel zerrissen und alle Pumpen verstopft. Das Wasser drang unaufhaltsam herein, und das Schiff trieb auf die Küste zu. Dabei herrschte das fürchterlichste Gewitter, das wir je erlebt hatten. Die holländischen Matrosen liefen vor Angst in den Schiffsraum, und das Schiff wurde nur durch die übermenschlichen Anstrengungen unserer englischen Seeleute gerettet. Damit will ich nicht den Holländern zu nahetreten, die es, wie ich glaube, selbst mit dem Teufel aufnehmen würden, wenn er nur nicht mit Blitz und Donner zu ihnen kommt.

Am 21. Oktober sahen wir drei Prauen einer Seeräuberbande, die diese Gewässer unsicher macht. Tags darauf sichteten wir die Insel Madura. Am 26. Oktober kam die Insel Java in Sicht, und am 30. dieses Monats gingen wir bei Semarang vor Anker. Als wir dabei waren, die Anker auszuwerfen, wurden wir aufs höchste überrascht, denn wir sahen unseren Schoner, den wir so lange verloren geglaubt hatten. Unsere Zusammenkunft war ein Fest grenzenloser Freude, und wir weinten alle bei den Berichten, wieviel jeder von uns durch Schiffbruch und Hunger gelitten hatte.

In der Nacht, als der Schoner uns verließ, wurde er von den Wilden in vielen Kanus angegriffen, und der Kampf dauerte um so länger, weil diese Eingeborenen noch nie ein europäisches Schiff gesehen hatten und keinen Begriff von der Wirkung unserer Feuerwaffen hatten. Sie glaubten anfangs nicht, daß ihren Stammesgenossen, die ins Wasser fielen, etwas zugestoßen wäre. Unsere siebenrohrigen Feuerorgeln richteten ein Blutbad unter ihnen an. Ein Wilder war so kühn und geschickt, über das Enternetz des Schoners hinwegzuspringen, und er wollte den Befehlshaber, den Schiffersmaat Oliver, mit seiner Keule erschlagen, als dieser ihm zuvorkam und ihn niederschoß.

Am nächsten Tag fand der Schoner unser Schiff nicht wieder, suchte es auch nicht länger, sondern steuerte nach Nomuka, wo Kapitän Edwards wieder mit ihm zusammentreffen wollte. Aber das Wasser wurde dort an Bord womöglich noch knapper als bei uns. Ein junger Matrose litt unter dem Durst so heftig, daß er wahnsinnig wurde und es einige Monate lang blieb. Endlich erreichte der Schoner Tofua in der Nachbarschaft von Nomuka und glaubte am Ziel zu sein. Die Eingeborenen tauschten Lebensmittel und Wasser gegen Eisenwaren und machten dann einen Versuch, das Fahrzeug zu erobern, wie sie jedes kleine Schiff, das allein ist, wegzunehmen versuchen. Sie wurden aber durch die Feuerwaffen abgeschlagen, und unsere Leute nahmen sich in der Folgezeit bei bewohnten Inseln sehr in acht.

Nach viel Not und Elend erreichten sie endlich das Riff zwischen Neu-Guinea und Neu-Holland (Australien), wo die »Pandora« ihren Untergang gefunden hatte. Sie kreuzten von Küste zu Küste und fanden keine Durchfahrt. Endlich nahm der unerschrockene junge Seefahrer das Ruder und steuerte über das Riff hinweg. Als sie bald darauf die Endeavour-Straße hinter sich gebracht hatten, begegnete ihnen ein kleines holländische Schiff, dessen Besatzung alles mögliche tat, ihre Not zu erleichtern.

Nun landeten sie bald auf einer kleinen holländischen Besitzung. Der Gouverneur hatte von unserer Regierung eine Beschreibung der Meuterer von der »Bounty« erhalten und fand seinen Verdacht, die Angekommenen müßten es sein, noch dadurch bestätigt, daß der Schoner aus fremdem Holz erbaut war. Der Schiffersmaat Oliver konnte seine Aussage mit keinem Schriftstück beweisen, da kein Angehöriger der britischen Marine, der weniger als ein

Leutnant ist, eine schriftlche Bestallung oder einen Paß erhält, womit er seine Stellung und seinen Dienstauftrag beweisen kann. Diese Holländer handelten deshalb zwar menschlich, aber auch vorsichtig. Sie ließen unsere Leute mit allem Nötigen versorgen und schickten sie unter strenger Bewachung nach Semarang.

Nach wenigen Tagen landeten wir in Batavia, dem holländischen Hauptstapelplatz im Osten, und wir hatten nichts Eiligeres zu tun, als die kranken Reste unseres Schiffsvolkes in Hospitäler zu verlegen. Einige im Kanal schwimmende Leichen stießen an unser Boot und weckten bei unseren durch Krankheit und Entbehrungen recht nervenschwach gewordenen Leuten unangenehme Gefühle.

In Batavia mag jeder, der sich Republikaner nennt, seine Ansichten berichtigen. Die kleinen großen Männer, diese kleinlichen Gewürz- und Muskatkrämer, verlangen eine Unterwürfigkeit, vor welcher der tyrannischste Alleinherrscher, der jemals einen Thron bestiegen hat, erröten würde. Dafür ein Beispiel: Wenn ein edler Herr, der im Staatsrat sitzt, einer Kutsche begegnet, so muß der Insasse aussteigen und vor ihm eine tiefe Verbeugung machen, und zwar eine so tiefe, daß nur größte Untertänigkeit sich dazu verstehen und kein englisches Rückgrat sie nachahmen könnte.

Ehe wir Java verließen, sprang einer der Meuterer über Bord und schwamm ans Ufer. Wir segelten an der Insel Sumatra entlang, fanden aber nichts Besonderes. In der Sunda-Straße litten wir viel und hatten auch Sterbefälle an Bord, und nach einer langwierigen Reise kamen wir endlich am Kap der Guten Hoffnung an.

Die Einwohner von Kapstadt nehmen Fremde, wenn ihr Aufenthalt nicht zu lange dauert, sehr freundlich und zuvorkommend auf. Ihre Kleidung und ihre Sitten sind mehr englisch als holländisch. Seit kurzem ist die Bauwut in sie gefahren, allerdings sind ihre Häuser nicht so prächtig und vornehm wie die zu Semarang.

Die Affen dieser Gegend plündern die Gärten mit sonderbarer Geschicklichkeit. Nachdem sie regelrechte Schildwachen ausgestellt haben, bilden sie eine lange Reihe, reichen die gestohlenen Früchte von Pfote zu Pfote weiter, ergreifen auf ein Zeichen ihrer Posten die Flucht und sind längst auf und davon, wenn ein Verfolger naht. Ist aber einmal ein Posten nachlässig im Warndienst, so erhält er dafür Schläge von seinen Stammesgenossen.

Das hiesige Krankenhaus ist das größte der Welt, doch scheint der Baumeister viel Mühe darauf verwandt zu haben, es durch äußerst kleine Fenster, die Licht und Luft mehr abhalten als hereinlassen, zu einer stinkenden Grabeshöhle zu machen, und das ist ihm auch gelungen. Nachdem wir uns am Kap erholt hatten, segelten wir an Sanct Helena und an der Ascencion-Insel vorüber, legten zunächst in Holland an und kamen endlich nach vielen überstandenen Gefahren in unser teures Vaterland.

DAS KRIEGSGERICHT

Als die Fregatte »Pandora« im Sommer 1791 noch zwischen Tahiti und Nomuka kreuzte, um die nach irgendwo entwichenen Meuterer Fletcher Christian und Genossen zu suchen, lief Kapitän William Bligh mit zwei Schiffen zu einer zweiten Reise nach Tahiti aus, und zwar mit dem gleichen Auftrag, Brotfruchtpflanzen nach Westindien zu bringen. Sein Schiff »Providence« (Vorsehung) war wie seinerzeit die »Bounty« zu einem schwimmenden Gewächshaus hergerichtet worden. Das zweite Schiff, die kleinere »The Assistant« (Gehilfin) unter Leutnant Portlock war ihm zur Begleitung beigegeben worden, damit im Falle einer Havarie oder eines anderen Unglücks einer dem anderen zu Hilfe kommen konnte.

Kapitän Bligh lief auch diesmal Teneriffa an, aber bei der Weiterfahrt erkrankte er an einem heftigen Fieber, so daß er Leutnant Portlock das Kommando übertragen mußte. Die Schiffe segelten nun nach der Insel St. Jago am Kap Verde, weil man hoffte, der kranke Kapitän werde dort in der gesunden Luft bald wieder genesen. Auf der Insel war jedoch eine Epidemie ausgebrochen, die bereits viele Bewohner dahingerafft hatte, und da weder ein Arzt noch die nötigen Medikamente vorhanden waren, segelte Leutnant Portlock weiter zum Kap der Guten Hoffnung. Hier mußte Kapitän Bligh schließlich das Unternehmen abbrechen und nach England zurückkehren.

Während seiner Abwesenheit waren die Gefangenen der »Pandora« von Batavia nach dem Kriegshafen Portsmouth gebracht worden, und im September 1792 wurde das Kriegsgerichtsverfahren gegen alle eröffnet, die auf der »Bounty« geblieben waren, ganz gleich, ob freiwillig oder gezwungen. Nach den harten Bestimmungen des Kriegsgesetzes gab es für jeden, der an einer Meuterei teilgenommen oder sich auch nur neutral verhalten hatte, nur den Spruch »Schuldig!«, und der bedeutete den Tod durch den Strang.

Kapitän Bligh hatte einen schriftlichen Bericht über die Meuterei hinterlassen, in dem die meisten Gefangenen stark belastet wurden. Die früheren Offiziere der »Bounty«, in erster Linie der Schiffer John Fryer und der Konstabler William Peckover, traten vor dem Kriegsgericht als Zeugen auf und konnten durch ihre Aussagen manchen der unfreiwilligen Teilnehmer an der Meuterei vor dem Todesurteil retten, also den Freispruch erwirken, da es nur dies Entweder-Oder gab.

Das Kriegsgericht urteilte streng nach Gesetz und Recht, und unklare Fälle wurden auf dem Gnadenwege zugunsten der Angeklagten geklärt. Freigesprochen wurden sechs Angeklagte, und zwar der Seekadett Peter Haywood, der Bootsmannsmaat James Morrison, der Büchsenmeister Joseph Coleman, der Zimmermannsmaat Charles Norman, der Zimmermannsgehilfe Thomas McIntosh und der Matrose Michael Byrne. Der Matrose William Muspratt wurde begnadigt, da seine Schuld nicht genau festzustellen war. Die Matrosen Thomas Burkitt, John Millward und Thomas Ellison – drei von sechzehn Meuterern – wurden nach Marinebrauch unter Kanonendonner an die Rahen des Flaggschiffs »Brunswick« gehängt. Sie gingen, wie die rauhen Seeleute sagten, den Leiterweg hinauf und den Hanfweg hinunter.

WO IST DIE »BOUNTY« GEBLIEBEN?

Als das Boot mit dem Kapitän Bligh und achtzehn Schicksalsgenossen vom Schiff abgestoßen worden war und die »Bounty« mit vollen Segeln auf Nordwestkurs ging, erscholl aus den rauhen Kehlen der Meuterer immer wieder der Ruf: »Auf nach Tahiti!« Und wirklich glaubten alle Männer auf dieser wie auf jener Seite, daß nur die Insel der Glücklichen das Ziel dieser Reise sein könne, alle Männer bis auf zwei: Kapitän Bligh und Fletcher Christian. Der Anführer der Piraten war klug genug, zu wissen, daß die Meuterer sich auf Tahiti kaum länger als zwei Jahre sicher fühlen könnten, da die Admiralität bald Jagd auf sie machen würde, sobald Kapitän Bligh gegen alle Wahrscheinlichkeit die Heimat erreicht hätte oder die »Bounty« als verschollen gelten mußte. Kapitän Bligh aber hielt den Schiffersmaat, den er zum Leutnant auf Zeit ernannt hatte, für listig genug, sich nicht in eine solche Falle zu begeben.

Als das Schiff wenige Meilen gesegelt war, rief Fletcher Christian die Besatzung an Deck und ließ sich das Kommando übertragen. Er verlangte von allen strenge Pflichterfüllung und versprach, gegen jedermann gerecht zu sein. Dann teilte er die Wachen ein, wobei er die Männer, die gezwungen auf dem Schiff geblieben waren, klug den drei Gruppen zuordnete. Es waren neun von fünfunzwanzig, weshalb die Meuterer wohl auf der Hut sein mußten, wenn sie nicht überrumpelt werden wollten, waren sie doch selber bei ihrem Aufstand nur sechzehn gegen achtundzwanzig gewesen.

Fletcher Christian nahm nun Kurs auf Tubuai, fünfhundert Meilen südlich von Tahiti gelegen. Die Insel war im August 1777 von Kapitän Cook entdeckt worden, der darüber wie folgt berichtete: »Am 8. August 1777, morgens um 11 Uhr, wurde im NNO Land gesichtet. Zuerst erschien es in einzelnen Hügeln wie ebenso viele Inseln, aber als wir näher kamen, sahen wir, daß sie sämtlich zu einer Insel gehörten. Einige Kanus näherten sich bis auf Pistolenschußweite dem Schiff, dann stoppten sie. Omai versuchte mit all seiner Beredsamkeit die Bootsinsassen zum Näherkommen zu bewegen, aber nichts konnte sie verleiten, sich in unseren Bereich zu wagen. Sie zeigten mit den Paddeln eifrig nach der Küste und riefen uns zu, wir sollten uns dorthin begeben. Einige Eingeborene am Ufer hielten etwas Weißes empor, was wir ebenfalls für eine Einladung ansahen, an Land zu kommen. Wir hätten dies wohl tun können, da ein guter Ankerplatz außerhalb des Riffs und eine Einfahrt ohne Brandung für die Boote vorhanden waren, aber ich hielt es nicht für gut, den günstigen Wind ungenutzt zu lassen, um eine Insel zu erforschen, was nur geringen Erfolg versprach. Daher versuchte ich noch einigemal vergeblich, die Insulaner zum Näherkommen aufzufordern, dann segelte ich nordwärts davon, jedoch nicht ohne sie vorher nach dem Namen ihrer Insel zu fragen, die sie Tubuai nannten.

Wir hatten bei der Unterhaltung gehört, daß sie tahitisch sprachen, also unzweifelhaft zum gleichen Volk gehören. Die Insulaner in den Booten waren kräftige, kupferfarbene Männer mit straffem schwarzen Haar, das einige in einem Büschel auf dem Scheitel, andere auf die Schultern herabfallend trugen. Einer von ihnen blies fortwährend auf einem großen Schneckengehäuse. Was dies Blasen bedeutete, kann ich nicht sagen, aber ich habe es nie als Friedenszeichen gehört.«

Der Bericht des Weltumseglers Cook versprach nicht allzuviel, und wirklich gelang es auch Fletcher Christian und seinen Leuten nicht, auf Tubuai zu landen. Die Eingeborenen kamen zwar in vielen Kanus ans Schiff, die Seeleute konnten sich in den auf Tahiti gelernten Sprachbrocken mit ihnen unterhalten, und sie schauten bereits eifrig nach einigen mit Frauen besetzten Kanus aus, als die wachen Augen Christians entdeckten, daß die Insulanerinnen nur als Lockvögel dienen sollten und die Kanus der braunen Krieger mit Steinen gefüllt waren. Als aber die Männer von der »Bounty« einige Musketen abfeuerten und einen Vierpfünder loskrachen ließen, eilten die Kanus davon und verschwanden hinter den Riffen. Damit war der Plan, auf Tubuai zu landen, vorerst aufgehoben.

Fletcher Christian ließ die Segel setzen und nahm Kurs nach Norden, geradewegs nach Tahiti. Er gedachte aber nicht dort zu bleiben, sondern nur die Frauen einiger Meuterer abzuholen, darunter seine eigene namens Moetua, dann das Schiff mit Proviant und allem, was zu einer Ansiedlung nötig war, zu beladen und von neuem auf die Suche nach einer einsamen Insel zu gehen. Mit günstigem Südwind erreichte die »Bounty« nach etwa einer Woche Tahiti, und die Besatzung wurde mit großer Freude empfangen. Niemand verriet etwas von der Meuterei, vielmehr wurde den Insulanern weisgemacht, Kapitän Bligh sei auf der Insel Aitutaki (Cook-Inseln) geblieben, um dort mit Kapitän Cook, den sie für Blighs Vater hielten, eine englische Niederlassung zu gründen.

Nun begann ein eifriges Handeln an Bord und an Land, nur die Nichtmeuterer durften nicht an Land gehen und wurden mißtrauisch beobachtet. Nach einer Woche war die »Bounty« voll beladen, und an Deck wimmelte es von Hühnern, Ziegen und Schweinen. Neun Tahitierinnen machten die Reise ins Ungewisse mit, und auch der alte Abenteurer Hitihiti hatte sich angeschlossen. Als das Schiff auf hoher See war, tauchten noch sechzehn Insulaner auf, die sich versteckt gehalten hatten. Unter Hitihitis Führung waren sie aber sehr willkommen, da sie die Auswanderergruppe verstärkten. Dies war um so nötiger, als Christian und seine Leute beschlossen hatten, noch einmal eine Landung auf Tubuai zu versuchen oder gar zu erzwingen.

Nach sieben Tagen kam Tubuai in Sicht, und alles schien sich gut anzulassen, als der Häuptling der Insel an Bord kam und sich frei auf dem Schiff bewegte. Aber die Seeleute fanden nicht eine Spur der Gastfreundschaft, die auf Tahiti oberstes Gebot gewesen war. Christian ließ seine Leute nur in Gruppen und nie ohne Waffen ausgehen, und als einige Männer trotz aller Warnungen auf der Suche nach Abenteuern allein in die Dörfer gingen, kamen sie bis auf die Haut ausgeplündert ins Lager zurück.

Die Ansiedler bauten Häuser und legten Gärten an, und als die Gefahr eines Massenangriffs immer größer wurde, errichteten sie ein festes Fort, das sie mit Palisaden und einem breiten Graben umgaben. So war nun statt des erhofften friedlichen Insellebens ein Zustand erreicht, der verteufelt an die Kämpfe zwischen Farmern und Indianern im Wilden Westen erinnerte. Als schließlich die Lage immer bedrohlicher wurde und die Tritonshörner das ganze Inselvolk zum Kampf aufriefen, räumten die abgewiesenen Ansiedler das Fort und gingen an Bord. Hitihiti brachte einen Priester von Tubuai mit, der sich nach seinem Gott Taaroa nannte, jetzt aber Tetahiti – der Auswanderer – heißen wollte. Sein Diener Temoa begleitete ihn.

Zum drittenmal lief die »Bounty« Tahiti an und ankerte in der Matawai-Bai. Fletcher Christian stellte nun den Männern die Wahl frei, auf Tahiti zu bleiben oder mit ihm auf der »Bounty« eine andere Zufluchtsinsel zu suchen. Sechzehn Mann entschlossen sich, auf Tahiti zu bleiben, darunter waren acht Meuterer, die die Gefahr, über kurz oder lang gefangengenommen und gehängt zu werden, in den Wind schlugen. Mit Fletcher Christian blieben an Bord der Konstablersmaat John Mills, die Matrosen Isaac Martin, William McCoy, John Williams, Matthew Quintal und Alexander Smith, der Gärtner William Brown und der Seekadett Edward Young, der zwar nicht an der Meuterei teilgenommen hatte, es aber vorzog, mit seiner tahitischen Frau Mataoha auf einer Südseeinsel statt in dem rauhen Klima Englands zu leben.

Hitihiti verließ trotz seiner Abenteuerlust das Schiff, als er von der Meuterei erfahren hatte. Zu den zwei Eingeborenen von Tubuai kamen aber zwei vornehme Tahitier, der Häuptling Menarii von Pare und sein Neffe Tararu mit ihren Frauen Tohaiti und Obarea und gefolgt von ihren Dienern Hu und Nihou.

Fletcher Christian schlug nun seinen Schiffsgenossen vor, auf der einsamen Insel Pitcairn zu siedeln, die der Südseefahrer Philipp Carteret entdeckt hatte. Der englische Entdecker schreibt darüber in seinem Reisebericht: »Am Donnerstagabend, den 2. Juli 1767, erblickten wir gegen Norden hin Land. Als wir uns am folgenden Morgen demselben näherten, sah es einem großen Felsen ähnlich, der aus der See emporragte. Es hatte nur fünf Meilen im Umkreis und schien unbewohnt zu sein, doch war es mit Bäumen bewachsen, und wir sahen an einer Stelle ein Bächlein frischen Wassers herablaufen. Ich wäre gern gelandet, aber die Brandung war in dieser Jahreszeit viel zu heftig, als daß ich es hätte wagen dürfen. An der Westseite der Insel fand ich Grund in 25 Faden Tiefe, und der Boden bestand aus Korallen und Sand. Allem Anschein nach würde man hier im Sommer nicht nur ohne Gefahr, sondern auch ganz bequem an Land gehen können. Es gab hier eine große Menge Seevögel, die eine Meile weit von der Küste rund um die Insel umherflattern. Die See schien in dieser Gegend auch ziemlich fischreich zu sein. Die Insel liegt in der südlichen Breite von 20 Grad 2 Minuten und in der westlichen Länge von 133 Grad 21 Minuten. Sie ist so hoch, daß wir sie in einer Entfernung von mehr als fünfzehn Seemeilen erblickten, und weil sie von einem jungen Herrn Pitcairn zuerst gesichtet wurde, nannten wir sie Pitcairns Eiland.«

Dieser Bericht versprach nicht viel mehr als eine unzugängliche Felseninsel, aber gerade deswegen hatte Christian sie als Schlupfwinkel ausersehen. Er segelte ohne Abschied von Tahiti ab, da er befürchtete, die auf der Insel bleibenden Schiffsgenossen, die nicht zu den Meuterern gehörten, könnten mit Hilfe Hitihitis und vieler Insulaner das Schiff überrumpeln. Als die »Bounty« die See er-

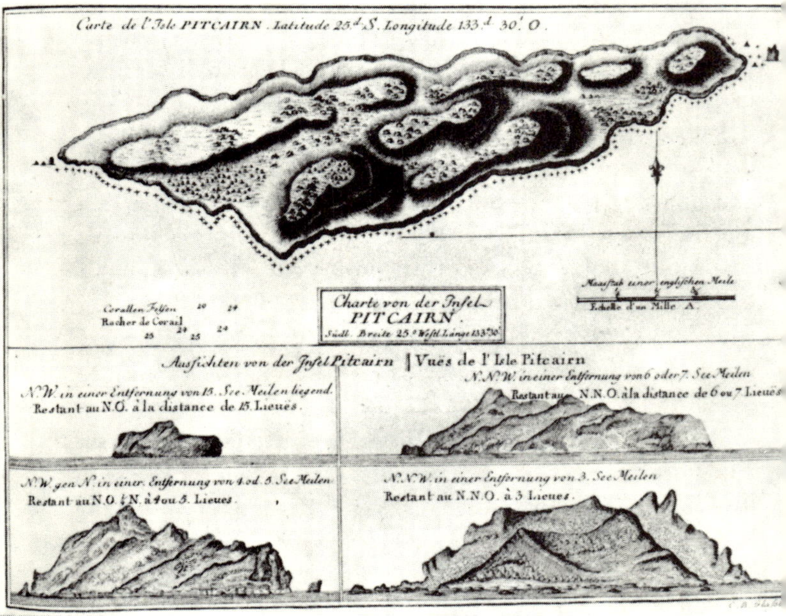

Karte und Ansicht der Insel Pitcairn von 1767

reichte, gab es unter Deck ein großes Geschrei, da noch einige Insulanerinnen an Bord waren, die mit den Frauen der Meuterer geplaudert hatten. Einige Matrosen meinten skrupellos, man könne wohl noch einige Frauen brauchen – je mehr, desto besser. Die unfreiwillig Mitreisenden setzten aber durch, daß sie an der Küste von Eimeo abgesetzt wurden, von wo sie das heimatliche Tahiti bald wieder erreichen konnten.

Fletcher Christian segelte nach der Karte des Entdeckers Carteret, aber er befuhr das Meer wochenlang, ohne eine Insel zu sichten. Die Lagebezeichnung Carterets stimmte offensichtlich nicht, und niemand wußte nun, ob es die Insel überhaupt gab. Ein Teil der Besatzung wollte nach Tahiti zurück, aber Christian setzte sich durch und suchte tagelang, bis die Insel Pitcairn endlich in Sicht kam, hundertfünfzig Seemeilen von dem angegebenen Ort entfernt. Carteret hatte sich um fast fünf Breitengrade und drei Längengrade geirrt. Tagelang mußten sie nun warten, bis ein günstiger Wind und eine ruhigere Brandung die Landung zuließen.

Der Landetrupp legte mit dem Boot an einer Landzunge an, mußte dann aber einen steilen Felsenpfad hinansteigen. Die Insel zeigte sich menschenleer, aber man fand Spuren einer früheren Besiedlung. Der Gärtner Brown stellte fest, daß die Insel fruchtbar war und die Flüchtigen wohl ernähren könne. Christian setzte das Schiff auf Grund, dann wurde in mühseliger Arbeit alles Brauchbare vom Schiff den steilen Pfad hinaufgetragen, zuletzt auch der Schiffsamboß für den Schmied Williams. Als die »Bounty« völlig ausgeplündert war, wurde das Wrack in Brand gesetzt, damit es nicht vorübersegelnden Schiffen den Schlupfwinkel der Meuterer verraten konnte.

Nun wurden Häuser gebaut und Gärten angelegt, aber die Meuterer gefährdeten gleich zu Anfang die für das Gemeinwesen unbedingt erforderliche Eintracht. Die Engländer teilten das Land in neun Teile, womit sie die sechs Eingeborenen zu ihren Arbeitern, wenn nicht gar Sklaven bestimmten. Dabei beachteten sie nicht einmal, daß unter ihren dunkelhäutigen Freunden drei Häuptlinge waren.

Die Ansiedler bauten Häuser aus den Planken des Schiffes und aus gefällten und zersägten Baumstämmen. Die Frauen deckten die Hütten nach Landesart mit Palmblättern. Während die Engländer in Einzelhäusern wohnten, hatten die Eingeborenen ein großes Gemeinschaftshaus für

Landestelle an der Insel Pitcairn

die Häuptlinge mit ihren Frauen und Dienern gebaut. Die drei Diener hatten keine Frauen, aber nach Landessitte lebten sie darum keineswegs enthaltsam. Die Eingeborenen gingen oft auf Fischfang, sie sammelten Vogeleier und halfen den Weißen auch bei der Arbeit.

Zwei Jahre lang herrschte Frieden auf der Insel, aber er wurde stark gefährdet, als Fahutu, die Frau des Waffenschmiedes Williams, von den Uferfelsen zu Tode stürzte. John Williams drohte, die Insel verlassen zu wollen, da er aber als Schmied unentbehrlich war, sprach man ihm Obarea zu, die Frau des jungen Häuptlings Tararu. Obarea weigerte sich keineswegs, die Frau eines Weißen zu werden, aber das Ende des friedlichen Lebens auf Pitcairn war nun gekommen.

Tararu und Hu wiegelten die übrigen Eingeborenen auf, aber die Verschwörung wurde entdeckt. Die beiden Rädelsführer flohen in die Wälder. Die weißen Männer verlangten von den übrigen Eingeborenen unter Todesdrohung, die Flüchtigen zu töten. Das geschah auch, und wieder gab es einen trügerischen Frieden für zwei Jahre. Die Eingeborenen wurden wie Sklaven behandelt und durch Schläge gedemütigt, bis sie sich von neuem verschworen. Temoa und Nihou stahlen Musketen und flohen damit in die Wälder, während Tetahiti sich ein Gewehr für die Schweinejagd erbeten hatte. Nun begann ein fürchterliches Morden. Der Schmied Williams wurde als erster erschossen, dann streckte Tetahiti, der Häuptling von Tubuai, Fletcher Christian heimtückisch nieder. Der ehemalige Konstablersmaat John Mills wurde mit einer Hacke erschlagen, und durch Schüsse aus dem Hinterhalt fielen Isaac Martin und der Gärtner William Brown. Nun lebten nur noch vier Engländer: Young, Adams, Quintal und McCoy.

Die Eingeborenen glaubten jetzt in der Übermacht zu sein, aber die tahitischen Frauen, die ihre Männer verloren hatten, rächten sich schrecklich und brachten ihre Stammesgenossen um. Die vier überlebenden Engländer gerieten nun nicht nur durch die naturgegebene Leichtlebigkeit der Frauen von Tahiti in einen »Strudel der Sündhaftigkeit«, sondern mehr noch durch den Matrosen Quintal, dem es gelang, aus der Wurzel des Drachenbaumes in dem großen Schiffskessel einen Schnaps zu brennen, der dem schlechtesten Rum an Wirkung nicht nachstand. Die Gelage nahmen nun kein Ende, bis William McCoy, der größte Säufer unter ihnen, in einem Anfall von Delirium von den Uferfelsen in die Tiefe sprang.

Der Unruhestifter Matthew Quintal setzte das wüste Treiben fort, keine Frau war vor ihm sicher, und Tag für Tag gab es Streitigkeiten und Schlägereien. Die Ansiedler hatten weder Lust noch Zeit, ihre Häuser und Gärten zu pflegen, das Unkraut überwucherte die Anpflanzungen, und die Haustiere verwilderten. Schließlich beschlossen Edward Young und John Adams, den Trunkenbold und Friedensstörer zu töten, um die Gemeinschaft zu retten. Das war im Jahre 1799, und als ein Jahr später Edward Young an der Schwindsucht starb, war John Adams der letzte der Meuterer und damit das Oberhaupt von zehn Frauen und neunzehn Kindern, die mit ihm auf der einsamen Inseln Pitcairn lebten.

Über die weitere Entwicklung der Kolonie berichtet der französische Südseeforscher Dumont d'Urville in der »Malerischen Reise um die Welt« (Leipzig 1835) wie folgt: »Dieser Engländer hieß Smith, er hatte aber den Namen John Adams angenommen, und unter diesem war er in der Kolonie bekannt. Dieser Mann, dieser Noah, der Beschützer und Herr dieser Schöpfung, der einfache, ungebildete Matrose, fühlte sich plötzlich zu einer neuen Rolle begeistert. Er verstand die Mission eines Familienoberhauptes, eines Patriarchen, und dachte über die Anarchie nach, die zur Entvölkerung geführt hatte. Er fand in seinem gesunden Verstande, in einigen Erinnerungen an die Religion etc. die Mittel und die Kraft, eine völlige Reform zu bewirken und eine Mustergemeinschaft zu bilden. Die Tugenden der Frömmigkeit, der Eintracht und der Liebe, die man bisher nicht gekannt hatte, wurden nun die Richtschnur aller Handlungen der Bewohner von Pitcairn. Die Frauen gaben sich dieser neuen Richtung von ganzem Herzen hin, und die Kinder wurden in diesem Sinne erzogen. Bald herrschten die Grundlehren der christlichen Moral unter den Ansiedlern, Adams führte ordentliche Verehe-

Ansiedlung auf Pitcairn

lichungen unter den Kindern der verschiedenen Familien ein, und so nahm dies Völkchen, das dem alten Oberhaupt gehorchte wie einem lebendigen Gesetz, an Tugend und Eintracht zu.

Erst im Jahre 1808 im September entdeckte der amerikanische Walfangkapitän Folger vom »Topaz« diese englisch-tahitische Kolonie. Nach seiner Rückkehr machte er sie in Europa bekannt und sagte aufrichtig, was sie sei und woher sie stamme. Damals war das Dorf auf Pitcairn von 35 Personen bewohnt, die John Adams unterstanden. Man vergaß sie wieder bis 1814, zu welcher Zeit die Kapitäne Hains und Pipon auf der Verfolgung Porters vor der Insel erschienen. (Sie waren auf der Jagd nach dem berüchtigten amerikanischen Kapitän David Porter, der die Insel Nouka-Hiva [Marquesas-Inseln] für die USA erobert und von dort aus die Südsee unsicher gemacht und den Engländern großen Schaden zugefügt hatte.) Es kamen einige Eingeborene an Bord der Fregatten, und die Offiziere wunderten sich nicht wenig, als sie diese gut englisch reden hörten. Augenblicklich gingen die beiden Kommandanten an Land, um das Dorf und das brave Oberhaupt zu besuchen. Da man fürchtete, das ehemalige Vergehen Smith's solle als Grund zur Verhaftung benutzt werden, sagten die beiden Kapitäne: ›Fürchtet nichts, der Aufrührer von der Bounty existiert nicht mehr, der Patriarch von Pitcairn hat ihn getilgt. Man wird ihn seiner Familie nicht entziehen.‹ Diese Familie bestand damals aus 46 Personen, fast sämtlich jungen Leuten.

Nach diesem Besuch erschienen noch einige Walfänger an der Insel, von denen einer einen gewissen Buffet dort ließ, der, gelockt von dem patriarchalischen Leben auf Pitcairn, um die Erlaubnis gebeten hatte, als Pfarrer und Schulmeister auf der Insel zu wirken. Im Dezember 1825 erschien der Kapitän Beechey daselbst, der, wie es Pipon

John Adams

getan hatte, merkwürdige und rührende Tatsachen von dieser begünstigten Insel erzählte. Es war ein natürliches, reines Völkchen, ein Land im Goldenen Zeitalter. Beechey sah den alten Adams, der diese Familie von 66 Köpfen wie ein Vater regierte. Er ging im Dorf umher, das aus bescheidenen, aber reinlichen, von Pandanus und Kokospalmen umgebenen Häuschen bestand. Der Wohlstand schien unter den Ansiedlern zu herrschen, sie hatten Hühner und Schweine und Felder mit Yams, Bananen und Taro. Die Insulaner, Mischlinge von Engländern und Polynesierinnen, hatten eine freundliche und angenehme Gesichtsbildung, und ihren gutgebauten Gliedern fehlte es weder an Gewandtheit noch an Kraft.

Der Kapitän Waldgrave erschien 1830 vor Pitcairn. Der alte Adams war ein Jahr zuvor (achtundsechzigjährig) gestorben, und niemand hatte ihn ersetzt. Keime von Uneinigkeit und Zwietracht zeigten sich bereits im Schoße dieser damals aus achtzig Personen bestehenden Kolonie. Um diese Zeit bat der Missionar Scott von Tahiti, der Pitcairn besucht hatte, um eine Versetzung der Bewohner nach Tahiti, damit ihre religiöse Bildung vollendet werden könne, dann möge man sie wieder zurücksenden. Die Admiralität willigte ein, den Bewohnern von Pitcairn die Transportmittel zur Verfügung zu stellen, wenn sie zur Auswanderung entschlossen seien. Am 7. März 1831 gingen die 87 Bewohner an Bord des ›Komet‹, Kpt. Sandilands, und kamen am 23. desselben Monats zu Tahiti an.

Die Ansiedler von Pitcairn konnten sich nicht an das Klima Tahitis gewöhnen, sie wurden von einer Art Epidemie ergriffen, die zwölf von ihnen dahinraffte. Da baten sie, man möge sie auf ihre Insel zurückbringen, wenn es auch auf ihre Kosten geschehe. Sie mieteten ein amerikanisches Schiff für 200 Dollars, die sie mit dem Kupfer der ›Bounty‹ bezahlten, das noch in ihrem Besitz war, und erreichten Pitcairn, wo sie ihr früheres Leben fortsetzten. Sie wurden dort im Mai 1833 von dem englischen Kapitän Freemantle vom ›Chanticleer‹ besucht, der sie ruhig und glücklich fand, obgleich der Aufenthalt auf Tahiti ihre Sittenreinheit etwas geändert hatte. Die Trunksucht, die John Adams ausgerottet hatte, war durch das Beispiel dreier erst kürzlich dort angesiedelter Engländer wieder zum Vorschein gekommen. Indessen scheint der Gründer und Patriarch von Pitcairn einen Nachfolger in einem Greise, namens Josua Hill, gefunden zu haben, der sich als Lehrer und Pastor dort niedergelassen hat.«

Im Jahre 1856 wanderte ein Teil der Bewohner nach der Insel Norfolk aus, aber viele kehrten nach Pitcairn zurück. Heute bewohnen etwa zweihundert Menschen, Nachkommen der Meuterer von der »Bounty« und ihrer tahitischen Frauen, die in der Weite des Stillen Ozeans fast verschwindende Insel.

HERMANN VAMBERY

Mohammed in Asien

Verbotene Reise nach Buchara und Samarkand 1863–1864

Herausgegeben von Peter Simons
352 Seiten mit 38 zeitgenössischen Illustrationen.
Ganzleinen mit Büttenumschlag.
ISBN 3-522-60510-1

Wenige Jahre vor der Eroberung Turkestans durch die Armeen des russischen Zaren gelang es dem damals 30jährigen ungarischen Orientalisten Hermann Vambery – als osmanischer Derwisch verkleidet –, die für Fremde verbotenen Städte Buchara und Samarkand zu besuchen.

Sein zuerst in englischer Sprache erschienenes Buch »Reise in Mittelasien« erregte in Europa weithin Aufsehen. Dieser bemerkenswerte Reisebericht des 19. Jahrhunderts ist gerade für die Gegenwart von brennender Aktualität, liefert er doch aus dem heute sowjetischen Mittelasien wertvolles Hintergrundmaterial für die Beschäftigung mit der Frage nach dem Wiedererwachen des Islam in diesem Sowjetisch-Asien als Nachbarland des islamisch-revolutionären Iran.

Vambery gelang es, in den für den Europäer unzugänglichen asiatisch-islamischen Kulturraum unter größten Strapazen und Gefahren einzudringen. Er war einer der ersten, der Europa mit dieser geheimnisvollen Welt vertraut machte und anschaulich darüber zu berichten wußte.

Edition Erdmann
in K. Thienemanns Verlag · Stuttgart

**Alexander von Humboldts
Reisen durchs Baltikum nach Rußland
und Sibirien im Jahre 1829**

Aufgezeichnet von Hanno Beck

280 Seiten mit 36 Abbildungen und 3 Karten
Ganzleinen mit Büttenumschlag
ISBN 3-522-60190-4

Alexander von Humboldt ist jedem als »wissenschaftlicher Entdecker« des lateinamerikanischen Kontinents ein Begriff. Seine Reise durch das zaristische Rußland blieb jedoch unbekannt – zu Unrecht, hatte diese Reise doch nicht nur die Entdeckung der sibirischen Bodenschätze, sondern auch die der Ural-Diamanten zur Folge. Davon profitiert die Sowjetunion noch heute. Darüber hinaus nimmt der Leser teil am Beginn der geographischen Erforschung Zentralasiens und erlebt die Weite des russischen Landes in seiner Ursprünglichkeit. Das Bild des alten Rußlands wird lebendig.

Un Combat Naval entre 2 Vaisseaux de Guerre Maltois, et 3 Corsaires d'Alger.

Een Zee gevegt tus
en 3